"十四五"职业教育国家规划教材

汽车保险与理赔

第 4 版

主　编　祁翠琴

副主编　鄢　玉　张玉芝

参　编　孙　荟　赵立蕊　师荣艳　曹　菲

主　审　李杏丽

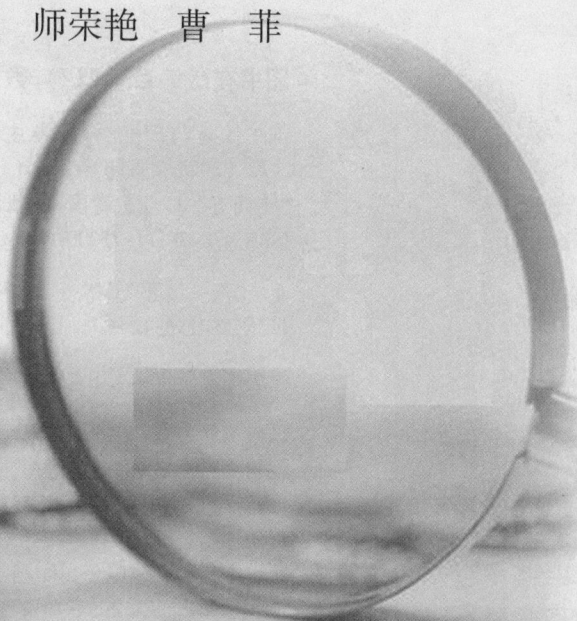

机械工业出版社

本书是"十四五"职业教育国家规划教材修订版。全书共分7个项目，主要内容包括汽车保险认知、介绍汽车保险产品、计算汽车保险费、汽车保险承保、事故车辆查勘、事故车辆定损和事故车辆理赔。7个项目细分为21个任务，每个任务分别设计有任务目标、学习任务、知识准备、任务实施、任务评价、知识点提示、任务工单，每个项目设计有检测卷并提供答案。书末附车险案例供参考。

本书可供高等职业院校及职业本科院校的汽车、交通、保险类等相关专业的学生使用，也可供从事汽车保险与理赔工作的研究和业务人员参考，或作为保险公司对汽车保险与理赔人员进行业务培训的教材使用。

为了便于读者自主学习、提高学习效率，本书配备了视频资源，可通过手机扫书中二维码观看。

本书配有电子课件、试卷及答案等，凡使用本书作为教材的教师可登录机械工业出版社教育服务网（www.cmpedu.com）注册后免费下载。咨询电话：010-88379375。

图书在版编目（CIP）数据

汽车保险与理赔/祁翠琴主编 . —4 版. —北京：机械工业出版社，2024.2（2025.9重印）

"十四五"职业教育国家规划教材

ISBN 978-7-111-75000-0

Ⅰ.①汽…　Ⅱ.①祁…　Ⅲ.①汽车保险-理赔-中国-高等职业教育-教材

Ⅳ.①F842.634

中国国家版本馆 CIP 数据核字（2024）第 050210 号

机械工业出版社（北京市百万庄大街22号　邮政编码100037）

策划编辑：葛晓慧　　　　责任编辑：葛晓慧　张双国
责任校对：杜丹丹　李　杉　　封面设计：陈　沛
责任印制：单爱军

北京中兴印刷有限公司印刷

2025 年 9 月第 4 版第 9 次印刷

184mm×260mm · 16.25 印张 · 393 千字

标准书号：ISBN 978-7-111-75000-0

定价：49.00 元

电话服务　　　　　　　　网络服务

客服电话：010-88361066　机 工 官 网：www.cmpbook.com
　　　　　010-88379833　机 工 官 博：weibo.com/cmp1952
　　　　　010-68326294　金 书 网：www.golden-book.com

封底无防伪标均为盗版　机工教育服务网：www.cmpedu.com

关于"十四五"职业教育
国家规划教材的出版说明

为贯彻落实《中共中央关于认真学习宣传贯彻党的二十大精神的决定》《习近平新时代中国特色社会主义思想进课程教材指南》《职业院校教材管理办法》等文件精神，机械工业出版社与教材编写团队一道，认真执行思政内容进教材、进课堂、进头脑要求，尊重教育规律，遵循学科特点，对教材内容进行了更新，着力落实以下要求：

1. 提升教材铸魂育人功能，培育、践行社会主义核心价值观，教育引导学生树立共产主义远大理想和中国特色社会主义共同理想，坚定"四个自信"，厚植爱国主义情怀，把爱国情、强国志、报国行自觉融入建设社会主义现代化强国、实现中华民族伟大复兴的奋斗之中。同时，弘扬中华优秀传统文化，深入开展宪法法治教育。

2. 注重科学思维方法训练和科学伦理教育，培养学生探索未知、追求真理、勇攀科学高峰的责任感和使命感；强化学生工程伦理教育，培养学生精益求精的大国工匠精神，激发学生科技报国的家国情怀和使命担当。加快构建中国特色哲学社会科学学科体系、学术体系、话语体系。帮助学生了解相关专业和行业领域的国家战略、法律法规和相关政策，引导学生深入社会实践、关注现实问题，培育学生经世济民、诚信服务、德法兼修的职业素养。

3. 教育引导学生深刻理解并自觉实践各行业的职业精神、职业规范，增强职业责任感，培养遵纪守法、爱岗敬业、无私奉献、诚实守信、公道办事、开拓创新的职业品格和行为习惯。

在此基础上，及时更新教材知识内容，体现产业发展的新技术、新工艺、新规范、新标准。加强教材数字化建设，丰富配套资源，形成可听、可视、可练、可互动的融媒体教材。

教材建设需要各方的共同努力，也欢迎相关教材使用院校的师生及时反馈意见和建议，我们将认真组织力量进行研究，在后续重印及再版时吸纳改进，不断推动高质量教材出版。

机械工业出版社

前　言

本书自 2004 年初版问世以来，一直受到用书师生和广大读者的厚爱。本书的第 2 版被评为普通高等教育"十一五"国家级规划教材，根据课程改革的发展及读者的需求修订后，本书第 3 版被评为"十三五""十四五"职业教育国家规划教材。

为了贯彻落实党的二十大精神，加强教材建设，推进教育数字化，以及结合最新专业教学标准，本书进行了第 3 次修订，对部分内容进行了更新。

本书有如下特色：

1）本书内容全部采用最新的 2020 版交强险、商业保险的条款和费率，并融入了 2021 年发布的《中国保险行业协会新能源汽车商业保险示范条款（试行）》。

2）本书按任务驱动的教学模式组织教学内容，结合"新型化教材"编写要求，将素养教育融入学习任务及配备的活页式任务工单中，便于实施教学。

3）本书内容系统化、任务完整化，设计了知识框架图和知识点提示，便于自主学习，同时突出针对性和实用性，强化实践教学。

4）本书配套丰富，配有多媒体教学资源，包含课件、复习思考题、汽车保险的单证样表等，同时还配有微课，以二维码形式植入书中，可扫码观看，推进了数字化、网络化教学。

本书删除了第 3 版的项目 8 关于认识汽车信贷保险的内容，共包括 7 个项目计 21 个学习任务。7 个项目的编写思路由祁翠琴设计，企业专家对 7 个项目提出了合理化建议并提供了重要参考资料。本书由祁翠琴担任主编，鄢玉、张玉芝担任副主编，李杏丽担任主审。项目 1、项目 4、项目 5 由祁翠琴编写，项目 2、项目 3 由鄢玉编写，项目 6 由张玉芝编写，项目 7 由孙荟和赵立蕊编写，案例库由师荣艳和曹菲编写。企业人员宋伟青全程参与了本书的资料搜集工作，在此表示感谢。

本书在编写过程中，参考了大量资料和文献，并得到了石家庄、上海、邢台、唐山等地财产保险公司的大力支持与协助，在此一并表示诚挚的谢意。

由于编者水平有限，书中错误之处在所难免，欢迎读者提出宝贵意见，以便在今后的修订中不断完善。

编　者

二维码清单

序号	名称	二维码	序号	名称	二维码
1	风险管理方法		11	车损险保险责任	
2	汽车保险定义与特征		12	第三者责任险保险责任	
3	我国汽车保险种类		13	车上人员责任险保险责任	
4	合同的订立与生效		14	影响保费的因素	
5	保险利益原则		15	车险承保业务工作流程	
6	近因原则		16	受理报案	
7	损失补偿原则		17	查勘工作流程	
8	最大诚信原则		18	定损项目	
9	车险销售人员素质要求		19	赔款理算流程	
10	交强险条款解读		20	交强险赔款理算要点	

目　录

汽车保险认知

项目概述

本项目介绍了风险的概念及风险管理、汽车保险的作用、汽车保险的发展及种类、汽车保险合同的订立和汽车保险的原则，通过本项目的学习，可以了解汽车保险的基本知识。

任务1 设计风险管理方案

任务目标

知识目标

1. 了解风险的定义、风险的特征、风险的分类。
2. 了解可保风险的定义与可保风险的条件。
3. 掌握风险的管理方法、风险的管理过程。

能力目标

1. 能描述风险的定义。
2. 能区分各类风险。
3. 能识别并管理自己所面临的风险。

素养目标

1. 正确认识自己的学习、工作环境。
2. 确立正确的学习目标，正确认识自己，树立正确的人生观、价值观。

学习任务

思考自己目前面临哪些风险，对自己可能受到的损失该如何处理，应如何管理自己面临的风险，什么是风险，风险有哪些分类，风险管理的步骤和方法是什么。

知识准备

一、风险认知

（一）风险的定义

常言道：天有不测风云，人有旦夕祸福。在现实生活中，各种风险随时随地都可能发生，洪水、地震、车船碰撞、意外伤亡等，这些都会给人类带来伤害和损失。但是，在发生风险的同时，也产生了解决风险损害的机制。保险是人类社会用来应付风险和处理风险造成的经济损失的一种有效机制。

风险是指发生某种损失的不确定性。其有两层含义：一是可能存在的损失；二是这种损失的存在与否是不确定的。

1. 损失

从广义的角度看，损失包括物质损失和精神损失。在风险管理中，损失通常是指物质损失，并且是能够以货币计量的经济损失，一般表示为一定金额的货币支出或货币收入的减少。风险管理中的损失比一般意义上的损失在范围上要小，同时，作为风险管理中的损失，它必须是意外发生的，故意的、有计划的和预期的损失不包括在要讨论的"损失"范畴之内。

按照对象，损失可以分为财产损失、收入损失、责任损失和额外费用损失。其中，财产损失又称为直接损失，是实体性的损失；后三者是伴随直接损失而发生的一些其他费用，属于间接损失。

📝案例：

> 一家仓储式大卖场遭受火灾，被烧毁的卖场及其卖品称为财产损失；由于大卖场被烧毁而无法对外营业，使其收益减少，称为收入损失；由于无法对外营业，不能按时为客户送货而造成违约，所支付的违约赔偿，称为责任损失；修复被烧毁的营业场所而支付的费用，称为额外费用损失。

2. 不确定性

风险是客观存在的。但是，由于人们受到知识和能力等诸多条件的限制，不可能准确预测客观世界风险的发生。不确定性是指人们在客观情况下对风险的主观估计，它是人们的一种心理活动，是人们对某种事件的心理预期。受个人的知识程度和能力、经验等诸多因素的影响，不同的人对某一事件判断的不确定性程度会不同，即使是同一个人，在不同的时期，对某一事件的判断也可能会相差很远，如图1-1所示。

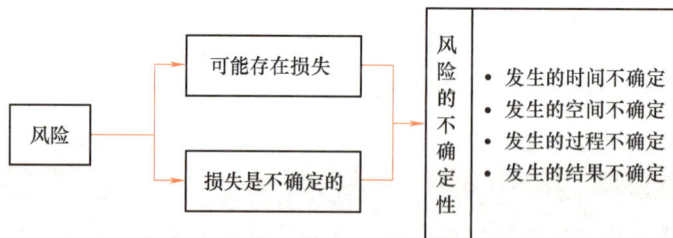

图1-1 风险的不确定性

3. 可测定性

对不确定性进一步细分，可以将不确定性分为可测定的不确定性和不能测定的不确定性。可测定的不确定性通常是指人们能够利用概率论和数理统计的方法，对风险发生的频率和损失程度加以测定的不确定性。不能测定的不确定性通常是指无法运用概率论和数理统计的方法加以测定的不确定性。保险研究的风险是可测定的不确定性，也就是在一定期间，在许多相似的不确定情形中，某一事件的发生具有相当的规则性，可以相当正确地加以预测。

（二）风险的要素

风险因素、风险事件和损失构成了风险的三要素。有关损失的内容前已述及，在此仅就风险因素和风险事件进行阐述。

1. 风险因素

风险因素是指引起或增加风险事件发生的机会或影响损失程度的原因或条件。风险因素越多，风险事件发生的机会就越多，造成损失的可能性以及损失的程度越大。风险因素是风险事件发生的潜在原因，是隐藏于风险事件背后的、可能造成损失的内在的或间接的原因。

在现实生活中，众多的风险因素可以分为3种类型，即实质风险因素、道德风险因素和心理风险因素。

（1）实质风险因素　它是指影响事物物理功能的直接有形因素。这种直接有形因素涉及事物本身所具有的物理性能和化学性能变化，影响风险发生的机会和损失发生的程度。例如，使用了不合格的汽车材料和采用了不合理的汽车结构是引起汽车运行事故的实质风险因素。

（2）道德风险因素　它是指由于人的不诚信甚至是恶意行为促使风险事件发生或扩大已发生损失的程度或引致人身伤亡的因素。道德风险因素是与人的品德修养有关的无形因素，如欺诈、纵火骗赔等。

（3）心理风险因素　它是指由于人的主观疏忽或者过失，引致风险事件发生的机会增多或者扩大了损失程度的因素，这也是一种无形的因素。例如，由于停车忘了锁门，致使增加了被偷窃的风险；发动机水管陈旧、导线老化却没有及时更换，增加了发动机受损的可能性；传动带超期限使用，不及时更换，存在侥幸心理，增加了敲缸发生的可能性；此外，还有如投保后忽视风险的防范等。

2. 风险事件

风险事件是指造成生命财产损失的偶发事件。风险事件是损失的媒介物，是造成损失的直接或外在的原因。也就是说，风险只有通过风险事件的发生，才能导致损失。在一定的条件下，某一事件是造成损失的直接原因，这一事件就是风险事件；在另一条件下，该事件是造成损失的间接原因，这就是风险因素。

3. 风险要素之间的关系

风险因素会引起或增加风险事件的发生，风险事件的发生可能导致损失的产生。但是，风险因素、风险事件和损失之间的关系并不一定具有必然性，即风险因素并不一定引起风险事件，风险事件也不一定导致损失。关于风险因素、风险事件和损失构成风险时的关系，可以用图1-2来表示。

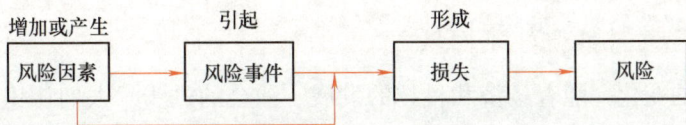

图 1-2　风险三要素之间的关系

1. 设计风险管理方案必须考虑的三要素是什么？
2. 驾驶汽车的风险因素是什么？按照三要素分组列出。

（三）风险的特征

风险的特征主要体现在风险存在的客观性和普遍性、风险发生的偶然性和必然性以及风险具有的可变性。正确认识风险的特征，对于建立和完善风险防范机制，加强风险管理，减少风险损失，具有重要的现实意义。

1. 风险的客观性

风险是独立于人们的主观意识之外的客观存在，它不以人们的意志为转移。无论是自然界的洪水、龙卷风等自然灾害，还是社会经济领域中的战争、失业等，总是客观地存在于人们生活的空间中，人们只能在一定的空间和时间内改变风险存在和发生的条件，降低风险发生的频率，减小损失的程度，而不能彻底根除风险。

2. 风险的普遍性

风险的普遍性是指风险渗透到人们社会生活和生产的方方面面，它无处不有、无时不在。

3. 风险的偶然性

风险的偶然性是指某一具体风险的发生是偶然的、随机的，是主观意识不能事先予以准确测定的。风险发生的偶然性源于导致任一风险事件发生的风险因素的本身具有偶然性。并且，风险因素的作用方向、强度、时间以及各种风险因素作用的先后顺序都会影响风险发生与否。因此，风险的发生具有偶然性，这种偶然性使得风险本身具有不确定性，也意味着风险的发生具有突发性。

4. 风险的必然性

虽然风险事件的发生具有偶然性，但是，通过对大量风险事件的观察和统计分析，风险的形成会呈现出一定的规律性，即风险的发生具有必然性。通过数理统计方法，人们可以比较容易地测定某一地区发生火灾的频率、某种疾病的患病率、某种职业意外事故的出现频率等。也就是说，在一定时期内，风险的发生是必然的，是可测定的不确定性。风险发生的必然性为数理统计方法描述风险并采取保险等方法来管理风险创造了条件。

5. 风险的可变性

风险的可变性是指某种风险在一定条件下可以转化的特性。

（1）风险性质的变化

案例：

在轿车进入家庭制度推行之前，只有少数人才拥有私车，绝大部分轿车属于公车，汽车财产风险涉及的范围较小，汽车使用者面临的风险还是特定风险。但是，随着经济的发展，个人拥有汽车不再是个别现象，家庭购买轿车成为汽车贸易的重要内容，于是汽车损失风险成为汽车贸易的基本风险。

（2）风险量的变化 随着经济和科技的发展、社会的进步，人们认识风险、抗御风险的能力不断增强。对于有些风险，人们可以在一定程度上加以抑制，降低其发生的频率及其危害程度。

案例：

通过交通安全知识的宣传普及，提高人们的防范意识，提高汽车运行的性能，这些都可以降低交通事故发生的频率，减少交通事故造成的损失。再如，在主要交通路口、事故多发地带设置醒目的警告标志；建立交通预报系统，随时报告道路交通情况；交通警察不定时巡逻，杜绝驾驶人酗酒；严格驾驶人考核、年审制度，这些都可降低车祸风险发生的概率，使风险的数量发生变化。

（3）风险的旧灭新生　随着科学技术的发展、社会的进步，一些旧的风险消失了，如汽车免充气轮胎的使用，大大降低了轮胎爆胎的危险性，随着汽车免充气轮胎的使用越来越普及，汽车的爆胎风险将逐渐消失。但是，另一方面，人类社会在创造现代物质文明的同时，也在创造新的风险，而且，伴随着现代科学技术的发展所产生的风险导致的损失有时更具破坏性和灾难性。随着汽车最高时速的不断提高，汽车行驶安全性日益受到威胁，并且交通事故的损害越来越大，一旦发生交通事故，人员伤亡及经济损失都极其惨重。

（四）风险的类型

为了实施有效的风险管理，需要对风险进行分类，按照不同的分类标准，风险有很多种。

1. 按照风险的损失对象分类

（1）人身风险　人身风险是指人们因生、老、病、死等原因而导致损失的风险。这种风险一旦发生，往往给个人或家庭带来很大的损失，在精神上带来痛苦、在经济上造成困难。

（2）财产风险　财产风险是指由于财产发生毁损、灭失和贬值的风险，如汽车遭受交通事故、火灾、地震破坏等所造成的损失。这种风险一旦发生，会影响个人、家庭和企业的日常生活和运作。

（3）责任风险　责任风险是指由于侵权行为或过失使他人的财产遭受损失或人身伤亡，在法律上负有经济赔偿责任的风险。例如，汽车遭受意外爆炸，导致其他车辆或其他物品的财产受损，汽车的主人承担对这些财产损失给予经济赔偿的责任。

（4）信用风险　信用风险是指在经济交往中，权利人与义务人之间由于一方违约或犯罪而给对方造成经济损失的风险。例如，汽车消费信用贷款的借款人未按借款合同的约定还款给贷款银行而造成经济损失。

2. 按照风险的性质分类

（1）纯粹风险　这是指当风险发生时，只有造成损失而无获利可能性的风险，如火灾、水灾、风灾、疾病等。纯粹风险导致的后果有两种可能性：一是损失，二是没有损失。

（2）投机风险　这是指当风险发生时，既存在损失机会又存在获利机会的风险，如金融投资、房产开发投资、博彩等。投机风险导致的后果有3种可能性：一是损失，二是没有损失，三是盈利。

3. 按照风险的起源和影响的范围分类

（1）基本风险　这是指风险的起源与影响范围都不与特定的人有关或不能由个人所阻止的风险，即全社会普遍存在的风险。这些风险可能与自然灾害有关，如与水灾、风灾、地震等有关的风险，也可能是与社会、政治等有关的风险，如与战争、罢工等有关的风险。

（2）特定风险　这是指起因于特定的个人，损失范围仅涉及个人的风险，如疾病、死亡等。

基本风险属于纯粹风险或投机风险，而特定风险属于纯粹风险。但是，两者的界定不是绝对的，随着时代的发展和观念的变更，有的风险的属性会发生变化，如失业过去被认为是特定风险，而现在被更多的人视为基本风险。

4. 按照风险发生的原因分类

（1）自然风险　这是指由自然因素或物理现象导致的风险，如洪水、台风、地震等所造成的自然灾害引起的人身伤亡和财产损失。

（2）社会风险　这是指由于个人的异常行为或不可预料的团体行为致使人身伤亡或财产损失的风险，如偷窃、抢劫、罢工、战争和动乱等。

（3）经济风险　这是指在生产经营过程中，由于经营管理不善，市场预测失误，市场供求关系、贸易条件及价格变化等导致经济损失的风险，如通货膨胀风险、关税与非关税壁垒风险、汇率风险等。

5. 按照风险能否处理分类

（1）可管理风险　这是指可以预测及可以在一定程度上进行控制的风险。

（2）不可管理风险　这是指目前不可以预测，并且不可以控制的风险。

风险能否管理取决于所搜集的信息多少和风险管理技术水平的高低。如可保风险是能够采用保险方式加以管理的风险。不可保风险指该风险在保险上无法处理，但并不一定为不可管理风险。随着风险损失信息资料的积累和风险管理水平的提高，有些不可管理风险可能成为可管理风险。

讨论与交流

1. 按风险的损失对象，讨论驾驶汽车的风险和乘车的风险。
2. 按照风险发生的原因，讨论驾驶汽车的风险和乘车的风险。

二、风险管理

（一）风险管理定义

1. 风险管理

风险管理是指个人、家庭和企业等经济组织对可能遇到的风险进行风险识别、风险估测、风险评价、风险控制，减少风险的负面影响，以最低的成本获得最大的安全保障的决策及行动过程。风险管理是研究风险发生的规律和风险控制技术的一门科学。

风险管理的特征主要表现在以下几个方面：

1）风险管理的主体是个人、家庭和经济组织。

2）风险管理是由风险的识别、估测、评价、控制和效果评价等环节构成的，其核心是优化组合各种风险管理技术。

3）管理的目标是以最低的成本获得最大安全保障。为此，在做出风险管理决策时，要处理好成本与效益的关系，做好经济决策。

4）管理是一个动态化的过程。在风险管理方案的实施过程中，必须根据风险状态的变化及时调整风险管理的方案，以获得最好的风险管理效果。

2. 风险管理的作用

风险管理的产生源于社会经济发展的需要。它不仅在风险发生之前，积极地避免或减少风险事件形成的机会，避免或减少损失的发生，而且在风险发生之后，从经济上对损失及时实施补偿，努力使损失的标的恢复到损失前的状态。因此，风险管理对社会经济发展起着积极的作用。

（1）增强风险面临者的安全保障程度　风险的存在会对个人和家庭成员的生命、健康以及经济组织、经营活动的安全构成威胁。通过风险管理，使人们对所面临的风险和可能产生的潜在损失有正确的认识，并能采取切实有效的风险处理技术，尽可能避免或减轻风险对风险面临者的危害，减轻和消除风险的存在对人们的精神压力，增强风险面临者的安全保障程度。

（2）降低损失　风险事件的形成会给经济组织带来经济损失，从而导致经济组织经营活动的成本增加、效益下降。选择恰当、有效的风险管理技术，可以避免或减轻风险事件一旦形成可能对经济组织造成的损失，达到最大安全保障的目的。

（3）保障经济组织稳定运营和社会稳定　风险发生后，损失的产生会对遭到风险的经济组织和个人或家庭的日常生活带来负面影响。但是，由于实施了风险管理，风险保障措施能在一定程度上补偿风险受害者的损失，使经济组织在损失发生后能够继续维持生存，并有机会减少损失所造成的影响，尽早恢复损失发生前的运营状态，同时可以减轻经济组织受损对整个社会的不利影响，保障社会的稳定。

（二）风险管理的过程

风险管理的过程包括风险识别、风险估测、风险评价、选择风险处理方法和风险管理效果评价等环节。

1. 风险识别

风险识别是指对所面临的和潜在的风险加以判断、归类整理和鉴定风险性质的过程。对风险的识别，既可以通过以往经验和直接感知进行判断识别，又可以借助各种客观的经营资料、会计和统计资料以及风险记录进行分析、归纳和整理，借以发现各种风险损害情况，尽可能地把握风险内在的、规律性的东西。对风险的识别，一方面是要识别所面临的风险；另一方面，是对各种潜在风险的识别（是更重要的同时也是比较困难的）。在此基础上，还要鉴定可能发生的风险的性质，是可管理风险还是不可管理风险，是纯粹风险还是投机风险，从而为采取风险处理对策做准备。

风险识别是风险管理的基础。由于风险具有可变性，所以要求在风险管理前识别和发现风险的变化，以便采取有效的、必要的和经济合理的风险处理措施。

2. 风险估测

风险估测是指在风险识别的基础上，通过对所收集的大量详细损失资料加以分析，运用概率论和数理统计方法对风险事件的发生和风险事件的后果加以估计，从而得出一个比较准确的概率水平。

风险估测的内容主要包括风险发生频率的估测和风险造成损失程度的估测两个方面。风险发生频率是指在一定时间内，某一风险可能发生的次数。风险发生频率的高低取决于风险单位数目、损失形态和风险事件，这三者的不同组合直接影响风险发生频率的高低。风险造成损失程度是指某一次特定风险发生的严重程度。风险的大小更多地、更重要地取决于损失程度，因为从发生频率看，有些风险并不是经常发生的，但是一旦发生就会引起灾难性后果，造成巨额经济损失。这类风险比经常发生但是只是产生小额经济损失的风险更为严重。当然，这并不是说可以忽视风险发生频率，在两个风险单位的损失程度相同或相近的情况下，风险发生频率高的风险，其重要程度一定会高于风险发生频率低的风险。在实际的风险估测中，需要将风险发生频率与风险造成损失程度联系起来考虑。

风险估测是一项非常复杂和艰难的工作，但却是风险管理过程中的重要一环。风险估测使风险管理建立在科学的基础上，而且使风险分析定量化，为风险管理者进行风险决策、选择最佳风险管理技术提供了比较可靠的科学依据。

3. 风险评价

风险评价是在风险识别和风险估测的基础上，根据规定的或公认的安全指标，综合考虑风险发生频率的高低和损失程度的大小，通过定量和定性分析，确定是否要采取风险控制措施以及采取风险控制措施的力度的过程。

对风险采取控制措施必然要发生一定的费用，如果所发生的费用超过了由于风险事件导致的损失，这样的风险控制措施就不宜实施；如果风险控制措施实施的代价超过了风险面临者的经济承受能力，这种风险控制措施就不值得采取。风险评价就是分析风险发生的频率和经济损失程度，并结合风险面临者自身的经济状况，分析其承受能力，确定为处理风险所付出的代价是否合理、值得，为选择风险管理方法提供可靠的依据。

4. 选择风险处理方法

根据风险评价的结论，为了实现风险管理目标，选择最佳风险处理方法是实施风险管理的必经步骤。风险处理方法分为两大类：一类是控制型风险处理方法；另一类是财务型风险处理方法。控制型风险处理方法是用来避免、消除或减少意外事故发生的机会，限制已发生的损失继续扩大的一切措施，着重点是改变引起意外事故和扩大损失的各种条件。财务型风险处理方法是在实施控制型风险处理方法后，对无法控制的风险所做的财务安排，着重点是将消除和减少风险的成本平均分摊在一定时期内，以便减少因随机性的巨大损失发生而引起财务上的剧烈波动，通过财务处理把风险成本降低到最低程度。

选择风险处理方法是为了防止风险发生以及减少风险发生带来的损失。在实践中，可以对各种可供选择的风险处理方法进行优化组合，使之达到最佳状态，以达到风险管理的目标。

5. 风险管理效果评价

风险管理效果评价是指对已实施的风险管理方法及其实施结果进行分析和评价，比较与预期目标的差异，并对该方法的科学性、适应性和收益性做出评价。由于风险的可变性、风险分析水平的阶段性，风险管理方法处于不断完善和提高的过程中，为了更好地开展风险管理工作，需要在一定时期内对风险的识别、估测、评价及管理方法进行定期检查、修正，对风险管理的效果进行总结评价，以确保风险管理工作能够适应变化、发展的新情况。

在风险管理效果评价中，风险管理效益的大小取决于是否能以最小的风险成本取得最大的安全保障，其效果可以用效益比值来衡量：

$$效益比值 = \frac{采取某项风险处理方法后减少的风险损失}{风险成本}$$

从经济上考虑，效益比值越大，说明该项风险处理方法越可取。反之，效益比值越小，说明该项风险处理方法越不可取。在考虑经济有效性时，还要考虑该项风险处理方法与整体管理目标的一致性与风险处理方法的可操作性。

（三）风险处理的主要方法

风险处理的主要方法包括控制型风险处理方法和财务型风险处理方法。

在控制型风险处理方法和财务型风险处理方法中，各自包含了若干具体方法，如图1-3所示。

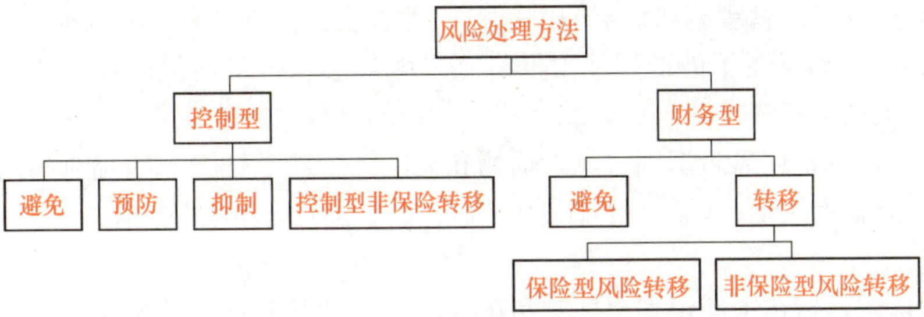

图1-3 风险处理方法构成

1. 控制型风险处理方法

控制型风险处理方法是指避免、消除或减少风险发生频率及控制风险损失扩大的一种风险管理方法。控制型风险处理方法包括避免、预防、抑制和控制型非保险转移4种。

（1）避免 这是指考虑到风险事故存在和发生的可能性较大时，主动放弃或改变某项可能引起风险损失的方案。避免风险是风险处理最彻底的方法，通过这一方法，可以在风险事件发生之前，完全、彻底地消除某种风险可能造成的损失，而不仅仅是减少损失的影响程度。其他控制型风险处理方法只能减少损失发生的概率和损失的严重程度。

采取风险避免方法宜在某项方案实施前，进行必要的风险评价，以便做出是否采取风险避免的方法的决策。风险避免方法也有局限性，这是因为有些风险是人类无法完全避免的，如地震、台风等风险。此外，放弃某项方案，就意味着放弃可能高的收益，要获得高收益，就需要承担高风险，而如果改变某项方案，有时虽然避免了某种风险，但会产生另一种新的风险。因此，一般只在特殊情况下才使用风险避免方法。

（2）预防 预防是指在风险发生前，为了消除或减少可能引发损失的各种因素而采取的风险处理方法。实施预防方法的目的是通过消除或减少风险因素而达到降低风险频率、减少风险发生的次数的目的。预防为主是风险管理的方针，具体方法有工程法、教育法和程序法。

为防止火灾风险，最先应在汽车生产过程中，精心选择耐火材料，加强燃油油路的密封，重点是预防各种物质性风险因素；中者如搞好汽车结构设计、对维修人员尤其汽车驾驶人的教育，重点是预防人为风险因素；后者是以制度化的汽车维修工作程序保证风险因素能及时处理，并及时发现可能出现的新风险因素，重点是从制度上规范作业程序，降低损失发生的概率和损失程度。

（3）抑制 抑制是指风险事件发生时或风险事件发生之后，采取的各种防止损失扩大的措施。例如，汽车中设置被动安全装置如安全气囊、防抱死制动系统等，其目的是控制事故发生时损失扩大。还有在汽车内设置灭火器，以防止火灾发生时汽车火灾损失过大。抑制通常在损失可能性高并且风险无法避免和转嫁的情况下采用，这是处理风险的有效方法。

（4）控制型非保险转移　控制型非保险转移是指借助于合同，将风险损失的法律责任转移给非保险业的个人或群体。例如，长途汽车运输中，将路况不好的区段运输及比较危险的路段的运输交给比较有经验的职业驾驶员，由于职业驾驶员专业技术和人员经验等方面都比较强，相对来说风险较小。控制型非保险风险在转移过程中，风险由一方转移到另一方，但是风险本身并没有因此而消失，它只是间接地达到了降低风险损失的频率、减少损失程度的目的。

2. 财务型风险处理方法

财务型风险处理方法是指通过提留风险准备金，事先做好吸纳风险成本的财务安排来降低风险成本的一种风险管理方法。财务型风险处理方法包括自留和转移两种。

（1）自留　自留是指不借助其他力量，完全由自己承担一切风险成本的一种风险处理方法。自留有主动自留和被动自留，或全部自留和部分自留之分。

1）主动自留是指在风险识别、风险估测和风险评价的基础上，明确风险的性质和可能的后果，风险面临者主动将风险自留作为处置全部或部分风险的最优选择，并做出相应的财务安排。

2）被动自留是指在未能识别、估测和正确评价风险及其后果的情况下，被迫采取自身承担损失后果的风险处理方法。

3）全部自留是指在风险损失频率、程度有比较准确估计的基础上，对那些损失频率高、损失幅度小的风险采取主动承担的一种风险处理方法。

4）部分自留是指风险面临者根据风险的不同情况，根据自身的财务承受能力，有选择地对部分风险采取自留形式。

采取自留方法应当考虑经济上的可行性和实务上的可操作性。一般而言，在风险引起损失的频率和幅度低、损失在短期内可预测以及最大损失不足以影响自己的财务稳定时，宜采用自留方法。

（2）转移　转移是指风险面临者为了规避风险，避免承担全部风险的成本，有意识地将可能发生的风险损失通过一定的财务安排转移给其他单位或个人承担的一种风险处理方法。风险转移分为保险型风险转移和非保险型风险转移。

1）保险型风险转移是指以缴纳保险费为前提，把自己可能遭受的风险损失转嫁给保险机构承担的风险处理方法。保险机构接受大量风险面临者的投保，为实际发生损失的少数风险遭受者承担损失。有关汽车保险的详细内容，将在后续项目详细叙述。

2）非保险型风险转移是指风险面临者利用经济合同把自己可能承担的风险成本转移给其他单位或个人承担的风险处理方法。这种风险处理方法主要依赖合同条款的约束力来实现风险转移的目的。例如，在汽车生产企业，企业要求工作人员必须购买劳动保险，或者在劳动合同条款中明确职工工作过程中可能发生的意外灾害事故引起的材料损失或规定的其他损失由职工承担。

风险转移并不等于不承担风险成本，因为风险转移本身会产生成本费用支出。非保险型风险转移常以其费用低廉、应用范围较广和灵活性较强等特点而得到认可。尤其是在经济活动过程中，许多风险并不属于保险公司的承保范围，被保险排斥在外，从而使非保险型风险转移得到了发展的空间。当风险转移者与风险承担者之间的损失能够划分清算，风险承担者有能力承担损失，而且愿意承担损失，并且采取其他风险处理方法的费用成本大于财务型非保险转移所支付的费用成本时，非保险转移方法在不违反国家法律法规的前提下，将会获得实施。

控制型风险处理方法和财务型风险处理方法各有利弊，适用于不同的风险损失状况。风险损失的状况及适宜的处理方法见表1-1。

表1-1 风险损失的状况及适宜的处理方法

状况	风险频率	损失程度	适宜的处理方法	状况	风险频率	损失程度	适宜的处理方法
1	高	低	避免或自留	3	高	高	避免或预防
2	低	低	自留	4	低	高	转移

（四）风险管理与保险

风险管理与保险在理论上关系密切，在实践上又有联系，明确两者的关系，正确认识保险在风险管理中的地位和作用，并在实践中科学地利用保险为风险管理服务，发挥保险在风险转移中的作用，对保险本身的发展和整个风险管理工作都具有重要的现实意义。

1. 风险管理源于保险

从理论起源上看，保险作为一门学科，先于风险管理而产生。保险学中关于保险性质的学说是风险管理理论基础的重要组成部分，并且，在风险管理学的发展过程中，很大程度上得益于对保险理论与实务研究的深入。不过，风险管理学并不局限于保险所研究的风险范畴，而是开辟了自己研究的领域，并且只把保险作为风险处理的一种方法来对待。风险管理着重于从总体上把握风险，研究处理风险的一切经济方法和技术性方法，从管理理论的高度来认识风险、分析风险和应对风险，而保险则着重于风险的分散和转移。

2. 风险管理与保险所研究的对象一致

风险是风险管理和保险的共同研究对象。尽管客观存在的风险是保险存在和发展的自然基础，但是，保险只是风险处理的一种方法。并且，不是所有的风险都能由保险所承担，客观存在的风险内容更广泛、更复杂。

3. 保险在风险管理中占有重要地位

对风险进行有效的管理必须借助一切风险处理方法，包括保险手段，来实现降低风险成本的目标。从实践中看，保险是风险管理中最重要、最常用的方法之一。保险的发展使风险管理方法趋于完善和科学。

4. 风险管理理论的发展促进了保险理论和实践的发展

风险管理使保险理论的基础更加牢固和科学。风险管理的一系列风险分析方法可以为保险所利用，为保险的科学性奠定扎实的基础，对促进保险技术水平的提高起到促进作用，有利于保险业正确划分可保风险和不可保风险，恰当划分承保风险的范围，促进保险理论和实践的发展。

▶▶ 任务实施

步骤1 拟定任务实施计划。
对自己所面临的风险进行风险管理。

步骤2 风险识别——识别自己面临的风险。
大学生学习期间可能面临的风险：意外受伤、生病、课程挂科、财物丢失、网络被骗、网络贷款、失恋等。

步骤3　风险估测——估测各个风险发生的概率及后果

意外受伤——风险发生概率0.4，生病——风险发生概率0.3，课程挂科——风险发生概率0.1，财物丢失——风险发生概率0.06，网络被骗——风险发生概率0.04、网络贷款信用风险——发生概率0.05，失恋——风险发生概率0.05。

注：以上风险发生的概率由个人具体情况确定，以上概率仅用于举例说明风险管理步骤。

步骤4　风险评价——对于各个风险决定是否采取措施进行管理。

对面临的风险，根据自己情况确定是否需要采取措施进行管理。

意外受伤——需要管理，生病——需要管理，课程挂科——需要管理，财物丢失——需要管理，网络被骗——需要管理，网络贷款信用风险——不管，失恋——需要管理。

步骤5　选择风险管理方法——对自己进行管理的风险选择相应管理方法。

解决对面临的风险如何进行管理的问题：

➢ 意外受伤——购买人身意外险。

➢ 生病——自己控制，如加强体育锻炼增强体质，降低生病的风险。

➢ 课程挂科——按要求完成课程内容及考核，认真学习，不迟到、早退等。将风险降到最低。

➢ 财物丢失——自己控制，如保管好自己的财务。

➢ 网络被骗——自己控制，如了解网络诈骗伎俩，不轻易泄露自己身份证号及银行卡信息等，不相信"不劳而获"的网络宣传等。

➢ 网络贷款信用风险——避免，如从不参加网络金融业务。

➢ 失恋——提升自己个人素养及个人魅力，如博览群书开阔视野，学习、生活和体育中积极努力增加自己内涵等，将风险降到最低。

注意：分析管理方法的选择由个人自身条件及经济状况确定，根据自己的风险情况进行选择。

步骤6　风险管理效果评价——对自己面临的风险管理进行评价反馈。

下一个风险管理期，对本次风险管理进行反思过程，适合的方法继续保持，不适合的方法进行改进，对新增加的风险执行以上风险管理步骤。

✕ 相关链接

汽车的概念

汽车（美式英语为 atuo、英语为 car）（它是由卡尔·本茨发明的）是一种现代交通工具，英文原译为"自动车"，在日本也称"自动车"（日本汉字中的汽车则是指火车），其他文种也多是"自动车"，只有中国例外。1885 年是汽车发明取得决定性突破的一年。当时和戴姆勒在同一工厂的本茨，也在研究汽车。他在 1885 年几乎与戴姆勒同时制成了汽油发动机。

汽车是指使用汽油、柴油、天然气等燃料或者蓄电池、太阳能等新型能源，一般具有4个或4个以上车轮，不依靠轨道或架线而能够在陆地上行驶的车辆。

汽车通常被用作载运客、货和牵引客、货挂车，也有汽车为完成特定运输任务或作业任务而改装或经装配了专用设备成为专用车辆，但不包括专供农业使用的机械。

全挂车和半挂车并无自带动力装置，它们与牵引汽车组成汽车列车时才属于汽车范畴。

任务评价

任务评价表见任务工单。

知识点提示

1. 风险的定义：指发生某种损失的不确定性。其有两层含义：一是可能存在的损失；二是这种损失的存在与否是不确定的。

2. 风险三要素：风险因素、风险事件和损失。

3. 风险的特征：客观性、普遍性、偶然性、必然性和可变性。

4. 风险的分类：如图1-4所示。

```
                                        ┌── 人身风险
                         按风险损失对象分 ├── 财产风险
                                        ├── 责任风险
                                        └── 信用风险

                         按风险的性质分  ┌── 纯粹风险
                                        └── 投机风险

风险的分类              按风险的起源和影响 ┌── 基本风险
                         范围分          └── 特定风险

                                        ┌── 自然风险
                         按风险发生原因分 ├── 社会风险
                                        └── 经济风险

                         按风险能否处理分 ┌── 可管理风险
                                        └── 不可管理风险
```

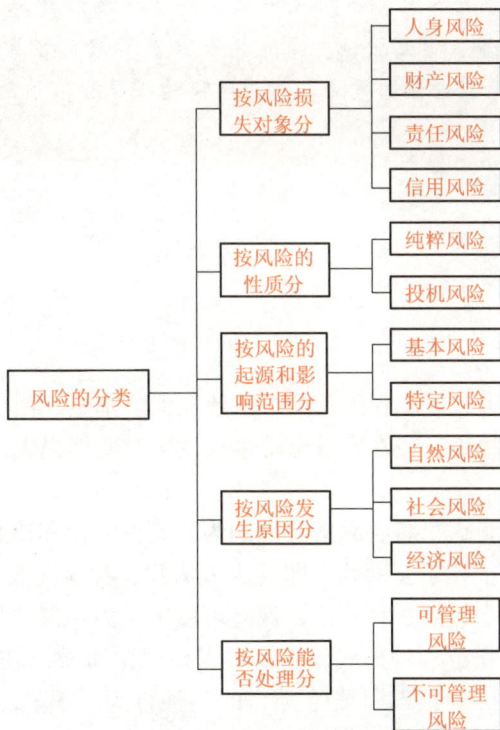

图1-4 风险的分类

5. 风险的处理方法（参见图1-3）。

任务2 认识汽车保险

任务目标

知识目标

1. 了解汽车保险的发展、作用及职能。
2. 掌握我国汽车保险的分类。

能力目标

1. 能根据理解口述汽车保险的定义。
2. 能简述汽车保险的起源、发展与完善的时间节点。
3. 能叙述我国目前汽车保险的分类。

素养目标

1. 正确认识汽车保险的起源与我国汽车保险发展情况。
2. 正确看待我国历史对汽车保险发展的影响，树立危机意识及正确的世界观。

学习任务

李先生为了方便平时上下班，新购入一款宝马740高级轿车，李太太偶尔也会开此车，李先生的儿子已20岁，有驾驶证。李先生一家在节假日经常自驾游，家中有地下车库。李先生认识到使用车辆存在的风险，想为车辆购买保险，于是，咨询有关保险方面的事项。

知识准备

一、认知汽车保险

（一）汽车保险

汽车保险就是保险人通过收取保险费的形式建立保险基金，用于补偿因自然灾害或意外事故所造成的车辆的经济损失，或在人身保险事故发生时赔偿损失，负担责任赔偿的一种经济补偿制度。

单就保险这一概念而言，可将各种解释归纳为广义保险论和狭义保险论两大类别。广义保险论认为，保险基本特征在于互助性，即"人人为我，我为人人"，因此认为凡是具有互助性的保险形式皆为保险。按照这种理论，保险可以定义为：保险是集合具有同类风险的单位和个人，以合理计算分担金额的形式，向少数因该风险事故（事件）发生而招致经济损失的成员提供保险经济保障（或赔付或给付）的一种行为。很显然，汽车保险完全符合这一定义。狭义保险论认为，互助性只是保险的技术要求，它是一切互助性组织的共同要求，而不是保险的特殊性。保险的特殊性在于在经济关系中的等价性质，即保险人与被保险人之间权利与义务对等的经济利益关系。因此认为只有建立等价交换关系且以盈利为目的的保险形式才是保险。从经济学的角度来说，保险是一种经济补偿制度；从法学的角度来说，保险是一种经济补偿合同；从社会学的角度来说，保险是一种保障经济生活安定的互助共济制度；从风险管理的角度来说，保险是人们转移风险的一种方法。可见，汽车保险完全符合狭义保险论的含义。汽车保险作为保险中的一种，它是以各类汽车及其责任为保险标的的保险，它属于财产保险。

汽车保险包括几层含义：①它是一种商业保险行为。保险人按照等价交换关系建立的汽车保险是以盈利为目的的，简而言之，保险公司最终要从它所开展的汽车保险业务上赚到钱，因此汽车保险属于一种商业行为。②它是一种法律合同行为。投保人与保险人要以各类汽车及其责任为保险标的签订书面的具有法律效力的保险合同，比如要填制保险单，否则汽车保险没有存在的法律基础。③它是一种权利义务行为。在投保人与保险人共同签订的保险合同（如汽车保险单）中，明确规定了双方的权利和义务，并确定了违约责任，要求双方在履行合同时共同遵守。④它是一种以合同约定的保险事故发生为条件的损失补偿或保险金给付的保险行为。正是这种损失补偿或保险金给付行为，才成为人们转移车辆及相关责任风险的一种方法，才体现了保险保障经济生活安定的互助共济的特点。

对于被保险人来讲，保险公司举办车辆保险的目的有两个：①使各种车辆在遭受保险责任范围内的灾害事故损失时能够获得经济补偿；②有效地保护车祸受害者的利益。车辆保险不但保障车辆本身，而且为车主或其允许的人在使用车辆过程中给他人造成的损害依法应承担的民事赔偿责任提供保险保障。

（二）汽车保险的特征

1. 汽车保险的互助性

汽车保险在少数保险车辆出险的特定条件下，分担了它们的风险，对车辆或人员进行了损失补偿或保险金给付。这就形成了一种经济互助关系。这种经济互助关系是通过保险人用大量车辆投保人缴纳的保险费建立的保险基金对少数遭遇车祸的被保险人提供损失补偿或保险金给付的方式而体现的。因此可见，汽车保险具有"我为人人，人人为我"的互助性。

2. 汽车保险的经济性

汽车保险是一种经济保障活动。汽车保险保障的对象是汽车及其相关人员，它们分别属于社会再生产中的生产资料和劳动力两大经济要素。汽车保险实现保障的手段几乎最终都是通过支付货币的方式进行，即损失补偿或保险金给付。汽车保险保障的最终目的，不论是从宏观的角度，还是从微观的角度，都是为了促进汽车工业的发展，发展整个国民经济。

3. 汽车保险的商品性

汽车保险体现了一种商品经济关系，因为它是以等价交换规律为基础的。这种商品经济关系的直接表现是个别保险人与个别车辆投保人之间的交换关系，间接表现是在一段时期内全部保险人与全部车辆投保人之间的交换关系。也就是保险人卖出车辆保险，投保人购买车辆保险。这种汽车保险的商品性具体的表现是：保险人通过提供车辆保险，维护了人民生活的安定，保障了使用车辆的单位或个人的正常工作和生产。

4. 汽车保险的契约性

汽车保险是以合同（如汽车保险单）的形式出现的，因此从法律的角度讲，汽车保险具有契约性，它是一种契约行为。汽车保险合同不仅是保险关系真正建立的体现，而且它是保险人与被保险人履行其权利和义务的法律根据。没有这种契约性的汽车保险合同，就没有汽车保险关系。

5. 汽车保险的科学性

汽车保险是一种科学处理、转嫁风险的有效措施。汽车保险费率的厘定、汽车保险准备金的提存都是按照概率论和大数法则等科学的数理理论，经过精密和严谨的计算得出的。可见，汽车保险有着很强的科学理论依据，有着很强的科学性。

讨论与交流

1. 找一个汽车保险单，讨论保险单的内容或应增加的内容。
2. 从经济效益出发，讨论投保的动机。

二、汽车保险的发展

汽车保险是财产保险的一种，在财产保险领域中，汽车保险属于一个相对新的险种，这是由于汽车保险是伴随着汽车的出现和普及而产生和发展的。同时，与现代机动车辆保险不同的是，在汽车保险的初期是以汽车的第三者责任险为主险的，并逐步扩展到车身的碰撞损失等风险。

（一）汽车保险的起源

国外汽车保险起源于 19 世纪中后期。当时，随着汽车在欧洲一些国家的出现与发展，因交通事故而导致的意外伤害和财产损失随之增加。尽管各国都采取了一些管制办法和措施，汽车的使用仍对人们的生命和财产安全构成了严重威胁，这引起了一些精明的保险人对汽车保险的关注。

1896 年 11 月，由英国的苏格兰雇主保险公司发行的一份保险情报单中，刊载了为庆祝"1896 年公路机动车辆法令"的顺利通过，而于同年 11 月 14 日举办伦敦至布赖顿的大规模汽车赛的消息。在这份保险情报单中，还刊登了"汽车保险费年率"。最早开发汽车保险业务的是英国的"法律意外保险有限公司"，1898 年该公司率先推出了汽车第三者责任保险，并可附加汽车火灾险。到 1901 年，保险公司提供的汽车保险单，已初步具备了现代综合责任险的条件，保险责任也扩大到了汽车的失窃。

（二）国外汽车保险的发展

20 世纪初期，汽车保险业在欧美得到了迅速发展。1903 年，英国创立了"汽车通用保险公司"，并逐步发展成为一家大型的专业化汽车保险公司。1906 年，成立于 1901 年的汽车联盟建立了自己的"汽车联盟保险公司"。到 1913 年，汽车保险已扩大到了 20 多个国家，汽车保险费率和承保办法基本实现了标准化。1927 年是汽车保险发展史上的一个重要里程碑，美国马萨诸塞州制定的举世闻名的强制汽车（责任）保险法的颁布与实施，表明了汽车第三者责任保险开始由自愿保险方式向法定强制保险方式转变。此后，汽车第三者责任法定保险很快波及世界各地。第三者责任法定保险的广泛实施，极大地推动了汽车保险的普及和发展。车损险、盗窃险、货运险等业务随之发展起来。

自 20 世纪 50 年代以来，随着欧、美、日等国家和地区的汽车制造业迅速扩张，机动车辆保险也得到了广泛的发展，并成为各国财产保险中最重要的业务险种。到 20 世纪 70 年代末期，汽车保险已占整个财产险的 50% 以上。

（三）我国汽车保险的发展

1. 萌芽时期

我国的汽车保险业务的发展经历了一个曲折的历程。汽车保险进入我国是在鸦片战争以后，但由于我国保险市场处于外国保险公司的垄断与控制之下，加之旧中国的工业不发达，我国的汽车保险实质上处于萌芽状态，其作用与地位十分有限。

2. 试办时期

1950年，创建不久的中国人民保险公司开办了汽车保险。但是因宣传力度不够和认识的偏颇，不久就出现了对此项保险的争议，有人认为汽车保险以及第三者责任保险对于肇事者予以经济补偿，会导致交通事故的增加，对社会产生负面影响。于是，中国人民保险公司于1955年停止了汽车保险业务。直到20世纪70年代中期，为了满足各国驻华使、领馆的外国人拥有的汽车保险的需要，开始办理以涉外业务为主的汽车保险业务。

3. 发展时期

1980年，中国人民保险公司逐步全面恢复中断了近25年之久的汽车保险业务，以适应国内企业和单位对于汽车保险的需要，适应公路交通运输业迅速发展、事故日益频繁的客观需要。当时汽车保险仅占财产保险市场份额的2%。

随着改革开放形势的发展，社会经济和人民生活发生了巨大的变化，机动车辆迅速普及，机动车辆保险业务随之得到了迅速发展。1983年，汽车保险被改为机动车辆保险，使其具有更广泛的适应性。到1988年，汽车保险的保费收入超过了20亿元，占财产保险份额的37.6%，第一次超过了企业财产保险（35.99%）。从此以后，汽车保险一直是财产保险的第一大险种，并保持高增长率，我国的汽车保险业务进入了高速发展的时期。2015~2019年，我国车险保险费收入持续增长，从6199亿元增长至8188亿元，2022年汽车保险的保险费收入达到8210亿元，占财产保险份额的55.22%。与此同时，机动车辆保险条款、费率以及管理日趋完善，尤其是中国银行保险监督管理委员会（简称中国银保监会）的成立，进一步完善、规范了机动车辆保险的条款，加大了对于费率、保险单证以及保险人经营活动的监管力度，加速建设并完善了机动车辆保险中介市场，对全面规范市场、促进机动车辆保险业务的发展起到了积极的作用。

当前的中国车险市场，呈现出以下的特点和发展态势。

（1）车险市场化、费率自由化　从2003年1月1日起，各保险公司自主制定车险条款费率，报国家金融监督管理总局批准后执行。各家经营车险的保险公司完全进入了市场化自由公平竞争的时代。

（2）车险细化，更突出个性　各保险公司根据车和驾车人存在的风险因素，制定了一套科学的指标体系，科学评估每辆车、每个驾车人的风险状况，实行高风险者交高保险费，低风险者交低保险费。比如中国人民保险公司根据车辆的不同用途，设立了车辆损失条款、家庭自用汽车条款、非营业用汽车条款、营业用汽车条款、特种车条款、摩托车条款和拖拉机条款等。

（3）车险的地域特色　由于在我国的各地区之间，经济发展水平不一致，车辆总体状况差异很大，道路交通条件不一，交通管理水平参差不齐，因而存在事故风险的地区差异。当保险公司被赋予险种制定权之后，能够建立多样化、地区化的保险产品结构，在不同地区，针对当地需求开发适应市场需求的产品。

（4）保险买卖信息化 我国已经进入了网络化时代，通过电话和网络售卖保险已成现实。投保者只需在线输入自己的身份证号、驾驶证号，再输入车辆的相关信息，就可以收到保险公司的报价，就可以通过在线支付手段付款，签订保险合同；或者拨通保险公司的电话，提供自己的相关信息，由保险公司为投保者和车辆量身定做车辆保险。

三、汽车保险的功用

机动车辆保险简称车险，是指对机动车辆由于自然灾害或意外事故所造成的人身伤亡或财产损失负赔偿责任的一种商业保险。机动车辆是指汽车、电车、电动车、摩托车、拖拉机、各种专用机械车、特种车。

（一）汽车保险的职能

汽车保险的职能包括基本职能和派生职能。

1. 汽车保险的基本职能

汽车保险的基本职能主要是补偿损失职能。补偿损失职能即汽车保险通过组织分散的保险费，建立保险基金，用来对因自然灾害和意外事故造成的车辆损毁给予经济上的补偿，以保障社会生产的持续进行，安定人民生活，提高人民的物质福利。这种赔付原则使得已经存在的社会财富即车辆因灾害事故所导致的实际损失在价值上得到了补偿，在使用价值上得以恢复，从而使得集体或个人的再生产得以持续进行，稳定了人们的生活，提高了人们的物质福利。汽车保险的这种补偿职能，只是对社会已有的财富进行再分配，而不能增加社会财富。因为从社会的角度来讲，个别遭受车辆损失的被保险人的所得，正是没有遭受损害的多数被保险人的所失，它是由全体投保人给予的补偿。

汽车保险的基本职能是汽车保险得以产生和迅速发展的内在根源。补偿损失是建立保险基金的根本目的，也是汽车保险形式产生和发展的原因。

汽车保险的补偿损失职能具体内容可以概括为①补偿由于自然灾害和意外事故所致被保险车辆的经济损失；②对被保险人在保险期内发生与车祸相关的人身伤亡事故给予经济赔偿；③承担被保险人因车辆事故对受害人所负的经济赔偿的民事责任；④商业信用和银行信用的履约责任。

2. 汽车保险的派生职能

汽车保险的派生职能是在不同经济形态下，由基本职能派生出来的。在社会主义市场经济条件下，汽车保险的派生职能是由保险企业经营管理的特点决定的。汽车保险的派生职能主要有：

（1）金融性融资的职能 汽车保险具有金融性，是指保险企业直接参与社会融资的职能，担负着融通资本的任务，从而扩大社会积累。保险公司作为金融机构的组成部分，其融资的方式主要有两种：一种是将保险基金存入银行，通过银行以信贷方式融通资金；另一种是保险公司运用保险基金进行直接投资或放款，使沉淀在企业、集体或个人的那部分保险资金直接投入生产或建设领域。

（2）防灾防损的职能 汽车保险具有风险管理性，是指保险企业参与社会、企业、家庭、个人的风险管理，提供防灾、防损、咨询和技术服务的职能，从而减少社会财富即车辆的损失和社会成员的人身伤害，为保险企业自身效益和社会效益的提高创造有利条件。

（二）汽车保险的作用

我国自1980年国内保险业务恢复以来，汽车保险业务已经取得了长足的进步，汽车保险已逐步成为与人们生活密切相关的经济活动，其重要性和社会性已逐步突现，作用越加明显。

1. 促进汽车工业的发展，扩大了对汽车的需求

从我国目前的经济发展情况看，汽车工业已成为我国经济健康、稳定发展的重要支柱产业之一，汽车产业政策在国家产业政策中的地位越来越重要。汽车产业政策要产生社会效益和经济效益，要成为中国经济发展的原动力，离不开汽车保险与之配套服务。汽车保险业务自身的发展对于汽车工业的发展起到了有力的推动作用，汽车保险的出现，消除了企业与个人对使用汽车过程中可能出现的风险的担心，一定程度上提高了消费者购买汽车的欲望、扩大了对汽车的需求。

2. 保障了当事人的合法权益，稳定了社会公共秩序

汽车作为一种保险标的，虽然单位保险金不是很高，但数量多而且分散，车辆所有者既有党政部门，也有工商企业和个人。车辆所有者为了转嫁使用汽车带来的风险，愿意支付一定的保险费投保。在汽车出险后，从保险公司获得经济补偿。由此可以看出，开展汽车保险既有利于社会稳定，又有利于保障保险合同当事人的合法权益。

3. 有利于交通安全，促进了汽车安全性能的提高

在汽车保险业务中，经营管理与汽车维修行业及其价格水平密切相关。原因是在汽车保险的经营成本中，事故车辆的维修费用是其中重要的组成部分，同时车辆的维修质量在一定程度上体现了汽车保险产品的质量。保险公司出于有效控制经营成本和风险的需要，除了加强自身的经营业务管理外，必然会加大事故车辆修复工作的管理，一定程度上提高了汽车维修质量管理的水平。同时，汽车保险的保险人从自身和社会效益的角度出发，联合汽车生产厂家、汽车维修企业开展汽车事故原因的统计分析，研究汽车安全设计新技术，并为此投入大量的人力和财力，从而促进了汽车安全性能方面的提高。

4. 汽车保险业务在财产保险中占有重要的地位

目前，大多数发达国家的汽车保险业务在整个财产保险业务中占有十分重要的地位。美国汽车保险的保险费收入，占财产保险总保险费的45%左右，占全部保险费的20%左右。从我国情况来看，随着积极的财政政策的实施，道路交通建设的投入越来越多，汽车保有量逐年递增。在国内各保险公司中，汽车保险业务保险费收入占其财产保险业务总保险费收入的50%以上，部分公司的汽车保险业务保险费收入占其财产保险业务总保险费收入的60%以上。汽车保险业务已经成为财产保险公司的"吃饭险种"。其经营的盈亏，直接影响整个财产保险行业的经济效益。

四、汽车保险的种类

车险种类按性质可以分为强制保险与商业保险。强制保险是国家规定强制购买的保险，商业保险是非强制购买的保险，车主可以根据实际情况进行购买。汽车商业保险根据保障的责任范围和能否独立购买分为主险和附加险。主险是能够单独购买的险种，附加险是对主险责任范围的补充，必须在购买相应险种的基础之上才能购买。

2020年原中国银保监会出台的"中国保险行业协会机动车商业保险示范条款（2020

版)"中，主险包括机动车损失保险（简称车损险）、机动车第三者责任保险（简称第三者责任险）、机动车车上人员责任保险共 3 个独立的险种，投保人可以选择投保全部险种，也可以选择投保其中部分险种。汽车保险的主要险种介绍见表 2-1。

表 2-1　汽车保险的主要险种介绍

险　种	责　任　范　围	注　意　事　项
机动车交通事故责任强制保险条款（简称交强险）	保险期间内，被保险人在使用被保险机动车过程中发生交通事故，致使受害人遭受人身伤亡或者财产损失，依法应当由被保险人承担的损害赔偿责任，保险人按照交强险合同的约定对每次事故在下列赔偿限额内负责赔偿：有责赔偿限额：死亡伤残费 180000 元、医疗费 18000 元、财产损失 2000 元；无责赔偿限额：死亡伤残费 18000 元、医疗费 1800 元、财损失产 100 元	必须投保：不得拒保或退保，受害人不包括被保险人和本车车上人员
机动车损失保险	保险期间内，被保险人或驾驶人在使用被保险机动车过程中，因自然灾害、意外事故造成被保险机动车直接损失；被保险机动车被盗窃、抢劫、抢夺，经出险地县级以上公安刑侦部门立案证明，满 60 天未查明下落的全车损失，以及因盗窃、抢劫、抢夺受到损坏造成的直接损失，且不属于免除保险人责任的范围，保险人依照保险合同的约定负责赔偿	自然磨损、锈蚀、故障、轮胎单独损坏、仅车上零部件被盗；驾驶人饮酒、吸毒、被麻醉或无证驾驶等为免责
机动车第三者责任保险	保险期间内，被保险人或其允许的驾驶人在使用被保险机动车过程中发生意外事故，致使第三者遭受人身伤亡或财产直接损毁，依法应当对第三者承担的损害赔偿责任，且不属于免除保险人责任的范围，保险人依照保险合同的约定，对于超过机动车交通事故责任强制保险各分项赔偿限额的部分负责赔偿	驾驶人、被保险人以及车上人员的人身伤亡、所有或代管的财产损失；对第三者造成的间接损失；驾驶人饮酒、吸毒、被麻醉期间使用车辆出现事故；被保险人故意行为等属免责
机动车车上人员责任保险	保险期间内，被保险人或其允许的驾驶人在使用被保险机动车过程中发生意外事故，致使车上人员遭受人身伤亡，且不属于免除保险人责任的范围，依法应当对车上人员承担的损害赔偿责任，保险人依照保险合同的约定负责赔偿	违章搭乘人员的人身伤亡；车上人员因疾病、分娩、自残、斗殴、自杀、犯罪行为或在车下造成的伤亡等属免责
附加绝对免赔率特约条款	被保险机动车发生主险约定的保险事故，保险人按照主险的约定计算赔款后，扣减本特约条款约定的免赔，即主险实际赔款 = 按主险约定计算的赔款 × （1 - 绝对免赔率）	绝对免赔率为 5%、10%、15%、20%，由投保人和保险人在投保时协商确定
附加车轮单独损失险	保险期间内，被保险人或被保险机动车驾驶人在使用被保险机动车过程中，因自然灾害、意外事故，导致被保险机动车未发生其他部位的损失，仅有车轮（含轮胎、轮毂、轮毂罩）单独的直接损失，且不属于免除保险人责任的范围，保险人依照附加险合同的约定负责赔偿	车轮（含轮胎、轮毂、轮毂罩）的自然磨损、朽蚀、腐蚀、故障、本身质量缺陷；未发生全车盗抢，仅车轮单独丢失的属免责

（续）

险　种	责 任 范 围	注 意 事 项
附加车身划痕损失险	保险期间内，被保险机动车在被保险人或被保险机动车驾驶人使用过程中，发生无明显碰撞痕迹的车身划痕损失，保险人按照保险合同的约定负责赔偿	被保险人及其家庭成员、驾驶人及其家庭人员的故意行为造成的损失；因与他人的民事、经济纠纷导致的任何损失；车身表面自然老化、损坏、腐蚀造成的任何损失属免责
附加发动机进水损坏除外特约条款	保险期间内，投保了本附加险的被保险机动车在使用过程中，因发动机进水后导致的发动机的直接损毁，保险人不负责赔偿	是车损险的附加险，车损险包含此保险责任，供不需要保发动机进水损坏责任的车主选择，并享受车损险保险费优惠
附加新增加设备损失险	保险期间内，投保了本附加险的被保险机动车因发生机动车损失保险责任范围内的事故，造成车上新增加设备的直接毁损，保险人在保险单载明的保险金额内按照实际损失计算赔偿	保险金额根据新增加设备的实际价值确定
附加修理期间费用补偿险	保险期间内，投保了本条款的机动车在使用过程中，发生机动车损失保险责任范围内的事故，造成车身损毁，致使被保险机动车停驶，保险人按保险合同约定，在保险金额内向被保险人补偿修理期间费用，作为代步车费用或弥补停驶损失	因机动车损失保险责任范围以外的事故而致被保险机动车的损毁或修理免责
附加车上货物责任险	保险期间内，发生意外事故致使被保险机动车所载货物遭受直接损毁，依法应由被保险人承担的损害赔偿责任，保险人负责赔偿	因包装、紧固不善，装载、遮盖不当导致的任何损失；车上人员携带的私人物品的损失属免责
附加精神损害抚慰金责任险	保险期间内，被保险人或其允许的驾驶人在使用被保险机动车的过程中，发生投保的主险约定的保险责任内的事故，造成第三者或车上人员的人身伤亡，受害人据此提出精神损害赔偿请求，保险人依据法院判决及保险合同约定，对应由被保险人或被保险机动车驾驶人支付的精神损害抚慰金，在扣除机动车交通事故责任强制保险应当支付的赔款后，在保险赔偿限额内负责赔偿	未发生交通事故，仅因第三者或本车人员的惊恐而引起的损害；怀孕妇女的流产发生在交通事故发生之日起30天以外的免责
附加法定节假日限额翻倍险	保险期间内，被保险人或其允许的驾驶人在法定节假日期间使用被保险机动车发生机动车第三者责任保险范围内的事故，并经公安部门或保险人查勘确认的，被保险机动车第三者责任保险所适用的责任限额在保险单载明的基础上增加1倍	投保了机动车第三者责任保险的家庭自用汽车，可投保本附加险
附加医保外医疗费用责任险	保险期间内，被保险人或其允许的驾驶人在使用被保险机动车的过程中，发生主险保险事故，对于被保险人依照中华人民共和国法律（不含港澳台地区法律）应对第三者或车上人员承担的医疗费用，保险人对超出《道路交通事故受伤人员临床诊疗指南》和国家基本医疗保险同类医疗费用标准的部分负责赔偿	在相同保障的其他保险项下可获得赔偿的部分；所诊治伤情与主险保险事故无关联的医疗、医药费用；特需医疗类费用属免责

X 相关链接

交强险的实施

按照《机动车交通事故责任强制保险条例》（简称《交强险条例》）的规定，机动车交通事故责任强制保险（简称"交强险"）是由保险公司对被保险机动车发生道路交通事故造成本车人员、被保险人以外的受害人的人身伤亡、财产损失，在责任限额内予以赔偿的强制性责任保险，属于责任保险的一种。它是因应《道路交通安全法》的实行推出的针对机动车的车辆险种，于2006年7月1日正式施行，根据配套措施的最终确立，于2007年7月1日正式普遍推行。

五、汽车保险业务流程

（一）投保

由于各家保险公司推出的汽车保险条款种类繁多，价格不同，因此投保人在购买汽车保险时应注意如下事项。

1. 合理选择保险公司

投保人应选择具有合法资格的保险公司营业机构购买汽车保险。汽车保险的售后服务与产品本身一样重要，投保人在选择保险公司时，要了解各公司提供服务的内容及信誉度，以充分保障自己的利益。

2. 合理选择代理人

投保人可以通过代理人购买汽车保险。选择代理人时，应选择具有执业资格证书、展业证及与保险公司签有正式代理合同的代理人；应当了解汽车保险条款中涉及赔偿责任和权利义务的部分，防止个别代理人片面夸大产品保障功能，回避责任免除条款内容。

3. 了解汽车保险内容

投保人应当询问所购买的汽车保险条款是否经过保监会批准，认真了解条款内容，重点条款的保险责任、除外责任和特别约定，被保险人权利和义务，免赔额或免赔率的计算，申请赔偿的手续、退保和折旧等规定。此外，应当注意汽车保险的费率是否与国家金融监督管理总局批准的费率一致，了解保险公司的费率优惠规定和无赔款优待的规定。通常保险责任比较全面的产品保险费比较高，保险责任少的产品保险费较低。

4. 根据需要购买

投保人选择汽车保险时，应了解自身的风险和特征，根据实际情况选择个人所需的风险保障。对于汽车保险市场现有产品应进行充分了解，以便购买适合自身需要的汽车保险。

5. 其他注意事项

1）对保险重要单证的使用和保管。投保者在购买汽车保险时，应如实填写投保单上规定的各项内容，取得保险单后应核对其内容是否与投保单上的有关内容完全一致。对所有的保险单、保险卡、批单、保险费发票等有关重要凭证应妥善保管，以便在出险时能及时提供理赔依据。

2）如实告知义务。投保者在购买汽车保险时应履行如实告知义务，对与保险风险有直接关系的情况，应当如实告知保险公司。

3）购买汽车保险后，应及时交纳保险费，并按照条款规定履行被保险人义务。

4）合同纠纷的解决方式。对于保险合同产生的纠纷，投保者应当依据在购买汽车保险时与保险公司的约定，以仲裁或诉讼方式解决。

5）投诉。投保者在购买汽车保险过程中，如发现保险公司或中介机构有误导或销售未经批准的汽车保险等行为，可向保险监督管理部门投诉。

（二）保险公司或代理人应提供合理的保险方案

在开展汽车保险业务的过程中，保险公司或代理人应从加大产品的内涵、提高保险公司的服务水平入手，在开展业务的过程中为投保人或被保险人提供完善的保险方案。

1. 保险方案制订的基本原则

（1）充分保障的原则　保险方案的制订应建立在对于投保人的风险进行充分和专业评估的基础上，根据对风险的了解和认识制订相应的保险保障方案，目的是通过保险的途径最大限度地分散投保人的风险。

（2）公平合理的原则　保险人或代理人在制订保险方案的过程中，应贯彻公平合理的精神。所谓合理就是要确保提供的保障是适用和必要的，防止提供不必要的保障。所谓公平主要应体现在价格方面，包括与价格有关的赔偿标准和免赔额的确定，既要合法，又要符合价值规律。

（3）充分披露的原则　保险人在制订保险方案的过程中，应根据保险最大诚信原则的告知义务的有关要求，将保险合同的有关规定，尤其是可能对投保人有不利影响的规定，向投保人进行详细的解释。以往汽车保险业务出现纠纷的重要原因之一就是保险公司或代理人出于各种目的的考虑，在订立合同时没有对投保人进行充分的告知。

2. 制订保险方案前的调查工作

在制订保险方案之前，应对投保人或潜在被保险人的情况进行充分的调查，根据调查结果进行分析是制订保险方案的必要前提。调查的主要内容有：

1）了解企业的基本情况，包括企业的性质、规模、经营范围和经营情况。

2）了解企业拥有车辆的数量、车型和用途，了解车况、驾驶人素质情况、运输对象、车辆管理部门等。

3）了解企业车辆管理的情况，包括安全管理的目标，对于安全管理的投入、安全管理的实际情况、以往发生事故的情况以及分类等。

4）了解企业以往的投保情况，包括承保公司、投保险种、投保的金额、保险期限和赔付率等情况。

5）了解企业投保的动机，防止逆向投保和道德风险。

3. 保险方案的主要内容

保险方案是在对投保人进行风险评估的基础上提出的保险建议书。首先，应当包括从专业的角度对投保人可能面临的风险进行识别和评估。其次，在风险评估的基础上提出保险的总体建议。第三，应当对条款的适用性进行说明，介绍有关的险种并对条款进行必要的解释。第四，对保险人及其提供的服务进行介绍。其具体内容有：

1）保险人情况。

2）投保标的风险评估。

3）保险方案的总体建议。

4）保险条款以及解释。

5）保险金额以及赔偿限额的确定。

6）免赔额以及适用情况。

7）赔偿处理程序以及要求。

8）服务体系以及承诺。

9）相关附件。

（三）车险承保

1. 填写投保单

投保人购买保险，首先要提出投保申请，即填写投保单，交给保险人。投保单是投保人向保险人申请订立保险合同的依据，也是保险人签发保险单的依据。投保单的基本内容有：投保人的名称、厂牌型号、车辆种类、车牌号码、发动机号码及车架号、使用性质、吨位或座位、行驶证、初次登记年月、保险价值、车辆损失险保险金额的确定方式、第三者责任险赔偿限额、附加险的保险金额或保险限额、车辆总数、保险期限、联系方式、特别约定、投保人签章。

2. 核保

核保是保险公司在业务经营过程中的一个重要环节。核保是指保险公司的专业技术人员对投保人的申请进行风险评估，决定是否接受这一风险，并在决定接受风险的情况下，决定承保的条件，包括使用的条款和附加条款、确定费率和免赔额等。

（1）核保的意义

1）防止逆选择，排除经营中的道德风险。在保险公司的经营过程中始终存在一个信息问题，即信息的不完整、不精确和不对称。尽管最大诚信原则要求投保人在投保时应履行充分告知的义务，但是，事实上始终存在信息的不完整和不精确的问题。保险市场信息问题可能导致投保人或被保险人的道德风险和逆选择，给保险公司经营带来巨大的潜在风险。保险公司建立核保制度，由资深人员运用专业技术和经验对投保标的进行风险评估，通过风险评估可以最大限度地解决信息不对称的问题，排除道德风险，防止逆选择。

2）确保业务质量，实现经营稳定。保险公司是经营风险的特殊行业，其经营状况影响社会的稳定。保险公司要实现经营的稳定，一个关键环节就是控制承保业务的质量。但是，随着国内保险市场供应主体的增多，保险市场竞争日趋激烈，保险公司在不断扩大业务的同时，经营风险在不断增大。其主要表现为：一是为了拓展业务而急剧扩充业务人员，这些新的工作人员业务素质有限，无法认识和控制承保的质量；二是保险公司为了扩大保险市场的占有率，稳定与保户的业务关系，放松了拓展业务方面的管理；三是保险公司为了拓展新的业务领域，开发了一些不成熟的新险种，签署了一些未经过详细论证的保险协议，增加了风险因素。保险公司通过建立核保制度，将展业与承保相对分离，实行专业化管理，严格把好承保关。

3）扩大保险业务规模，与国际惯例接轨。我国加入 WTO 以后，国外的保险中介机构逐步进入中国保险市场；同时，我国保险的中介力量在不断壮大，现已成为推动保险业务的重要力量。在看到保险中介组织对于扩大业务的积极作用的同时，应注意到其可能带来的负面影响。由于保险中介组织经营目的和价值取向的差异以及人员的良莠不齐，保险公司在充分利用保险中介机构进行业务开展的同时，应对保险中介组织的业务加强管理，核保制度是对中介业务质量控制的重要手段，建立和完善保险中介市场的必要前提条件。

4）实现经营目标，确保持续发展。在市场经济条件下，企业发展的重要条件是对市场进行分析，并在此基础上确定企业的经营方针和策略，包括对企业的市场定位和选择特定的业务和客户群。同样在我国保险市场的发展过程中，保险公司要在市场上争取和赢得主动，就必须确定自己的市场营销方针和政策，包括选择特定的业务和客户作为自己发展的主要对象，确定对各类风险承保的态度，制订承保业务的原则、条款和费率等。这些市场营销方针和政策实现的主要手段是核保制度，通过核保制度对风险选择和控制的功能，保险公司能够有效地实现其既定的目标，并保持业务的持续发展。

（2）核保的主要内容

1）投保人资格。对于投保人资格进行审核的核心是认定投保人对保险标的拥有保险利益，汽车保险业务中主要是通过核对行驶证来完成的。

2）投保人或被保险人的基本情况。投保人或被保险人的基本情况主要是针对车队业务的。通过了解企业的性质、是否设有安保部门、经营方式、运行主要线路等，分析投保人或被保险人对车辆管理的技术管理状况，保险公司可以及时发现其可能存在的经营风险，采取必要的措施降低和控制风险。

3）投保人或被保险人的信誉。投保人或被保险人的信誉是核保工作的重点之一。对于投保人和被保险人的信誉调查和评估逐步成为汽车核保工作的重要内容。评估投保人与被保险人信誉的一个重要手段是对其以往损失和赔付情况进行了解。那些没有合理原因却经常"跳槽"的被保险人往往存在道德风险。

4）保险标的。对保险车辆应尽可能采用"验车承保"的方式，即对车辆进行实际的检验，包括了解车辆的使用和管理情况，复印行驶证、购置车辆的完税费凭证，拓印发动机与车架号码，对于一些高档车辆还应当建立车辆档案。

5）保险金额。保险金额的确定涉及保险公司及被保险人的利益，往往是双方争议的焦点，因此保险金额的确定是汽车保险核保中的一个重要内容。在具体的核保工作中应当根据公司制订的汽车市场指导价格确定保险金额。对投保人要求按照低于这一价格投保的，应当尽量劝说并将理赔时可能出现的问题进行说明和解释。对于投保人坚持己见的，应当向投保人说明后果并要求其对于自己的要求进行确认，同时在保险单的批注栏上明确。

6）保险费。核保人员对于保险费的审核主要分为费率适用的审核和计算的审核。

7）附加条款。主险和标准条款提供的是适应汽车风险共性的保障，但是作为风险的个体是有其特性的。一个完善的保险方案不仅解决共性的问题，更重要的是解决个性问题，附加条款适用于风险的个性问题。特殊性往往意味着高风险，所以对附加条款的适用性应当注意对风险的特别评估和分析，谨慎接受和制订条件。

3. 接受业务

保险人按照规定的业务范围和承保的权限，在审核检验之后，有权做出承保或拒保的决定。

4. 缮制单证

缮制单证是在接受业务后填制保险单或保险凭证等手续的程序。保险单或保险凭证是载明保险合同双方当事人权利和义务的书面凭证，是被保险人向保险人索赔的主要依据。因此，保险单质量的好坏往往直接影响汽车保险合同的顺利履行。填写保险单的要求有：单证相符、保险合同要素明确、数字准确、复核签章、手续齐备。

（四）车险理赔

保险理赔是指保险人在保险标的发生风险事故导致损失后，对被保险人提出的索赔要求进行处理的过程。保险理赔应遵循"重合同、守信用、实事求是、主动、迅速、准确、合理"的原则，以保证保险合同双方行使权利与履行义务。车险理赔的程序如下：

1. 接受损失通知

保险事故发生后，被保险人应将事故发生的时间、地点、原因及其有关情况，在规定的时间内通知保险人，并提出索赔要求。发出损失通知书是被保险人必须履行的义务。被保险人发出损失通知的方式可以是口头方式，也可以是函电等其他方式，但随后应及时补发正式的书面通知，并提供必备的索赔凭证，如保险单、出险证明书、损失鉴定书、损失清单、检验报告等。

2. 审核保险责任

保险人收到损失通知书后，应当立即审核该索赔案件是否属于保险责任范围，其审核的主要内容为：损失是否发生在保险单的有效期内、损失是否由所承保的风险所引起，损失的车辆是否是保险标的、请求赔偿人是否有权提出索赔等。

3. 进行损失检查

保险人审核保险责任后，应派人到出险现场进行查勘，了解事故情况，分析事故损害原因，确定损害程度，认定索赔权利。

4. 赔偿给付保险金

保险事故发生后，经过核查属实并估算赔偿金额后，保险人应当立即履行赔偿给付的责任。

任务实施

步骤1　拟定任务实施计划

有些投保人不了解汽车保险的作用，觉得汽车保险用不到，无须购买，或者对汽车保险活动的过程不了解，因而必须让投保人懂得在投保时和进行保险事故处理中应遵循的一些规则，了解汽车保险的分类。确定2~3个汽车保险公司，分别登录网站查询或咨询其汽车保险的种类。

步骤2　讨论汽车保险的必要性

讨论汽车保险的必要性，即为什么要购买保险，说明足够的理由。

1）车辆面临的各种风险使汽车保险成为必要。

2）转移汽车风险的必要。

保险是建立在"我为人人，人人为我"的基础上的，其基本原理是集合危险、分散损失。

步骤3　说明汽车保险的作用

说明汽车保险的作用，即解释汽车保险能够做什么，对被保险人能够起到什么作用。

1）对经济损失进行补偿是保险的基本功能。

2）汽车保险能减轻汽车使用者的后顾之忧。

步骤4　介绍汽车保险的种类和作用（表2-2）

表2-2　汽车保险的种类和作用

保险种类	作　　用
交强险	
车损险	保障车辆本身的损失和车辆遭受盗抢所造成的损失
第三者责任险	保障对于第三者的赔偿责任
车上人员责任保险	保障标的车辆上人员的人身伤害所造成的损失
附加车上货物责任险	保障由于车上货物坠落所造成的赔偿责任
附加车身单独划痕险	保障车身划痕、刮花所造成的车辆损失
附加新增加设备损失险	保障车辆由于改装等新增加设备的损失
附加绝对免赔率特约条款	保障投保人选择主险保障范围的权利，理赔时按绝对免赔率计算赔款

任务评价

任务评价表见任务工单。

知识点提示

1. 汽车保险任务实施流程框图，如图2-1所示。

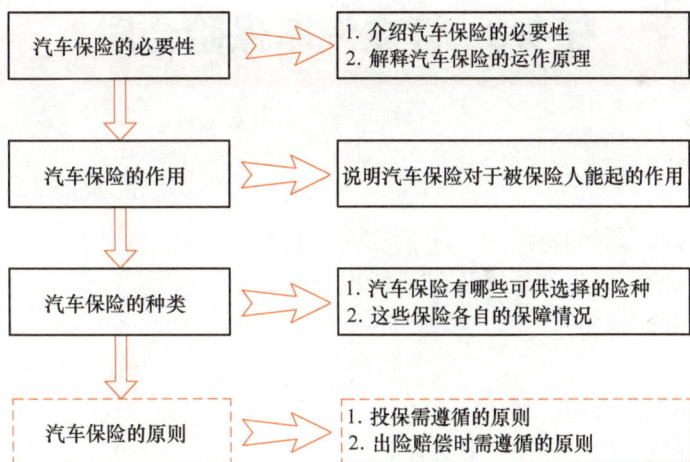

图2-1　汽车保险任务实施流程框图

2. 汽车保险的必要性，如图2-2所示。

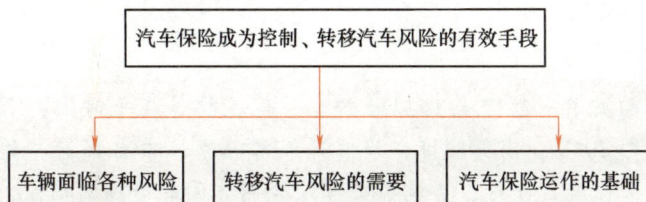

图2-2　汽车保险的必要性

3. 汽车保险险种分类，如图2-3所示。

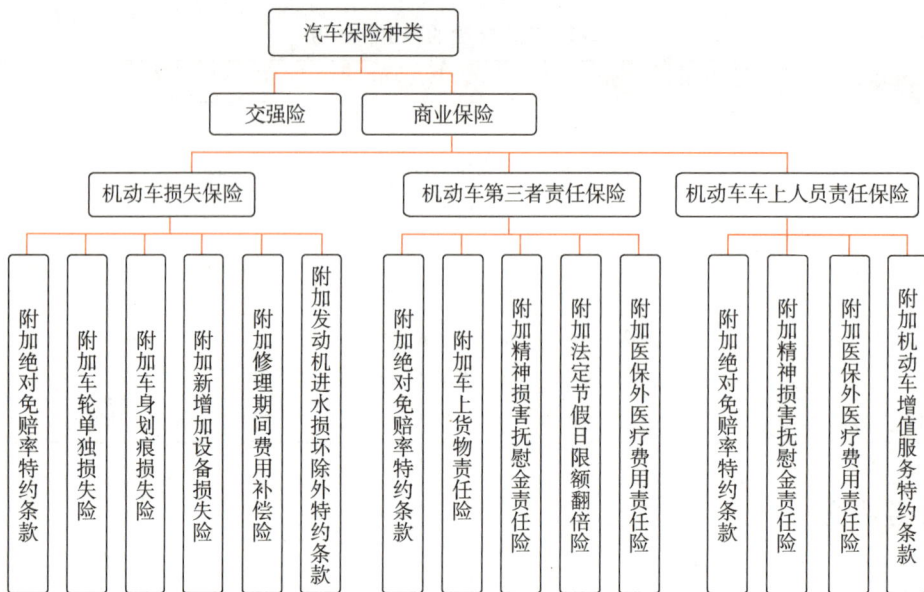

图2-3　汽车保险险种分类

任务3　订立汽车保险合同

任务目标

知识目标

1. 了解汽车保险合同的特征。
2. 了解汽车保险合同争议处理及合同变更。
3. 掌握汽车保险合同的订立与生效要件。

能力目标

1. 能简述汽车保险合同的特征。
2. 能熟练描述汽车保险合同生效条件。
3. 能运用汽车保险合同内容分析车险案例。

素养目标

养成严谨学习、工作的习惯，崇尚诚实、守信用的品质，树立契约精神。

学习任务

赵先生最近新购买了一款宝来1.4TSI轿车。他主要是在平时上、下班时开，太太偶尔也会开，其女儿已20岁，有驾驶证，节假日经常一家三口自驾游。赵先生家有地下车库，他想为车辆购买保险，于是，咨询有关保险合同方面的事项。

知识准备

一、汽车保险合同订立

（一）汽车保险合同的特征

汽车保险合同是投保人与保险人约定保险权利和义务关系的协议。随着我国汽车保险业务的逐渐扩大，汽车保险合同纠纷的案例越来越多，其焦点多集中在保险人与投保人或保险人的责任及责任大小、保险合同是否成立与生效以及保险人是否应承担责任和承担多少责任等问题上。掌握汽车保险合同的特征和订立与履行过程中涉及的原则问题，对解决围绕汽车保险合同的纠纷具有十分重要的现实意义。

保险合同属于合同的一种，具有一般合同所共有的法律特点。①保险合同是一种双方法律行为，它必须具有双方当事人，即投保人和保险人，而且两者处于彼此利害相反的地位，相互为意思表示。②保险合同是当事人发生保险权利义务关系的合意，即保险合同必须有投保人与保险人意思表示的一致，否则保险合同不能成立。③保险合同以发生、变更、终止保险权利义务关系为目的，即保险合同当事人为发生、变更、终止保险法律关系的法律后果而为的行为。④保险合同是具有法律约束力的协议。合法的保险合同受法律保护，违反合同义务的当事人应承担法律责任。

保险合同是一种特殊类型的合同，具有以下特点。

1. 保险合同是双方有偿合同

合同有单务合同和双务合同之分。在单务合同中，当事人一方享有权利，另一方仅负有义务。双务合同则是当事人双方都享有权利和承担义务，一方的权利即为另一方（对方）的义务，保险合同属于双务合同。保险合同的投保人负有按约定给付保险费的义务，保险人则负有于保险事故发生给付保险金的义务。保险合同与一般的双务合同有所不同，一般的双务合同，如在买卖合同中，买方给付价金之后，卖方应依合同规定给付标的物，不存在其他任何条件；但保险合同中保险人在投保人给付保险费之后，只有在保险事故发生后才履行保险金给付义务。换言之，保险人履行保险金给付义务以保险事故为停止条件，因此，保险合同是附停止条件的合同。

在国外，英、美、法学系的有些学者认为保险合同是一种单务合同。理由是在保险合同成立时，仅有投保人一方负有给付保险费的义务；保险合同成立后，保险人一方承诺于保险事故发生后给付保险金，而不能强制投保人有任何义务，因此是单务合同。

2. 保险合同是射幸合同

射幸合同是指合同当事人一方的履行有赖于偶然事件的发生的协议。保险合同是射幸合同，对投保人来说，其支付一定数额的保险费，在保险事故发生时，可获得大大超过所付保险费数额的保险金，如果保险事故不发生，则丧失所交付的保险费；对于保险人来说，保险事故发生后，其支付的保险金数额将大大超过保险费的收入，如果保险事故不发生，则获得保险费的利益，而无支付保险金的责任。保险合同的射幸性是由危险事故的不确定性所决定的，这在财产保险合同中表现得尤为明显。在人寿保险中，因为保险人给付保险金的义务是确定的，只是存在时间的问题，故其具有储蓄性，射幸性较弱。

保险合同虽是一种射幸合同，但它与赌博有着本质的区别。因为这种射幸性质是对单个保险合同而言的，保险事业并非投机性的事业。就保险业承保的全部保险合同来看，保险费总额与保险金总额的关系是以精确的数理计算为基础的，原则上收入与支出保持平衡。因此，从总体上来看，保险合同不存在偶然性。

3. 保险合同是最大诚信合同

合同的订立及履行要遵守诚实信用原则。保险合同的诚信度要比一般的合同高，故称之为"最大诚信合同"。诚信原则要求投保人对订立和履行保险合同过程中的一切重要事实和情况做出真实可靠的陈述，不能有任何隐瞒和虚假。对保险合同的最大诚信要求，在最早的海上保险中就已存在。海上保险的标的是在海上运输中的财产，危险性较大，而且远在海外，保险人在承保前无法进行实际勘查，只能根据投保人提供的情况予以承保，这就要求当事人具有超过一般交易合同的最大诚信。目前，各国的保险立法对此做出了明确规定。我国在《中华人民共和国保险法》（以下简称《保险法》）第十六条规定："订立保险合同，保险人就保险标的或者被保险人的有关情况提出询问的，投保人应当如实告知。""投保人故意或者因重大过失未履行前款规定的如实告知义务，足以影响保险人决定是否同意承保或者提高保险费率的，保险人有权解除合同"。《保险法》还对对投保人的"如实告知义务""危险增加的通知义务""出险的通知义务"等做出了具体的规定，这些都是对保险合同最大诚信要求在立法中的体现。

4. 保险合同是要式合同

合同有要式合同和不要式合同之分。要式合同是在法律上具备一定的形式和手续的合同。反之，在法律上不要求具备一定的形式和手续的合同，称为不要式合同。各国的保险惯例均将保险合同做成保险单，而且在保险立法上也有规定。《保险法》第十三条规定："投保人提出保险要求，经保险人同意承保，保险合同成立。保险人应当及时向投保人签发保险单或者其他保险凭证。""保险单或者其他保险凭证应当载明当事人双方约定的合同内容。当事人也可以约定采用其他书面形式载明合同内容。"由此可见，保险合同是采取书面形式的要式合同，换言之，保险合同是以保险单或保险凭证作为保险合同的书面形式。

值得说明的是，强调保险合同为要式合同，并非指保险合同在做成或交付保险单或保险凭证后方能成立。首先，保险合同是在当事人双方意思表示一致时即告成立。其次，在实践中，如果保险合同当事人在意思表示一致后，保险单或保险凭证做成交付之前即发生保险事故，保险人仍应承担保险责任。如果强调保险合同于保险保险单或保险凭证做成之后生效，则与保险分散危险、消化损失、维护社会经济生活稳定的宗旨相违背。

5. 保险合同为附合合同

附合合同由一方当事人提出合同的主要内容，另一方只是做出取与舍的决定，一般没有商议变更的余地。保险合同具有这种合同的特点，保险人依一定的根据，制定出保险合同的基本条款；投保人依照该条款，或同意接受，或不同意投保，无权修改通用的某项条款，如果有必要修改或变更保险单的某项内容，也只准采用保险人事先准备和附加条款或附属保险单，而不能依自己的意思自由规定保险合同的内容。

随着保险事业的发展，各国保险业务的交流与协作的加强，保险的业务量大量增加，要求保险手续迅速、简洁，也由于保险经营的特殊性，保险合同逐渐趋向技术化、标准化和定型化。但这一发展同时使合同自由受到限制，保险单或保险凭证从某种意义上只是保险人一方的片面文件，其中一些内容很难解释为当事人双方经自愿协商意思表示一致的结果。因此，在司法实践中，保险人与被保险人双方对于保险合同发生纠纷时，法院要做出有利于被保险人的解释，以保护被保险人的利益。而且要求保险单的制定要力求周密、合理，经主管机关审批后方能实施。

讨论与交流

1. 汽车保险合同与其他合同的共同点是什么？
2. 汽车保险合同的特点是什么？

（二）汽车保险合同的订立与生效

1. 汽车保险合同的订立

汽车保险合同在订立时必须基于保险人和投保人的意见一致，才能成立生效，所以汽车保险合同采取要约与承诺的方式订立。要约又称为"订约提议"，是一方当事人向另一方当事人提出订立合同建议的法律行为，是签订保险合同的一个重要程序。要约中需要提出合同的主要条款，包括合同中的标的、数量、质量、价款、履行期限和地点以及违约的责任等。承诺又称为"接受订约提议"，是承诺人向要约人表示同意与其缔结合同的意思表示。在保险实务中，保险人通过审核保单决定是否接受投保人提出的保险业务，所以对保险公司来说，承诺就是保险公司承保的过程。

由于保险时间较长，双方的权利和义务复杂，为了避免产生争议，汽车保险合同一般采用书面文件形式，这些书面文件可以统称为"凭证"。汽车保险合同的凭证除了保险单外，还包括正式订立合同之前的辅助性文件，如投保单、暂保单等。

（1）投保单　投保单由保险人缮制，经投保人如实填写后交给保险人，是投保人表示愿意同保险人订立保险合同的书面要约。投保单应载明订立保险合同涉及的主要内容，如机动车名称、型号、车牌号码、发动机号、使用性质、行驶区域、保险金额、保险期限、责任免除、保险费等。其中的保险费条款最关键，如果投保人填写的投保单上没有保险费和保险费率记载，就不是一个完整的要约。投保单经过保险人的核保以后，就成为保险合同的组成部分。

（2）暂保单　暂保单是保险人或其代理人在接受投保人保险但不能马上出具正式保险单或保险凭证时，向投保人签发的临时保险凭证。

一般在下列情况下使用暂保单：

1）当保险公司的分支机构受经营权限和经营程序的限制，需要上级公司的批准才能签发保险单时，一般在接受投保人的要保申请后，签发暂保单。

2）当保险代理人或保险经纪人在争取到保险业务后，在未向保险人办妥保险单之前，要向投保人签发暂保单。

3）在保险人原则上已经承保，但由于保险双方对保险单尚未记载的事项没有完全协商一致时，保险人需要向投保人先签发暂保单。

4）对于需要再保险的场合，尚未安排好再保险时，需要签发暂保单。

暂保单与正式保险单同样具有法律效力，但有效期较短，一般不超过30天，是特定情况下使用的一种临时单证。有些国家的保险法规定，保险人在事先通知投保人的情况下，可以提前终止暂保单的效力且无须说明理由。保险人出具正式的保险单或保险凭证后，或暂保单的有效期满时，暂保单终止其法律效力。

我国现行的汽车保险实务中，有一种提车暂保单，承保车辆损失险和第三者责任险，其中第三者责任的赔偿限额为 5 万元。

（3）保险单　保险单是保险人与投保人订立保险合同的正式凭证，由保险人制作、签章并交付给投保人。保险单的主要内容一般包括保险单格式、保险责任、除外责任、附加条件等。

保险单是保险合同的重要组成部分，甚至有人称保险单为保险合同，其正本由投保人收执，是保险事故发生后，被保险人索赔和保险理赔的重要凭证。

（4）保险凭证　保险凭证是保险人签发给投保人以证明保险合同已经生效的文件，是一种简化的保险单，虽不像保险单那样详细记载保险条款的内容，但与保险单具有同样的作用和效力。一般保险凭证上未列明的内容均应以保险单上的内容为准，当两者有抵触时，以保险凭证上的内容为准。在订立预约的汽车保险合同的情况下，使用保险凭证可以大大方便保险业务的开展。

2. 汽车保险合同的生效

汽车保险合同生效的时间是保险人开始履行保险责任的时间。《保险法》第十四条规定："保险合同成立后，投保人按照约定交付保险费，保险人按照约定的时间开始承担保险责任。"在汽车保险的实务中，保险合同成立的时间与其生效的时间有同一时间和非同一时间两种可能。

投保人提出投保申请，保险人经过核保签章，投保人交纳保险费，保险期限的约定与交纳保险费的时间是统一的，对于这样依法成立的汽车保险合同，合同生效与成立的时间相同，属于第一种情况。此时，履行保险合同不易发生因合同效力引起的纠纷。

汽车保险合同的成立与生效为非同一时间的情形，多发生在附生效条件或附生效期限的汽车保险合同的履行过程中。此类保险合同一般约定投保人应按时如数交纳保险费，作为生效的条件或者约定一个合同的生效期限，保险人开始承担保险责任。虽然投保人办理了有关保险手续，但如果没有按照约定的时间全额交纳保险费，汽车保险合同没有法律效力，即使发生了保险责任事故，保险人也不负赔偿责任。在保险期间常遇到这样的情况：投保人在违反约定条件而发生保险责任事故后，试图通过补缴保险费的方式获得保险赔偿，或从保险赔偿中扣除保险费，这种违反保险经营原则的行为没有法律依据。因为保险属于承担不确定性的风险，汽车事故一旦发生就是确定性的风险，不是可保风险的范畴，保险是通过收取保险费建立保险基金实施补偿的，没交保险费而取得补偿无疑会损害其他被保险人的利益；再者，投保人不履行所附的生效条件，保险合同就不生效，更谈不上履行合同。同样，对于约定合同生效期限的保险合同，只有在生效期限届满时，合同才开始生效，此时，合同履行与否取决于约定的生效期是否届满，与保险合同成立的时间无关。

二、汽车保险合同订立后会遇到的常见问题

（一）汽车保险合同的变更

1. 保险合同变更的含义

保险合同的变更是指在保险合同的期限届满之前，当事人根据主客观情况的变化，依照法律规定的条件和程序，对保险合同的某些条款进行修改或补充。保险合同一般是一年或一年以上的长期合同，在合同的有效期限内，难免不发生一些变化，因而会产生变更合同的要

求。我国《保险法》第二十条规定："投保人和保险人可以协商变更合同内容。变更保险合同的，应当由保险人在保险单或者其他保险凭证上批注或者附贴批单，或者由投保人和保险人订立变更的书面协议。"

2. 保险合同变更的内容

保险合同变更的内容主要包括以下几个方面：①主体内容的变更，包括保险人如有分立或合并时，可以变更保险人；投保人或被保险人将保险标的转让给第三人的，可以变更投保人或被保险人。②标的内容的变更，包括保险标的的价值、用途或者危险程度的变化等。③保险责任条款内容的变更，包括保险人承担的保险责任范围的扩大或减小等。如果投保人或被保险人有变更保险合同责任条款的需要，经过双方协商，可以采用保险人事先准备的附加条款，或者由保险人在原保险单上批注。为了明确批注后的保险合同中各条款的效力，根据国际惯例，手写批注优于打字批注；打字批注优于加贴的附加条款；加贴的附加条款优于基本条款；旁注的附加优于正文的附加。汽车保险合同变更可能的变更事项主要包括：

1）保险车辆转卖、转让或赠送他人，需要变更被保险人。

2）保险车辆增加或减少危险程度，保险车辆变更使用性质。

3）增减投保的车辆数目，增加或减少保险金额或赔偿限额。

4）增加某种附加险的投保。

5）保险期限的变更。

3. 保险合同变更的形式

保险合同的变更必须采用书面形式，并经过双方协商一致，才能发生变更的效力。其书面形式既可以是保险人在原保险单或者其他保险凭证上的批注或者附贴批单，也可以是投保人和保险人双方就保险合同的变更问题专门签订的书面协议。

4. 保险合同变更的效力

保险合同一经变更，变更的那一部分内容取代了原合同中被变更的内容，与原合同中未变更的内容一起构成了一个完整的合同。当事人应以变更后的合同为依据履行各自的义务。

（二）汽车保险合同的解除

1. 交强险合同的解除

机动车交通事故责任强制保险合同一般不能解除。保险公司不得解除机动车交通事故责任强制保险合同，但是，投保人对重要事项未履行如实告知义务的除外。投保人对重要事项未履行如实告知义务，保险公司解除合同前，应当书面通知投保人，投保人应当自收到通知之日起5日内履行如实告知义务；投保人在上述期限内履行如实告知义务的，保险公司不得解除合同。但有下列情形之一的可以解除：

1）被保险机动车被依法注销登记的。

2）被保险机动车办理停驶的。

3）被保险机动车经公安机关证实丢失的。

2. 商业保险合同的解除

根据《保险法》第五十四条："保险责任开始前，投保人要求解除合同的，应当按照合同约定向保险人支付手续费，保险人应当退还保险费。保险责任开始后，投保人要求解除合同的，保险人应当将已收取的保险费，按照合同约定扣除自保险责任开始之日起至合同解除之日止应收的部分后，退还投保人。"

　　具体解除合同及退保的条件各公司有详细的说明，如太平洋汽车商业险投保人及被保险人随时可以要求退保，一般下列情况可以申请退保：

　　1）车辆按规定报废。

　　2）车辆转卖他人。

　　3）重复保险，为同一辆车投保了两份相同的保险。

　　4）对保险公司不满。

　　以上情况都可以申请解除保险合同，要求退还未到期的保险费。退保保险费为自投保人提出退保申请之日起的未了责任期保险费，即：退保保险费＝保险费×（保险单剩余有效天数/保险单总有效天数）。

　　自退保之日起合同解除。

　　3. 保险合同解除的后果

　　保险合同解除的后果就是合同效力的提前消灭。解除的效力从何时发生，一般有两种情形：一是溯及自合同成立时发生；二是向将来发生。在前一种情形下，原合同已经履行的部分恢复到履行前的状态，双方当事人从对方取得的财产返还给对方。在后一种情形下，原合同已经履行的部分继续有效，未履行的部分不再履行。

　　（1）投保人解除保险合同的后果　投保人解除保险合同的，其解除的效力自何时发生，取决于保险合同的种类。

　　1）在财产保险合同中，投保人解除合同的，其解除的效力仅向将来发生。我国《保险法》第五十四条规定："保险责任开始前，投保人要求解除合同的，应当按照合同约定向保险人支付手续费，保险人应当退还保险费。保险责任开始后，投保人要求解除合同的，保险人应当将已收取的保险费，按照合同约定扣除自保险责任开始之日起至合同解除之日止应收的部分后，退还投保人。"

　　2）在人身保险合同中，投保人解除合同的，其解除的效力溯及自保险合同成立时发生。我国《保险法》第四十七条规定；"保险人应当自收到解除合同通知之日起三十日内，按照合同约定退还保险单的现金价值。"

　　（2）保险人解除保险合同的后果　保险人解除保险合同的，其解除的效力自何时发生，取决于解除合同的条件。

　　1）基于以下条件，保险人解除合同的效力仅向将来发生：投保人故意隐瞒事实，不履行如实告知义务的，保险对于保险合同解除前发生的保险事故，不承担赔偿或者给付保险金的责任，并不退还保险费。投保人、被保险人或者受益人因其欺诈而被解除保险合同的，保险人不退还保险费。

　　2）基于以下条件，保险人解除合同的效力溯及自保险合同成立时发生，投保人因过失未履行如实告知义务，保险人解除合同的，对于保险合同解除前发生的保险事故，保险人不承担赔偿或者给付保险金的责任，但可以退还保险费。人身保险合同投保人申报的被保险人的年龄不真实，且其真实年龄不符合合同约定的年龄限制，保险人解除合同的，在扣除手续费后，向投保人退还保险费。

　　（三）保险合同的终止

　　保险合同的终止，即保险合同权利义务关系的绝对消灭。引起保险合同终止的原因主要有以下几个方面：

（1）**自然终止** 这也称届期终止，即保险合同的有效期限届满，保险人承担的保险责任即告终止。它是保险合同终止的最普遍、最基本的原因。保险合同期限届满以后的续保，不是原保险合同的继续，而是一个新合同的成立。

（2）**因解除而终止** 保险合同被解除的后果是导致保险合同终止的一个重要原因。保险合同双方当事人中的任何一方都可以根据法律规定或双方的约定行使合同的解除权解除合同，在这种情况下，合同解除的效力从解除合同的书面通知送达对方当事人时开始。当事人也可以通过协商，在不损害国家利益、社会公共利益和他人利益的情况下，达成解除合同的协议，合同解除的效力从当事人达成一致的协议时开始。

（3）**因义务已履行而终止** 保险合同约定的保险事故发生，保险人以合同约定赔偿或给付保险金后，保险合同即告终止。保险汽车若一次事故全部损毁或推定全损，赔足保险金额后，合同终止。

（4）**协议终止** 协议终止是指在保险合同的有效期限内，经过合同双方当事人协商一致直接终止合同的行为。协议终止必须出于当事人的自愿，并经过双方协商一致，才产生终止合同的后果。通常汽车保险中会因被保险车辆转让、赠予他人或报废等原因中途终止合同。

（四）保险合同的解释和争议处理

1. 保险合同的解释原则

对保险合同的理解，双方当事人往往会在主张权利或履行义务时发生争议，这种争议有很多情况是由于对合同条款的解释差异造成的。在这种情况下，采用适当的原则对合同的内容及其用词进行解释就显得非常重要。《中华人民共和国合同法》（以下简称《合同法》）第四十一条规定："对格式条款的理解发生争议的，应当按照通常理解予以解释。对格式条款有两种以上解释的，应当做出不利于提供格式条款一方的解释。格式条款和非格式条款不一致的，应当采用非格式条款。"第一百二十五条规定："当事人对合同条款的理解有争议的，应当按照合同所使用的词句、合同的有关条款、合同的目的、交易习惯以及诚实信用原则，确定该条款的真实意思。合同文本采用两种以上文字订立并约定具有同等效力的，对各文本使用的词句推定具有相同含义。各文本使用的词句不一致的，应当根据合同的目的予以解释。"根据以上规定，保险合同的解释应当依据以下几个原则：

（1）**合法解释原则** 保险合同当事人对保险合同条款的理解有分歧，需要对有分歧的条款进行解释时，不得违反法律、行政法规的强制性规定。

（2）**文义解释原则** 文义解释原则即按照保险条款文字的含义进行解释的原则。保险条款文字的含义包括两部分：①文字的普通含义。②文字的专门含义，即专业术语。在一般情况下，保险合同条款中的用语是以其普通含义来解释的，但是如果用语涉及专业术语时，如保险专业术语（如暴风、暴雨）或法律词语（如盗窃、抢劫），则应按所属的各行业的通用含义进行解释。

（3）**意图解释原则** 保险合同是双方当事人自由意志表示一致的结果。因此，在对合同进行解释时，必须尊重双方订立合同的真实意图。当事人在订约时的真实意图不能由当事人在发生争议时任意改动，而要根据合同的文字、订约时的背景等，按客观实际情况进行逻辑分析、演绎来确定。意图解释原则只适用于文义不清、用语模糊的情况。如果文字写得准确，意义毫不含糊，则应当按照文义原则进行解释。

（4）**整体解释原则** 对保险合同的解释，不论采用以上的哪一个原则，都不能只拘泥于合同的某一个条款或某一个条款的只言片语，不能断章取义，而应当把合同的某一个条款放到整个合同中，根据双方订立合同的目的，结合合同其他条款的内容来确定具体合同条款的含义。

（5）**诚实信用解释原则** 诚实信用原则是当事人在订立合同以及履行合同过程中必须遵守的基本原则，它要求当事人讲诚实、守信用，以善意的方式行使自己的权利，并以合同约定全面履行自己的义务。在对保险合同进行解释时，也要遵循诚实信用原则。

（6）**有利于被保险人的解释原则** 保险合同是附和合同，保险合同条款是由保险人或其主管机关事先拟就的，投保人在订立合同时，对合同条款只能表示是否接受，在法律地位上相对处于弱势；而保险人则有很大的优势。对此，为了平衡保险合同双方当事人的地位，在对合同条款进行解释应采取的原则上，法律做了一些倾斜。《合同法》规定，对同一条款如果有两种以上解释的，应当做出不利于提供条款一方的解释。

我国《保险法》第三十条规定："采用保险人提供的格式条款订立的保险合同，保险人与投保人、被保险人或者受益人对合同条款有争议的，应当按照通常理解予以解释。对合同条款有两种以上解释的，人民法院或者仲裁机构应当做出有利于被保险人和受益人的解释。"

2. 保险合同的争议处理

（1）什么是合同争议 合同争议是指保险人与投保人（包括被保险人和受益人）双方关于保险责任的归属问题，赔偿或给付保险金数额的确定等，对保险条款的解释产生异议，各执己见而发生的纠纷。合同产生争议的原因一般有：合同条款文字的含义模糊，对条款的解释产生分歧；或者由于保案情况比较复杂，特别是发生事故造成损失以后，对于引起损失的多种原因的确定，有的属于保险责任，有的不属于保险责任，或兼有两者并存的交织状态。因此，对责任归属的判断，保险人和投保人或被保险人、受益人的意见容易产生分歧，争议就不可避免。所以，在保险合同中，都包括关于争议处理的规定。

（2）争议的处理 既然发生争议，为明确当事人双方的权利和义务，就必须对发生的争议进行适当的处理。《合同法》第一百二十八条规定："当事人可以通过和解或者调解解决合同争议。当事人不愿和解、调解或者和解、调解不成的，可以根据仲裁协议同仲裁机构申请仲裁。涉外合同的当事人可以根据仲裁协议向中国仲裁机构或者其他仲裁机构申请仲裁。当事人没有订立仲裁协议或者仲裁协议无效的，可以向人民法院起诉。当事人应当履行发生法律效力的判决、仲裁裁决、调解书；拒不履行的，对方可以请求人民法院执行"。保险合同争议可以采用以下方式解决：

1）和解。它是指当事人双方在互谅互让的基础上，通过进一步协商达成协议，从而自行解决争议的一种方法。这种解决纠纷的方式，不仅可以节约费用和减少许多麻烦，而且还能增进彼此的了解，不伤和气，有利于合同的继续履行。

2）调解。它是指在第三人的主持下，合同当事人双方依据自愿合法的原则，在明辨是非、分清责任的基础上达成协议，从而解决纠纷的方法。根据第三人的身份不同，调解可以分为自愿调解和司法调解。自愿调解是指双方当事人共同选择在第三人的主持下达成和解的协议；司法调解是在仲裁机构或者人民法院的主持下，双方当事人达成和解的协议。从法律效果来看，自愿调解达成的协议不具有强制执行的效力，当事人不履行调解协议的，对方当事人只能将争议提交仲裁或者向人民法院起诉，而无权向法院请求强制执行。司法调解达成的已经生效的和解协议具有强制执行的效力，任何一方不执行的，对方都有权向法院请求强制执行。

3）仲裁。它是指双方当事人在争议发生之前或者争议发生后，达成协议，自愿将争议交给仲裁机构做出裁决，争议双方有义务执行该裁决，从而解决争议的法律制度。仲裁是解决保险合同争议的重要方法。我国已制定和颁布了统一的仲裁法。仲裁以自愿为基本原则，以仲裁协议为基础。只有双方当事人订立有仲裁协议时，才可以将双方的争议提交仲裁，一旦当事人选择仲裁作为解决双方争议的方式，就不能再向法院提起诉讼。国内保险合同纠纷的仲裁机构为各直辖市和省、自治区人民政府所在地或其他地区的市的人民政府组织有关部门和商会统一组建的仲裁委员会。涉外保险合同纠纷可以提交由国际商会组织设立的涉外仲裁委员会仲裁。仲裁采取一裁终局制度，仲裁机构做出仲裁裁决后，当事人就同一纠纷，不能再申请仲裁或者向人民法院起诉。生效的仲裁裁决对双方当事人具有法律约束力，当事人必须执行，一方不执行仲裁裁决的，另一方可以申请法院强制其执行。

4）诉讼。双方当事人对保险合同的争议，还可以通过诉讼方式，请求法院予以解决。法院处理保险合同争议，应以事实为根据，以法律为准绳，实事求是地分清是非、明确责任，使争议得以及时、准确地解决。这对于维护合同双方当事人的合法权益，加强法制观念，保障社会经济秩序都有重要意义。

保险合同属于民事法律关系的范畴，在诉讼过程中，适用民事诉讼法的有关规定。法院在审理保险合同纠纷的过程中，必须坚持以调解为主的原则，尽量通过调解促使双方协商解决，调解不成的，及时做出判决。如果合同发生纠纷后，一方向法院提起诉讼：首先，应向法院递交起诉书，写明诉讼当事人的姓名及住址、诉讼请求和事实根据，按被告人数送交副本；其次，应提供合同、记录、原始凭证、来往信件和其他证明等，如果起诉人是法人，还应有委托书，明确诉讼代理人或代表的姓名、职务、代理权限等，并在委托书上加盖单位公章后递交法院。法院收到原告的起诉书后，连同证明材料等，按时送达被告，被告应在法定的期限内提出答辩书递交法院，然后等待法院的开庭通知，参加诉讼。

为确保人民法院的判决得以顺利执行，当事人可以申请诉讼保全，请求扣押或冻结另一方当事人的财产，以防止其将财产转移或隐匿；当事人没有提出诉讼保全申请的，人民法院也可以依职权做出诉讼保全的决定，以保障当事人的权益不受损害。

我国现行诉讼制度，实行合议、回避、公开审判和两审终审制度。对于一审人民法院的判决不服的，当事人可以在收到判决书15日内向上一级人民法院提起上诉，由上一级人民法院进行二审审理，二审法院做出的判决为终审判决。生效的判决对当事人具有法律约束力，当事人必须执行，任何一方不执行生效判决的，对方当事人可以申请人民法院予以强制执行。

任务实施

步骤1 拟定任务实施计划

在车辆使用过程中，为了达到避免、减少和防范车辆风险的目的，必须进行车辆投保。投保之前要了解保险合同在什么条件下生效。

步骤2 汽车保险合同的订立

保险合同的订立是投保人与保险人之间基于意思表示一致而做出的法律行为。保险合同的订立需经过投保人提出要求和保险人同意两个阶段，这两个阶段即为合同实践中的要约与承诺。

步骤3 汽车保险合同的生效

保险合同的成立是指投保人与保险人就保险合同条款达成协议。机动车保险合同自双方当事人签字或盖章时成立。

保险合同的生效是指保险合同对当事人双方发生约束力，即合同条款产生法律效力。保险合同的生效与成立的时间不一定一致。我国保险公司普遍推行"零时起保制"，把保险合同生效的时间放在合同成立日的次日零时。

步骤4 汽车保险合同的变更与解除

保险合同的变更是指在保险合同有效期内，投保人和保险人相互协商，在不违反有关法规、法律的情况下，变更保险合同的主体、客体和内容。

保险合同的解除是指在保险合同生效后、有效期限届满之前，一方当事人根据法律规定或当事人双方的约定行使解除权，从而提前结束合同效力的法律行为。

1）法定解除。法定解除是法律赋予当事人的一种单方解除权。

2）协议解除。协议解除又称约定解除，是指当事人双方经协商同意解除保险合同的一种法律行为。

任务评价

任务评价表见表任务工单。

知识点提示

1. 汽车保险合同的特点如图3-1所示。

图3-1 汽车保险合同的特点

2. 汽车保险合同生效的前提是"缴纳保险费后"，未做特别约定时，于签订合同的次日零时生效，称为合同订立与生效的"同一性"；"非同一性"即缴纳保险费后按合同约定生效。

3. 汽车保险合同相关单证包括投保单、保险单、暂保单和保险凭证，以上单证均具备同等法律效力。

任务4 分析汽车保险原则

任务目标

知识目标

1. 了解保险原则的主要目的和条件。

2. 掌握保险利益原则、最大诚信原则、近因原则、损失补偿原则的具体含义及适用范围。

能力目标

1. 能根据理解口述保险利益原则、最大诚信原则、近因原则、损失补偿原则的具体含义。

2. 能运用保险原则内容分析相关车险案例。

素养目标

养成遵守规则的习惯，树立规则意识。

学习任务

张先生为自己的家用轿车投保了车险，在使用过程中，搭载了一名陌生人，并收取了30元车费。由于路滑车速过快，发生撞路栏的单方肇事事故，张先生向保险公司报案。查勘人员了解情况后，说张先生违背了保险原则中最大诚信原则的内容，得不到赔偿。张先生一头雾水，保险原则是什么？请为张先生介绍、分析该案例情况。

知识准备

一、保险利益原则

保险利益（又称可保利益）是指投保人对保险标的具有法律上承认的经济利益。保险利益原则（又称可保利益原则）是指投保人或被保险人对于保险标的具有法律上认可的、经济上的利害关系。如果没有这种关系，投保人或被保险人对该保险标的就没有保险利益。

（一）利益构成必须具备的条件

1. 必须是法律认可的利益

保险利益必须是符合法律规定，符合社会公共秩序要求，为法律认可并受到法律保护的利益。如果投保人以非法律认可的利益投保，则保险合同无效。

2. 必须为经济上的利益

保险利益必须是可以用货币计算和估价的利益。保险不能补偿被保险人遭受的非经济上的损失。精神创伤、刑事处罚、政治上的打击等，虽与当事人有利害关系，但这种利害关系不是经济上的，不能构成保险利益。人身保险的保险利益不纯粹以经济上的利益为限。

3. 必须是确定的利益

保险利益必须是已经确定的利益或者能够确定的利益。这包括两层含义：第一，该利益能够以货币形式估价。如属无价之宝而不能确定价格，保险人则难以承保。第二，该利益不是当事人主观估价的，而是事实上的或客观上的利益。所谓事实上的利益包括现有利益和期待利益（预期利益）。运费保险、利润损失保险均直接以预期利益作为保险标的。

（二）保险利益原则的立法方式

对保险利益，国际上有两种立法方式。

1. 定义式

在保险立法中对保险利益的概念进行定义，凡符合这一定义的，即认为是有保险利益。

2. 列举式

在立法中，对依法具有保险利益的情况一一列举。这种立法方式比较严格、清楚，但缺乏灵活性。我国保险利益立法方式采用列举式。

（三）遵循保险利益原则的主要目的

遵循保险利益原则的主要目的是避免变保险为赌博、限制损害赔付程度和防止诱发道德风险。

1. 避免变保险为赌博

保险利益原则是体现保险人对投保人或被保险人已拥有的经济利益的保障，投保人不可能因保险而额外获利，从而避免了保险成为赌博或类似于赌博的行为。

2. 限制损害赔付程度

保险利益不仅具有质的规定，而且还具有量的规定。保险利益货币的量化金额是保险赔付的最高限额，对超过这一金额部分的经济利益不属于投保方的保险利益，从而有效地限制损害赔付的程度。

3. 防止诱发道德风险

保险利益原则防止投保人投保的目的不是为了被保险人得到的经济保障，而是单纯为了谋取保险金。

（四）保险利益的适用范围

保险利益原则适用于财产保险的保险利益和人身保险的保险利益。

（五）保险利益的转移和消灭

在财产保险合同方面，保险标的消灭，则保险利益消灭；在人身保险合同方面，被保险人因人身保险合同除外责任规定的原因死亡，如自杀、刑事犯罪被处决等，均构成保险利益的消灭。

财产保险保险利益的转移基本有 3 种情况。

1. 让与

国际上，除海上货物运输保险以外的财产保险通常要求，如果投保人或被保险人将标的物转移他人而未经保险人同意或批注，则保险合同的效力终止。不过，这一规定侧重于要求保险标的物获得者履行批注手续，并未排除保险利益可随保险标的物让与而转移的情形。如我国的汽车保险合同在履行的过程中，作为保险标的的汽车转移以后，保险标的的危险程度没增加，则车险合同继续有效。有的国家如法国、日本、瑞士、德国均侧重对受让人利益的保护，承认保险利益随保险标的的让与而转移，保险合同继续有效。奥地利等国家则规定，保险标的物若为不动产，保险利益随之转移；若为动产，保险利益不得转移，保险合同消灭。

2. 继承

国际上大多数国家的保险立法规定，在财产保险中投保人或被保险人死亡，其继承人自动获得继承财产的保险利益，保险合同继续有效直至合同期满。

3. 破产

在财产保险中，被保险人破产，保险利益转移给破产财产的管理人和债权人。但各国法律通常规定一个期限，在此期限内保险合同继续有效。经过这一期限，破产财产的管理人或债权人应与保险人解除保险合同。

（六）保险利益原则的运用

在机动车辆保险的经营过程中，涉及保险利益原则方面存在一个比较突出的问题，即被保险人与车辆所有人不吻合的问题。在车辆买卖过程中，由于没有对保单项下的被保险人进行及时的变更，导致其与行驶证的车辆所有人不吻合，一旦车辆发生损失，原车辆所有人由于转让了车辆不具备对车辆的保险利益，而导致在其名下的保险单失效，而车辆新的所有者由于不是保险合同中的被保险人，也不能向保险人索赔，这种情况在车辆转让过程中，使用性质发生变化（如购买的家用轿车作为顺风车或出租车用）时表现更明显。

二、最大诚信原则

最大诚信原则是指保险当事人在订立、履行保险合同的过程中要诚实守信，不得隐瞒有关保险活动的任何重要事实，特别是投保人必须主动地向保险人陈述有关保险标的的风险情况的重要事实，不得以欺骗手段诱使保险人与之订立保险合同，否则，所订立的合同不具备法律效力。其中，重要事实是指那些足以影响保险人判断风险大小、决定保险费率和确定是否接受风险转移的各种情况。

最大诚信原则是保险合同的基本原则，要求当事人所具有的诚信程度比其他民事活动更为严格，保险合同必须建立在双方最大诚信的基础上，任何一方如有违反，另一方有权提出合同无效。从理论上讲，最大诚信原则对保险合同的双方当事人都有约束，但在实践中，最大诚信原则更多地体现为对投保人或被保险人的要求。因为保险标的具有多样性和复杂性，在决定承保之前，保险人不可能做到对标的进行全面、彻底的持续了解，即使要做到也需要投保人主动、全面地配合。保险人通常是依据投保人告知的情况来决定承保与否及承保条件的，这就要求投保人本着最大诚信原则履行如实告知、保证的义务。当然，最大诚信原则，对保险人也有约束，保险人也必须遵守。因为保险合同是一种附合合同，即保险合同的条款往往是由保险人单方面拟定的，保险合同的技术性、复杂性都很强，一般投保人难以充分了解和掌握，这就要求投保人从最大诚信原则出发，履行合同规定的责任和义务。

最大诚信原则的内容主要包括告知、保证、弃权与禁止反言等方面的内容。

（一）告知

告知是投保人的义务，它的含义有广义、狭义之分。狭义的告知是指合同当事人双方在订约前与订约时，当事人双方互相据实申报、陈述；广义的告知是指合同订立前、订立时及在保险合同有效期内，投保方对已知或应知的风险和标的有关实质性重要事实，据实向保险方作口头或书面申报，同时，保险方应将与投保方利害相关的实质性重要事实据实通告投保方。这里的实质性重要事实是指影响保险人确定保险费率或影响其是否承保及承保条件的每一项事实。

告知义务的立法形式主要有无限告知义务和询问回答告知义务。无限告知义务又称客观告知义务，即对告知的内容没有确定性的规定，只要求投保人具有告知保险人有关保险标的危险状况任何重要事实的义务。目前，法国、比利时以及英美法系国家的保险立法均采取这一形式。询问回答告知义务又称主观告知义务，即对保险人询问的问题必须如实告知，对询问以外的问题，投保人没有义务告知。保险人没有询问到的问题，投保人不告知不构成告知义务的违反。目前，大多数国家的保险立法采用询问回答告知义务的形式。我国《保险法》规定，订立保险合同，保险人就保险标的或者被保险人的有关情况提出询问的，投保人应当如实告知。

国际上违反告知义务的法律后果通常分为两大类：

1. 宣告保险合同无效

这种做法等于表示告知是保险合同订立的必要条件和基础。如果投保人违反了告知义务，则合同失去了存在的基础，保险合同自始无效。采用该规定的国家有法国、荷兰、比利时等。随着保险技术的提高和保险业的发展，对这种宣告保险合同无效的做法已有新修正。

2. 保险人享有保险合同解除权

一般情况下，保险合同一经成立，保险人不能解除或变更保险合同。如投保人违反了告知义务，则保险人有权在规定期限内解除保险合同。这一规定较宣告保险合同无效的形式灵活一些，保险人既可以解除保险合同，也可以放弃合同解除权，通过加收保险费或减少保险金额的形式使保险合同继续有效。目前，英国、日本、德国基本上采取这种做法。

（二）保证

保证是最大诚信原则的一项重要内容，是指保险人和投保人在保险合同中约定，投保人对某一事项的作为或不作为，或担保某一事项的真实性。保证是保险合同的基础。因而，各国对保险合同中保证条款的掌握十分严格。被保险人违反保证，不论其是否有过失，不论是否给对方当事人造成损害，保险人均可解除合同，并不负赔偿责任。

1. 根据保证事项是否存在的划分，保证分为确认保证和承诺保证

1）确认保证，是投保人对过去或现在某一特定事实存在或不存在的保证，是对过去或投保当时的事实陈述，不包括保证该事实继续存在的义务。投保人只要事实上陈述不正确，即构成违反保证。

2）承诺保证，是投保人对将来某一特定事项的作为或不作为的保证。被保险人对承诺保证的违反，保险人得自其发生违反保证的行为之日起可解除合同。

2. 根据保证存在的形式划分，保证分为明示保证和默示保证

1）明示保证是保证的主要表现形式。在投保单式保险单中载明的保证条款为明示保证。通常采用书面形式。

2）默示保证是指保险合同中没有载明，但在保险实践中应予遵守的一类保证。例如：被保险的船舶必须有适航保证、适货保证、不得绕航保证及航行合法等保证。

（三）弃权与禁止反言

弃权是指放弃主张某项权利的行为。禁止反言是指对放弃的权利不得再向对方主张。例如：保险合同中规定了被保险人保证做某项事或者不做某项事，但保险人放弃了这项要求，那么保险人日后就不能以此为由而拒绝承担保险责任。

案例分析

某建筑公司以一辆奔驰轿车向保险代办处投保机动车辆保险。承保时，保险代理人误将该车以国产车计收保险费，少收保险费482元。保险公司发现这一情况后，遂通知投保人补缴保费，但遭拒绝。无奈下，保险公司单方向投保人出具了保险批单，批注："如果出险，我司按比例赔偿"。合同有效期内，该车不幸出险，投保人向保险公司申请全额赔偿。

如果本着保险价格与保险责任相一致的精神，此案宜按比例赔偿，但依法而论，应按保险金全额赔偿。其中重要的理由是依据最大诚信原则，保险合同是最大诚信合同。如实告知、弃权、禁止反言是保险最大诚信原则的内容。本案投保人以奔驰轿车为标的投保是履行如实告知义务。保险合同是双务合同即一方的权利为另一方的义务。在投保人履行合同义务后，保险公司依法必须使其权利得以实现，即依合同规定金额赔偿保险金。保险代理人误以国产车收取保费的责任不在投保人，代理人的行为在法律上应推定为放弃以进口车为标准收费的权利，即弃权。保险公司单方出具批单的反悔行为是违反禁止反言的，违背了最大诚信原则，不具法律效力。因此，保险代理人具有准确适用费率的义务。在法律上，保险公司少收保险费的损失应当由负有过错的保险代理人承担，不能因投保人少交保险费而按比例赔偿。保险公司在收取补偿保费无结果的情况下，只能按照奔驰进口车的全额给付，而不是按比例赔付。否则，有违民事法律过错责任原则，使责任主体与损失承担主体错位。

三、近因原则

（一）近因原则的含义

所谓近因是指造成保险标的的损失的最直接、最有效、起决定作用的原因，而不是指在时间上最接近损失的原因。

近因原则是指保险人承担赔偿或给付保险金的条件是造成保险标的损失的近因必须属于保险责任。即只有当保险事故的发生与损失的形成有直接因果关系时，才构成保险人赔付的条件。近因原则是保险理赔过程中必须遵循的重要原则。按照这一原则，只有当被保险人的损失是直接由于保险责任范围内的事故造成的，保险人才能予以赔偿。

（二）近因的认定方法

认定近因主要是确定损失的因果关系。如果因果关系一旦确定，导致其结果的近因是什么就十分清楚了。认定因果关系有顺序法和逆推法两种基本方法。

顺序法是指由原因推断结果的方法。该方法是按照逻辑推理，从第一个事件出发，分析判断下一个事件可能是什么，然后从下一个事件出发分析判断再下一个事件是什么，如此下去，直至分析到损失为止，最初事件发生的原因就是最终损失的近因。逆推法是指从结果推断原因的方法，该方法与顺序法相反。

（三）保险责任的确定

1. 损失由单一原因所致

保险标的的损失由单一原因所致，该原因即为近因。若该原因属于保险责任，保险人应负赔付责任；若该原因属于责任免除项目，保险人不负赔付责任。

2. 损失由多种原因所致

1）多种原因同时发生导致损失。导致原因同时发生而无先后之分，且均为保险标的损失的近因。这时将存在3种可能：一是所有近因均属保险责任，保险人理应承担全部责任；二是所有近因均属责任免除范围的原因，保险对该事件不承担任何责任；三是这些原因不全是保险责任，则应严格区分。对能区分保险责任和责任免除的，保险人只负保险责任范围所致损失的赔付责任。对不能区分的，可以协商赔付。

2）多种原因连续发生导致损失。导致原因连续作用下造成的损失，因各个原因之间没有间断，前、后之间互为因果。因此，如果这些原因均为保险责任范围内的原因，保险人承担赔付责任。如果这些原因有些是保险责任范围内的原因，有些不是，则以保险风险因素为初始原因，保险人负责赔付；反之，保险人不承担赔付责任。

3）多种原因间断发生导致损失。多种原因间断发生，致使原有的因果关系断裂，形成一种相互独立关系，此时也应严格区分。保险人是否承担赔付责任，其根本依据是看导致的原因是否为保险责任，如果是，则承担，否则不承担。

案例分析

在日本有这样一个典型案例：在一起交通事故中受害者负伤后，由于无法忍受伤痛而自杀，该交通事故和受害者自杀之间有无因果关系，引起了一场诉讼。因为，这涉及保险公司是否应当承担保险责任的问题。在交通事故日益增加的今天，如何公正地解决这个问题，有着重要的社会意义。

本案争论的焦点是：在交通事故发生以后，所遗留下来的后遗症对引发自杀这个结果是否存在因果关系。

从案情分析中可知交通过失导致了受害者的负伤，并在积极治疗以后，仍然留下了十分严重的后遗症。受害者为病痛所折磨，并且遭受了精神上的打击，使得受害者在无法忍受肉体和精神上的痛苦之后，走上不归之路。从导致受害者自杀这一结果来看，其原因是双重的，就是肉体和精神上的痛苦，而产生这双重痛苦的直接原因为本案中涉及的交通事故。为此，根据案情所列举的事实，可以推断出该自杀与交通事故有相当的因果关系。另外，根据日本的《自动车损害赔偿责任保障法》的规定，凡是机动车辆必须加入"自动车损害赔偿责任保险"，它是第三者责任保险，属于强制性保险。受害者已经加入了上述保险。根据交通事故现场的勘察，肇事者在该交通事故中应当负全部责任。日本地方法院在对交通事故与受害者的自杀之间做出了有相当因果关系的判断，根据"自动车损害赔偿责任保险"条款的损害补偿原则的规定，本应由肇事者承担的损害赔偿责任，就应当由保险公司来填补。

四、损失补偿原则

（一）补偿原则的含义

损失补偿原则是指在补偿性的保险合同中，当保险事故发生造成保险标的或被保险人损失时，保险人给予被保险人的赔偿数额不能超过被保险人所遭受的经济损失。

这里的补偿有两层含义：其一是保险人对风险损失的赔偿可能是充分的，也可能是不充分的。若风险损失属保险责任范围内的损失，即补偿金额应等于保险标的的实际损失，那么补偿是充分的；若风险损失超过了保险责任范围内损失，则补偿限于保险标的的实际损失，补偿为不充分的。其二是补偿不能使被保险人获取超过实际损失的经济利益，即保险人支付的赔偿金额不应超过被保险人的实际经济损失。补偿原则是财产保险理赔的基本原则，该原则的实现方式通常有现金赔付、修理、更换和重置。补偿原则一般不适用于人身保险，尤其不适用于人寿保险。

（二）补偿的限度

在具体赔偿时，应掌握 3 个限度：

1）**以实际损失为限**。它是保险补偿最基本的限制条件。当被保险人遭受损失后，不论其保险合同约定的保险金额为多少，其所能获得的保险赔偿以标的的实际损失为限。

2）**以保险金额为限**。它是保险人收取保险费的基础和依据，也是其发生赔偿责任的最高限额。因此，保险人的赔偿金额在任何情况下，均不能超过保险金额。

3）**以被保险人对保险标的的保险利益为限**。在被保险人的保险利益发生变更减少时，应以被保险人实际存在的保险利益为限。如果发生风险时，一般的对保险人已经丧失的保险利益，保险人将不予赔偿。

（三）补偿原则的派生原则

1. 代位原则

代位原则是指保险人依照法律或保险合同约定，对被保险人遭受的损失进行赔偿后，依法取得向对财产损失负有责任的第三者进行追偿的权利或取得被保险人对保险标的的所有权。**它包括代位求偿和物上代位。**

1）代位求偿是指当保险标的遭受保险风险损失，依法应当由第三者承担赔偿责任时，保险人自支付保险赔偿金之时，在赔偿金额的限度内，相应取得对第三者请求赔偿的权利。

2）物上代位是指保险标的遭受风险损失后，一旦保险人履行了对保险人的赔偿义务，即刻拥有对保险标的的所有权。

保险的目的是保障被保险人的利益不因保险风险的损失的存在而丧失。因此，被保险人在获得对保险标的所具有的保险利益的补偿后，就达到了保险的目的，保险标的理应归保险人所有。若保险金额低于保险价值时，保险人应按照保险金额与保险价值的比例取得受损保险标的的部分权利。

2. 分摊原则

分摊原则仅适用于财产保险中的重复保险。它是指在同一投保人对同一保险标的、同一保险利益、同一保险事故分别与两个以上保险人订立保险合同的情况下，被保险人所得到的赔偿金由各保险人采用适当的方法进行分摊。**比例责任制和责任限额制是保险分摊常用的两种方法。**其中，比例责任制分摊方法是以每个保险人所承保的保险金额比例来分摊损失赔偿责任。责任限额制分摊方法是指每个保险人对损失的分摊并不以其保险金额作为分摊基础。而是按照他们在无他保的情况下单独应负的限额责任比例分摊。

比例责任制分摊方法计算公式：

$$某保险人责任 = \frac{某保险人的保险金额}{所有保险人的保险金额之和} \times 损失额$$

责任限额制分摊方法计算公式：

$$某保险人责任 = \frac{某保险人独立责任限额}{所有保险人独立责任之和} \times 损失额$$

案例分析

甲、乙两个保险人承保某单位同一财产，甲保险人承保 4 万元，乙保险人承保 8 万，在保险期内发生了 6 万元的损失，则：

按比例责任制分摊为

$$甲保险人赔付 = \frac{4}{4+8} \times 6 \text{万元} = 2 \text{万元}$$

$$乙保险人赔付 = \frac{8}{4+8} \times 6 \text{万元} = 4 \text{万元}$$

按责任限额制分摊为

$$甲保险人赔付 = \frac{4}{4+6} \times 6 \text{万元} = 2.4 \text{万元}$$

$$乙保险人赔付 = \frac{6}{4+6} \times 6 \text{万元} = 3.6 \text{万元}$$

在机动车辆保险的经营过程中围绕补偿原则曾存在一个大的纠纷，即在机动车辆全部损失的情况下是按照出险前机动车辆的实际价值进行赔偿，还是按照保险金额进行赔偿的问题。其根本原因是在保险补偿原则及其例外的问题上存在从条款到实务的不完善的地方，在"2012 版机动车商业保险示范条款"中明确机动车辆投保车损险按照车辆实际价值投保，从根本上解决了这个长期困扰机动车辆保险正常经营和健康发展的问题。

五、公平互利原则

公平互利原则是指在平等的民事主体之间订立的合同，应当使合同双方当事人享有的权利与义务是对等的，对合同双方都应是有利的。公平互利原则是衡量合同是否有效的标准之一，也就是说，合同不应存在一方只享受权利而另一方只承担义务或权利义务极端不对称等的情况（一旦经法院确认，即可宣布合同无效）。此项原则对保护合同双方当事人的利益，防止一方以大欺小、以强凌弱等行为发生，具有十分重要的意义。

公平互利原则是对守法原则的补充，也是对守法原则的具体化。在市场经济条件下，所有的市场主体都是平等的，无论是卖方或买方、提供服务方或接受服务方，他们的法律地位都是平等的，没有人享有法外优先权。保险业经营者在向市场提供产品或者服务时，除了遵循守法原则外，还要遵守公平互利原则，在提高和改善服务质量上下功夫，通过增加服务项目和优质服务赢得客户和获得经济效益。保险业的经营者不得通过采取不正当的手段获得或者强占市场份额，不得以损害客户的利益来获取自己的利益，不得以损害其他同业经营者的利益获取自己的利益。

六、与防灾减损相结合的原则

保险从根本上说是一种危险管理制度，目的是通过危险管理来防止或减少危险事故，把危险事故造成的损失缩小到最低程度，由此产生了保险与防灾减损相结合的原则。

1. 保险与防灾相结合的原则

这一原则主要适用于保险事故发生前的事先预防。根据这一原则,保险方应对承保的危险责任进行管理,其具体内容包括:调查和分析保险标的的危险情况,据此向投保方提出合理建议,促使投保方采取防范措施,并进行监督检查;向投保方提供必要的技术支援,共同完善防范措施和设备;对不同的投保方采取差别费率制,以促使其加强对危险事故的管理,即对事故少、信誉好的投保方给予降低保险费的优惠;相反,则提高保险费等。遵循这一原则,投保方应遵守国家有关消防、安全、生产操作、劳动保护等方面的规定,主动维护保险标的的安全,履行所有人、管理人应尽的义务;同时,按照保险合同的规定履行危险增加通知义务。

2. 保险与减损相结合的原则

这一原则主要适用于保险事故发生后的事后减损。根据这一原则,如果发生保险事故,投保方应尽最大努力积极抢险,避免事故蔓延、损失扩大,并保护出险现场,及时向保险人报案;保险方则通过承担施救及其他合理费用来履行义务。

ⅅ》 任务实施

步骤1　拟定任务实施计划

在车辆使用过程中,为了达到避免、减少和防范车辆风险的目的,必须进行车辆投保。在投保之前,要了解保险的原则。

步骤2　运用汽车保险基本原则分析有关保险合同案例

2022年5月,孙某和王某合伙开了一家运输公司,各出资30万元购得一辆解放牌货车,孙某主外,负责货车驾驶;王某主内,负责公司经营与管理,所得利润按双方出资比例分配。保险公司营业员赵某得知朋友孙某购车,于是向其推销保险,孙某同意并购买了机动车损失保险和机动车第三者责任保险。当年10月,孙某在一次运输过程中由于路滑,车辆翻入悬崖,造成车毁人亡的交通事故。王某从赵某处得知孙某已购买车险一事,于是联合孙某家人一起向保险公司索赔。

理赔过程中保险公司认为:孙某对车辆出资30万元,因此对车辆只具备30万的保险利益,主张按30万元的车损计算赔款。王某及孙某家人认为应该按60万元赔偿车损,双方产生纠纷,诉诸法院。

案例剖析:

对于此案争议焦点是保险利益的界定,保险公司片面理解保险利益,认定只有所有权人才具备保险利益。保险利益原则指投保人对保险标的的具备法律上认可的经济利害关系,因此只要满足这一条件就具备完全的保险利益。

孙某作为货车的共有人之一,虽然仅享有该车辆的一半所有权,但其现实保管和经营该车辆,其对该车具备法律认可的经济利害关系,所以孙某对该货车具有完全保险利益,保险公司应该按60万元计算机动车损失保险赔款。

ⅅ》 任务评价

任务评价表见任务工单。

知识点提示

汽车保险基本原则如图4-1所示。

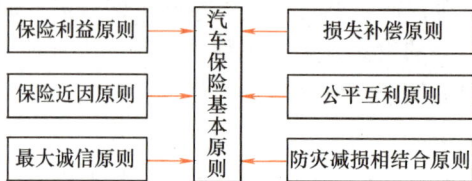

图4-1 汽车保险基本原则

项目1检测卷

一、单选（每题3分，共30分）

1. 在汽车制动系统失灵酿成车祸而导致车毁人亡的事件中，属于风险因素的是（   ）。（易）

A. 制动失灵   B. 车祸   C. 车辆毁坏   D. 人员伤亡

2. 按照风险性质分类，风险可分为（   ）。（中）

A. 静态风险与动态风险   B. 基本风险和特定风险

C. 责任风险和信用风险   D. 纯粹风险和投机风险

3. 在社会信用中，投机风险大量存在，如（   ）等。（中）

A. 买入的股票等财物有被盗的可能性

B. 古董店可能遭受的火灾

C. 期货市场上交易的原油的风险

D. 农民的养鸡场可能遭受的瘟疫

4. 风险管理的基本程序正确的是（   ）。（难）

A. 风险识别—风险估测—风险评价—选择风险管理技术—风险管理效果评价

B. 风险识别—风险评价—风险估测—选择风险管理技术—风险管理效果评价

C. 风险评价—风险识别—风险估测—选择风险管理技术—风险管理效果评价

D. 风险评价—风险估测—风险识别—选择风险管理技术—风险管理效果评价

5. 风险管理的基本目标是（   ）。（中）

A. 以最小的成本获得最小的安全保障   B. 以最大的成本获得最大的安全保障

C. 以最小的成本获得最大的安全保障   D. 以最大的成本获得最小的安全保障

6. 投保人对保险标的所具有的法律上承认的利益称为（   ）。（易）

A. 保险利益   B. 经济利益   C. 法律权益   D. 经济权益

7. 保险损失的近因是指在保险事故发生时（   ）。（难）

A. 时间上最接近损失的原因   B. 引起损失发生的第一个原因

C. 空间上最接近损失的原因   D. 最直接起主导和支配作用的原因

8. 丁某投保了保险金额为 80 万元的房屋火灾保险，一场大火将该保险房屋全部焚毁，而火灾发生时该房屋的房价已跌至 65 万元，那么，丁某应得的保险金额为（　　）。（中）

A. 80 万元　　　　B. 67.5 万元　　　　C. 65 万元　　　　D. 60 万元

9. 投保人将市价为 150 万元的财产同时向甲、乙两家保险公司投保，保险金额分别为 50 万元和 150 万元，若一次保险事故造成实际损失为 80 万元，则按照比例责任分摊原则，甲、乙两家保险公司应分别承担的赔款是（　　）。（难）

A. 20 万元和 60 万元　　　　　　　　B. 30 万元和 50 万元

C. 40 万元和 40 万元　　　　　　　　D. 60 万元和 20 万元

10. 保险人依据法律规定或合同约定，不承担赔偿和给付责任的范围叫作（　　）。（易）

A．保险责任　　　　B. 保险范围　　　　C. 责任免除　　　　D. 保险约定

二、判断（每题 2 分，共 10 分）

1. 人们常说的风险"无处不有，无时不在"反映了风险的普遍性特征。（　　）（易）

2. 只有损失机会而无获利可能的风险称为投机风险。（　　）（易）

3. 风险管理的第一步是风险评价。（　　）（中）

4. 风险因素是风险事故发生的潜在原因，是造成损失的内在的或间接的原因。（　　）（难）

5. 企业或单位自我承担风险损害后果的风险管理方法称为自留。（　　）（中）

三、名词解释（每题 6 分，共 24 分）

1. 风险。（易）

2. 可保风险。（中）

3. 保险。（难）

4. 汽车保险。（难）

四、简答（每题 8 分，共 24 分）

1. 简述风险的组成要素及三者之间的关系。（易）

2. 简述可保风险应具备的条件。（中）

3. 简述损失补偿原则。（难）

五、论述（共 12 分）

试论述风险与保险的关系。（中）

项目2

介绍汽车保险产品

项目概述

本项目介绍了汽车保险的销售及销售技巧、汽车交强险的意义及内容、汽车商业险的内容，通过本项目的学习，可以熟悉交强险及商业险的主要内容。

任务5　汽车保险销售

任务目标

知识目标

1. 了解汽车保险销售准备工作内容及车险销售禁忌。
2. 掌握汽车保险销售工作流程及技巧。

能力目标

1. 能简述车险销售工作流程。
2. 能运用车险销售技能开展车险销售工作。

素养目标

锻炼与培养与人沟通、交流的技巧，初步具备车险营销人员基本素养。

学习任务

保险业务员小王接触到张先生的信息，得知张先生的公司有几辆车的保险快要到期了，这是一个比较好的销售对象，小王应当如何开展工作。

知识准备

一、汽车保险销售内容

（一）汽车保险销售准备

1. 保险销售员必备的素质

（1）主动热情、敬业爱业　保险产品不是看得见、摸得着的有形商品，销售人员推销的是一种观念，是对近期或者远期可能发生的某些事件的风险转移。因此，主动购买保险的客户通常占保险销售量的少数。大多数情况下销售人员要以"凭着爱心与信任，主动热情去接近，能量付出一百分"的姿态和面貌，积极主动地寻找客户，激发客户的保险需求，帮助其建立保障。要非常热爱自己的产品，对产品不热爱的销售人员永远做不好业务；要懂得自己的产品，这一点相当重要，没有客户愿意和不懂产品的销售人员打交道，你也无法说服客户购买你的产品。

(2) **要有吃苦耐劳的精神**　销售人员的工作是主动寻找客户、向客户介绍和销售自己的产品，工作的成绩以客户的数量来衡量。要做好销售工作需要有吃苦耐劳的精神，每天走访 2 个客户和 5 个客户的效果是截然不同的。

(3) **态度诚恳、形象专业**　靓丽英俊的外表与销售成功并没有必然的联系，而诚恳的态度却能在客户心中树立起很好的形象。在销售人员的眼中，所有的客户在需要建立保险、保障这一点是相同的，而没有金钱、地位、权势上的区别。对待普通客户不藐视、不冷落；对待有钱、有权、有势的客户，不降低自己的身份。对任何人都应该平等而热情，诚恳而坦率。说话时的口气不应咄咄逼人，态度一定要诚恳而坚决。

(4) **知识广博、专业精深**　保险业对从业人员的素质要求越来越高，不见得学历高就一定能够成功。一个优秀的销售人员应储备专业的保险知识，以及由保险衍生出来的金融、法律、财税、医学等多方面的知识。除此之外，销售人员还要不断地学习客户心理学、行为科学、社会学、人际关系等多学科内容，并在实践中不断地感悟和总结。

(5) **为客户着想**　一个优秀的销售人员应该站在客户的立场上，根据个人财务状况等，帮助客户分析保险需求、制订计划、选择产品。这个时候，销售人员的身份是一个参谋。只有真正为客户利益而非为佣金着想的时候，才能提供让客户满意的服务。客户满意度高会吸引更多的客户，为销售人员带来更多的工作机会，在工作中形成良性循环。

(6) **善于沟通**　要说服客户购买自己的产品，除了要有具备竞争力的产品质量和价格外，还需要有良好的沟通技巧。向客户介绍产品时，除了要有逻辑性，还要兼顾好语言的艺术性。

2. 保险销售员的形象准备

(1) **仪容仪表**　着装要得体、大方、整洁，不着奇装异服；男性穿衬衣不能卷起袖子，不打领带，要扣好除领扣外的其他扣子；头发梳理整齐，男性不能留长发，女性原则上不留夸张发型、不染刺眼的发色；女性不化太浓的妆，不留过长的指甲、不染指甲，香水原则上气味不要太浓；经常洗澡，确保身上没有异味；鞋子要经常擦拭，保持清洁、光亮；每日保持一个好心情，有个良好的精神面貌。

(2) **言语**　语调要清晰、平和、礼貌，用普通话；对客户的提问要明快地说明、率直地应答、充满自信；保持微笑；不说粗话、脏话，不说有损企业形象和信誉的话。

(3) **举止**　站立时，要将臂伸直、两手自然放下，收小腹，重心集中在两脚的大拇指上；走路时，将背挺直，不拖着脚跟走路，不在屋内奔跑，室外行走每秒不少于两步；同事间走路不勾肩搭背，不挽着手走路，不将手插在口袋中走路；坐着时，要将背挺直，不靠在椅背上，双脚不可晃动或抖动；不在办公室内大声喧哗，不吃零食，不乱扔纸屑；过时不用的文件应撕碎后扔在纸篓内；严格遵守公司作息制度、劳动纪律、规章制度。

(二) 汽车保险销售的流程

第一步，要去了解准保户的问题或需要。销售人员必须知道自己在第一次拜访准保户时，要得到哪些信息。例如：准保户是否税务负担过重？目前投保的保险费太高，所以希望以另外一份保险费低、保障高的保险来取代？他和自己家人的关系怎样，有否给予他们最大保障的强烈欲望？他对自己未来有何抱负和计划？无论问题或需要些什么，销售人员都要充分地了解和掌握。

第二步，确认准保户希望获得哪些解决问题的方法。销售人员必须知道准保户希望怎样去解决当前自己所遭遇的问题，以满足个人的需要，而这一点对销售来说是相当重要的。销售人员必须多了解准保户的观念和想法，从中获取信息解读准保户的需求，然后结合实际，提出解决之道，务必使准保户对这个解决方法感到称心如意。

第三步，探知准保户的经济能力。销售人员必须要了解准保户的经济状况，看看他投保的能力如何，然后才能对症下药。否则，纵然花上不少时间，仍旧会不得要领，徒劳无功。

第四步，要确认准保户是否有解决问题的意愿。许多销售人员耗时费力地了解准保户的问题，也替对方找到了解决的方法，但却发现对方目前并不在意此问题能不能有所解决。因此，建议销售人员不妨用一个最简单的问题，来问准保户："李先生，您已经了解您的问题所在了，如果现在我能够协助您解决这些问题，您是否愿意跟我们进一步谈谈？"

第五步，知己知彼，百战不殆。在与准保户面谈中，销售人员必须了解其是否有经济决定权，或者是经济决定权在哪些家庭成员或其他人身上。此外，销售人员还要了解有没有其他同业的销售人员也在向该保户销售保险。如果确定有竞争者存在，销售人员就必须多花点时间去了解准保户与竞争者对投保一事已进展到哪个程度。同时，要多注意这位竞争者的工作特点，以便能争取主动，占得上风。总之，应多了解准保户投保方面的情况，绝对不能掉以轻心，否则可能功败垂成。

第六步，与准保户谈妥最后的解决方案。在这个步骤里，最重要的是确认准保户希望得到怎样的解决方案，他要有什么保障，能缴多少保险费等，这些都需要再一次的求证。然后，尽可能在公司现有政策及产品里，设计出最合适准保户的保险单。在这个时候，充分地与准保户沟通，务求所得到的资料都是完整无缺的，同时就初步的构想和准保户做进一步的讨论，以期得到最令准保户感到满意的方案。

第七步，找出谁是决定准保户可否投保的关键人物。在前面第五个步骤，就曾提到要先行打听，谁有该准保户的经济决定权。在完成第六步之后，销售人员就一定要设法与这位人士见面。此时，销售人员可以直接问准保户是否要和他的财务顾问、律师、会计师或家人等商量。但是无论如何，只要准保户表示必须先和某人商量后才能决定，销售人员就得评估一番，看是否需要在开始进行保险单设计之前，先和这位关键人物谈谈，把握送保险单时机。

第八步，把握住送保险单给保户的时机。每一位销售人员都会亲自将保险单送给准保户，但是绝不是将保单交给他之后，就等待他的答复。在保险销售的过程中，最简单的就是送交计划书给准保户，但是为了不让自己的辛苦成为泡影，为了使送交计划书就相当于促成这桩生意，销售人员就必须为准保户详细分析和解说这份保险单能给保户带来的保障和优势，使保户同意在保险单上签字。当销售人员知道客户也在了解其他同业竞争者的产品时，可以告诉准保户，只要准保户做好选择，自己很乐意为他的选择提供专业的评估，看能否有更周到的方案提供给他，而亲自送上保险单就是评估的最好时机。

跨出这八大步的一个先决条件，是要做一个好听众，同时还要多多发问。这是许多优秀而且满腹专业知识、技术的销售人员最容易忽略的一点。他们花了不少时间表达自己所知道的一切，但却不曾用些心思去了解准保户的问题。

汽车保险销售的基本流程见图 5-1。

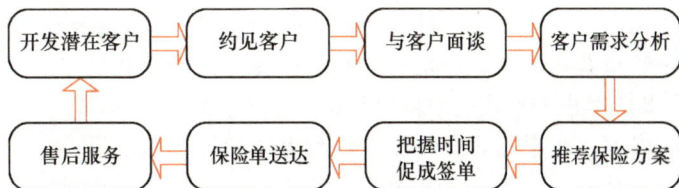

开发潜在客户 → 约见客户 → 与客户面谈 → 客户需求分析

售后服务 ← 保险单送达 ← 把握时间促成签单 ← 推荐保险方案

图 5-1　汽车保险销售的基本流程

二、汽车保险销售技巧和禁忌

（一）汽车保险销售技巧

汽车保险销售技巧主要是为客户提出的各种问题而准备的应对方法，以下是一些常用的应对话术。

1）客户对销售员有疑问。

客户：去年是在小陈那里买的。

销售员：您说的对！但今年您的保险由我来跟进吧，绝对保证质量。

2）客户回应已经有别人服务。

客户：我已经有人跟进了，不用麻烦您了！

销售员：是这样啊，我们公司的保险服务也很全面，难道您不想比较一下吗？

客户：我有熟人跟进了，不用你了。

销售员：这样的话，如果理赔时发生配件价格的维修工时差额纠纷可容易伤感情了啊。遇到这种情况我们会协助您和保险公司协商的，服务更重要嘛。

3）客户推迟洽谈。

客户：还没到期啊，到时再说吧！

销售员：对呀！我们通常是提前 45 天提醒客户的，让您早一点知道今年保险的方案和价格，多点考虑时间。而且对提前购买保险的客户有额外的优惠呢！

4）客户对理赔有意见。

客户：怎么我买了保险都不能赔呢？

销售员：能详细跟我谈一下吗？是什么原因被拒赔呢？再出现的话请第一时间联系我们。

5）客户对价格有异议。

客户：能不能便宜一点？

销售员：这个是最优惠的，您的这个想法我也很认同，消费者的共性啦。但我认为您的车得到保障比价格高低更重要，您也不想要打折的服务吧？我们公司只卖××公司的保险，服务高于价格也是我们的理念。请问价格之外，还有其他顾虑和疑问吗？

6）客户询问优惠情况。

客户：你们打多少折呢？

销售员：其实打多少折是根据具体情况而定的，您是关注我们最终的保险费和能提供的服务吧？

7）客户寻求销售员的承诺。

客户：我在你这里买保险是不是到时候有什么问题都找你，我就不用管了？

销售员：这是我们的服务，我们会为客户代做理赔和全面跟踪，协助您快速理赔的。不过，不清楚的地方，一定要给我们机会先解释清楚哦。

8）客户表示需要时间考虑。

客户：我考虑之后，会给你打电话的。

销售员：×先生，您是成功人士，我怕您工作太忙误了续保时间。要不我们定个时间，我打过去吧。

（二）汽车保险销售的禁忌

1）无法控制好愤怒的情绪。

2）无法掌控良好的交流环境。销售人员要具有服务意识，用乐观感染客户、自信激励客户、诚信感动客户、热忱打动客户。

3）不诚信。夸大保险产品，诋毁同业公司是保险营销的大忌。

4）强迫推销。

5）工作不规范。

6）相互抢单。销售人员之间相互抢单是保险营销的一大禁忌。

7）生搬硬套。一套工作方案不要套用在所有客户上。要利用所得信息，有效地对症下药。

▶▶ 任务实施

步骤1　拟定任务实施计划

在进行保险销售时，可根据不同客户的情况，具体情况具体分析。

步骤2　潜在客户开发

潜在客户是关注保险或有投保意愿，但尚未签单的客户群体。开发的方法有：咨询、电话、信函、陌生拜访、老客户转介绍、网络营销、交叉介绍和权威介绍。

步骤3　客户的约见拜访

拥有了潜在的客户后，需要与潜在客户进一步接触，建立双方的关系，才能为其提供服务，促成交易。

1）客户约见：电话约定客户。明确打电话的目的和目标，确认对方时间的可行性。

2）信函邮件约见：运用信函的有效通信方式。措辞入情入理，说明公司的性质和服务质量。

步骤4　与客户面谈

1）制订拜访计划：拜访客户，了解客户的选择，才能使销售活动更加有效。

2）明确面谈目的：掌握主动权，掌握对方的信息越多越好。

3）建立与客户的信任关系：从陌生到熟悉，从熟悉到朋友。

4）采取合适的沟通风格：在与客户面谈时，了解对方的个性、爱好。

步骤5　客户需求分析

客户需求分析所需了解的信息：

1）车辆使用情况，用途、车龄、车辆数量，车辆使用环境等。

2）驾驶车辆的人员的情况，如驾龄、性别、是否多人驾驶等。

3）客户的经济能力，风险偏好等。

步骤6　介绍保险产品

1）设计保险方案：根据客户需求设计保险方案，推荐给客户。

2）介绍保险方案：分别介绍保险产品，分析利弊。

3）说明具体步骤。

步骤7　保险促成签单

把握成交的时机，观察客户的行为，倾听客户的话语。运用恰当的方法促成，包括风险分析法、激将法、假设成交法、利益驱动法、邀请法和行动法。

步骤8　售后服务

理赔是保险售后服务的核心。但是客户购买保险并不是希望出事，而是担心出事，所以保险售后服务的价值应该是帮助客户进行风险防范。另外，要接受客户的咨询。

任务评价

任务评价表见任务工单。

知识点提示

1. 汽车保险销售的实施流程（图5-2）。

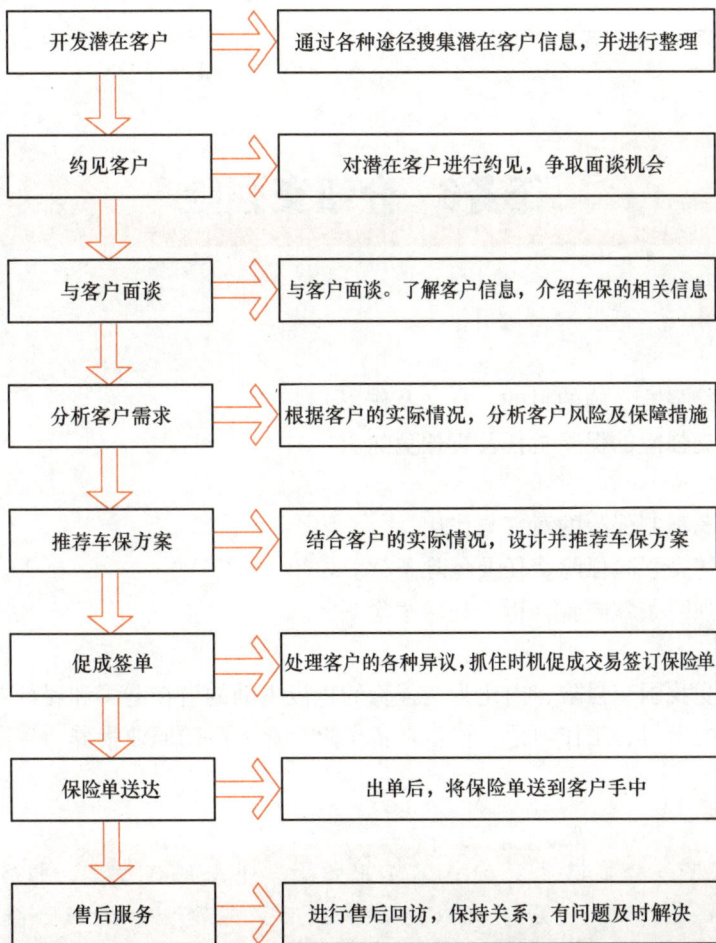

开发潜在客户	→	通过各种途径搜集潜在客户信息，并进行整理
约见客户	→	对潜在客户进行约见，争取面谈机会
与客户面谈	→	与客户面谈。了解客户信息，介绍车保的相关信息
分析客户需求	→	根据客户的实际情况，分析客户风险及保障措施
推荐车保方案	→	结合客户的实际情况，设计并推荐车保方案
促成签单	→	处理客户的各种异议，抓住时机促成交易签订保险单
保险单送达	→	出单后，将保险单送到客户手中
售后服务	→	进行售后回访，保持关系，有问题及时解决

图5-2　汽车保险销售实施流程

2. 潜在客户的开发方法（图5-3）。

3. 潜在客户分类（图5-4）。

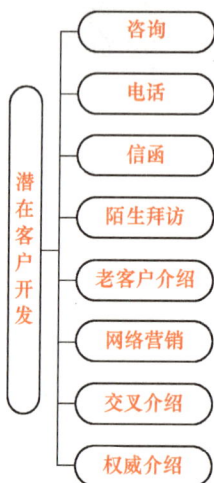

图5-3　潜在客户的开发方法

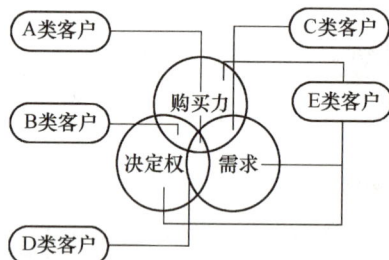

图5-4　潜在客户的分类

任务6　介绍交强险

任务目标

知识目标

1. 了解我国交强险实施的目的、意义及作用。

2. 掌握汽车交强险的保险责任及责任免除。

能力目标

1. 能简述汽车强制保险的意义与作用。

2. 能熟练默述交强险保险责任及免除条款。

3. 能运用交强险条款内容分析、处理车险案例。

素养目标

1. 认同并接受我国交强险，内化为交强险的积极主动的潜在购买和履行者。

2. 养成严谨的学习、工作习惯，初步具备车险专业人员的职业素养。

学习任务

王先生购买了一辆雪佛兰1.6L，只是用作上、下班的代步车，想咨询一下交强险的投保注意事项，以及可否不交或能否少缴交强险事宜。请保险接待人员进行解释。

知识准备

一、交强险意义

（一）交强险的发展

交强险的全称是"机动车交通事故责任强制保险"，是由保险公司对被保险机动车发生道路交通事故造成受害人（不包括本车人员和被保险人）的人身伤亡、财产损失，在责任限额内予以赔偿的强制性责任保险。交强险是中国首个由国家法律规定实行的强制保险。

2004年5月1日起实施的《道路交通安全法》首次提出"建立机动车第三者责任强制保险制度，设立道路交通事故社会救助基金"。

2006年3月21日国务院颁布《机动车交通事故责任强制保险条例》，机动车第三者责任强制保险从此被"交强险"代替，条例规定自2006年7月1日起实施。

2006年6月30日，中国保监会发布《机动车交通事故责任强制保险业务单独核算管理暂行办法》，规定自发布之日起实施。

2007年6月27日，中国保监会发布《机动车交通事故责任强制保险费率浮动暂行办法》，规定自7月1日实行。

2007年7月1日，随着配套措施的完善，交强险最终普遍实行，期间普遍实行的仍旧为"机动车第三者责任强制保险"（第三者强制保险）。

"机动车第三者责任强制保险"与现行的"机动车第三者责任保险"——属于商业保险，而新施行的"交强险"保险费率比"机动车第三者责任保险"高，根据被保险人在交通事故中所承担的事故责任来确定其赔偿责任。

无论被保险人是否在交通事故中负有责任，保险公司均将按照《交强险条例》以及交强险条款的具体要求在责任限额内予以赔偿。对于维护道路交通通行者人身财产安全、确保道路安全具有重要的作用，同时能减少法律纠纷、简化处理程序，确保受害人获得及时有效的赔偿。

2012年3月30日，《国务院关于修改〈机动车交通事故责任强制保险条例〉的决定》修改了如下内容：第五条第一款修改为"保险公司经保监会批准，可以从事机动车交通事故责任强制保险业务。"

根据中央人民政府网站公布的条例修改内容及全文，新版《机动车交通事故责任强制保险条例》（简称《条例》）只有以上一处修改。在2006年7月1日起施行的旧版条例中，允许从事交强险业务的只限于"中资保险公司"。去掉"中资"两个字，意味着中国正式向外资保险公司开放交强险市场，中国保险业进入全面开放阶段。

2012年12月17日，国务院决定对《机动车交通事故责任强制保险条例》进行如下修改：增加一条，作为第四十三条"挂车不投保机动车交通事故责任强制保险。发生道路交通事故造成人身伤亡、财产损失的，由牵引车投保的保险公司在机动车交通事故责任强制保险责任限额范围内予以赔偿；不足的部分，由牵引车方和挂车方依照法律规定承担赔偿责任。"本决定自2013年3月1日起施行。

2020年9月9日，原中国银保监会发布"2020年第2号"公告令，《中国银保监会关于调整交强险责任限额和费率浮动系数的公告》。社会关注度较高的 2020 版《机动车交通事故责任强制保险条例》（简称《条例》）于 2020 年 9 月 19 日开始施行。交通事故强制保险在本次改革中得到全面优化。

（二）《交强险条例》的主要特点

《交强险条例》立足现实，着眼长远，既考虑了中国当前经济社会发展水平和能力，又充分借鉴了国外先进经验，具有较强的针对性和鲜明的特点。

一是突出"以人为本"。将保障受害人得到及时、有效的赔偿作为首要目标。《交强险条例》规定，被保险机动车发生道路交通事故造成本车人员、被保险人以外的受害人人身伤亡、财产损失的，由保险公司依法在机动车交通事故责任强制保险责任限额范围内予以赔偿。

二是体现"奖优罚劣"。通过经济手段提高驾驶人守法合规意识，促进道路交通安全。《交强险条例》要求有关部门逐步建立机动车交通事故责任强制保险与道路交通安全违法行为和道路交通事故的信息共享机制，被保险人缴纳的保险费与是否有交通违章挂钩。安全驾驶者将享有优惠的费率，经常肇事者将负担高额保险费。

三是坚持社会效益原则。《交强险条例》要求保险公司经营机动车交通事故责任强制保险不以营利为目的，且机动车交通事故责任强制保险业务必须与其他业务分开管理、实行单独核算。监管部门会定期核查保险公司经营机动车交通事故责任强制保险业务的盈亏情况，以保护广大投保人的利益。

四是实行商业化运作。机动车交通事故责任强制保险条款费率由保险公司制定，保监会按照机动车交通事故责任强制保险业务总体上不盈利、不亏损原则进行审批。

《交强险条例》主要从机动车交通事故责任强制保险的投保、赔偿以及监督管理等方面进行了规定，明确了机动车交通事故责任强制保险制度的各项原则、保险双方当事人的权利义务以及监督管理机构的职责。

（三）交强险的重要意义

1）交强险是一项全新的保险制度。交强险制度的实施不仅关系到广大保险消费者的切身利益，还关系到保险行业的健康发展、社会的和谐稳定。交强险制度有利于道路交通事故受害人获得及时的经济赔付和医疗救治；有利于减轻交通事故肇事方的经济负担，化解经济赔偿纠纷；有利于促进驾驶人增强交通安全意识，促进道路交通安全；有利于充分发挥保险的保障功能，维护社会稳定。财产保险业要充分认识其重要意义，以高度的政治意识和责任意识，切实做好交强险的各项工作，在构建社会主义和谐社会中发挥重要作用。

2）交强险有利于普及保险知识，增强全民保险意识，是保险业发展的重要历史机遇。保险公司要通过管理创新、经营创新、产品创新、服务创新，为社会提供全面、丰富的保险保障和保险服务，树立良好的行业形象，实现又快又好地发展。

3）实施交强险制度是促进财产保险业诚信、规范经营的有利契机。保险公司要根据法律法规要求，切实加强交强险的经营管理，通过转变增长方式，转换经营机制，加强内部控制管理，促进财产保险业规范管理和诚信经营。

【导读】

交强险实行前，最高人民法院《关于审理道路交通事故损害赔偿案件适用法律若干问题的解释》第十九条明确规定："未依法投保交强险的机动车发生交通事故造成损害，当事人请求投保义务人在交强险责任限额范围内予以赔偿的，人民法院应予支持。"

二、交强险内容

（一）交强险的定义

交强险合同中的被保险人是指**投保人及其允许的合法驾驶人**。投保人是指与保险人订立交强险合同，并按照合同负有支付保险费义务的机动车的所有人、管理人。交强险合同中的受害人是指因被保险机动车发生交通事故遭受人身伤亡或者财产损失的人，但不包括被保险机动车本车车上人员、被保险人。**交强险合同中的责任限额是指被保险机动车发生交通事故，保险人对每次保险事故所有受害人的人身伤亡和财产损失所承担的最高赔偿金额。**责任限额分为死亡伤残赔偿限额、医疗费用赔偿限额、财产损失赔偿限额以及被保险人在道路交通事故中无责任的赔偿限额。其中，无责任的赔偿限额分为无责任死亡伤残赔偿限额、无责任医疗费用赔偿限额和无责任财产损失赔偿限额。交强险合同中的抢救费用是指被保险机动车发生交通事故导致受害人受伤时，医疗机构对生命体征不平稳和虽然生命体征平稳但如果不采取处理措施会产生生命危险，或者导致残疾、器官功能障碍，或者导致病程明显延长的受害人，参照国务院卫生主管部门组织制定的交通事故人员创伤临床诊疗指南和国家基本医疗保险标准，采取必要的处理措施所发生的医疗费用。

（二）交强险的保险责任、垫付与追偿、责任免除和保险期限

1. 保险责任

在中华人民共和国境内（不含港、澳、台地区），被保险人在使用被保险机动车过程中发生交通事故，致使受害人遭受人身伤亡或者财产损失，依法应当由被保险人承担的损害赔偿责任，保险人按照交强险合同的约定对每次事故在下列赔偿限额内负责赔偿：

1）死亡伤残赔偿限额为 180000 元。

2）医疗费用赔偿限额为 18000 元。

3）财产损失赔偿限额为 2000 元。

4）被保险人无责任时，死亡伤残赔偿限额为 18000 元，医疗费用赔偿限额为 1800 元，财产损失赔偿限额为 100 元。

死亡伤残赔偿限额和无责任死亡伤残赔偿限额项下负责赔偿丧葬费、死亡补偿费、受害人亲属办理丧葬事宜支出的交通费用、残疾赔偿金、残疾辅助器具费、护理费、康复费、交通费、被扶养人生活费、住宿费、误工费，被保险人依照法院判决或者调解承担的精神损害抚慰金。

医疗费用赔偿限额和无责任医疗费用赔偿限额项下负责赔偿医药费、诊疗费、住院费、住院伙食补助费，必要的、合理的后续治疗费、整容费、营养费。

2. 垫付与追偿

被保险机动车在下面 1）~4）之一的情形下发生交通事故，造成受害人受伤需要抢救的，保险人在接到公安机关交通管理部门的书面通知和医疗机构出具的抢救费用清单后，按照国务院卫生主管部门组织制定的交通事故人员创伤临床诊疗指南和国家基本医疗保险标准

进行核实。对于符合规定的抢救费用，保险人在医疗费用赔偿限额内垫付。被保险人在交通事故中无责任的，保险人在无责任医疗费用赔偿限额内垫付。对于下列情况造成的损失和费用，保险人不负责垫付和追偿：

1）驾驶人未取得驾驶资格的。

2）驾驶人醉酒的。

3）被保险机动车被盗抢期间肇事的。

4）被保险人故意制造交通事故的。

对于垫付的抢救费用，保险人有权向致害人追偿。

3. 责任免除

下列损失和费用，交强险不负责赔偿和垫付：

1）因受害人故意造成的交通事故的损失。

2）被保险人所有的财产及被保险机动车上的财产遭受的损失。

3）被保险机动车发生交通事故，致使受害人停业、停驶、停电、停水、停气、停产、通信或者网络中断、数据丢失、电压变化等造成的损失以及受害人财产因市场价格变动造成的贬值、修理后因价值降低造成的损失等其他各种间接损失。

4）因交通事故产生的仲裁或者诉讼费用以及其他相关费用。

4. 保险期限

除国家法律、行政法规另有规定外，交强险合同的保险期间为1年，以保险单载明的起止时间为准。

（三）投保人、被保险人义务

1）投保人投保时，应当如实填写投保单，向保险人如实告知重要事项，并提供被保险机动车的行驶证和驾驶证复印件。重要事项包括机动车的种类、厂牌型号、识别代码、号牌号码、使用性质和机动车所有人或者管理人的姓名（名称）、性别、年龄、住所、身份证或者驾驶证号码（组织机构代码）、续保前该机动车发生事故的情况以及国家金融监督管理总局规定的其他事项。投保人未如实告知重要事项，对保险费计算有影响的，保险人按照保险单年度重新核定保险费计收。

2）签订交强险合同时，投保人不得在保险条款和保险费率之外，向保险人提出附加其他条件的要求。

3）投保人续保的，应当提供被保险机动车上一年度交强险的保险单。

4）在保险合同有效期内，被保险机动车因改装、加装、使用性质改变等导致危险程度增加的，被保险人应当及时通知保险人，并办理批改手续。否则，保险人按照保险单年度重新核定保险费计收。

5）被保险机动车发生交通事故后，被保险人应当及时采取合理、必要的施救和保护措施，并在事故发生后及时通知保险人。

6）发生保险事故后，被保险人应当积极协助保险人进行现场查勘和事故调查。

发生与保险赔偿有关的仲裁或者诉讼时，被保险人应当及时书面通知保险人。

（四）赔偿处理

1. 被保险机动车发生交通事故

被保险机动车发生交通事故的，由被保险人向保险人申请赔偿保险金。被保险人索赔时，应当向保险人提供以下材料：

1）交强险的保险单。

2）被保险人出具的索赔申请书。

3）被保险人和受害人的有效身份证明、被保险机动车行驶证和驾驶人的驾驶证。

4）公安机关交通管理部门出具的事故证明，或者人民法院等机构出具的有关法律文书及其他证明。

5）被保险人根据有关法律法规规定选择自行协商方式处理交通事故的，应当提供依照《道路交通事故处理程序规定》规定的记录交通事故情况的协议书。

6）受害人财产损失程度证明、人身伤残程度证明、相关医疗证明以及有关损失清单和费用单据。

7）其他与确认保险事故的性质、原因、损失程度等有关的证明和资料。

2. 保险事故发生后

保险事故发生后，保险人按照国家有关法律法规规定的赔偿范围、项目和标准以及交强险合同的约定，并根据国务院卫生主管部门组织制定的交通事故人员创伤临床诊疗指南和国家基本医疗保险标准，在交强险的责任限额内核定人身伤亡的赔偿金额。

3. 因保险事故造成受害人人身伤亡

因保险事故造成受害人人身伤亡的，未经保险人书面同意，被保险人自行承诺或支付的赔偿金额，保险人在交强险责任限额内有权重新核定。因保险事故损坏的受害人财产需要修理的，被保险人应当在修理前会同保险人检验，协商确定修理或者更换项目、方式和费用。否则，保险人在交强险责任限额内有权重新核定。

4. 被保险机动车发生涉及受害人受伤的交通事故

被保险机动车发生涉及受害人受伤的交通事故，因抢救受害人需要保险人支付抢救费用的，保险人在接到公安机关交通管理部门的书面通知和医疗机构出具的抢救费用清单后，按照国务院卫生主管部门组织制定的交通事故人员创伤临床诊疗指南和国家基本医疗保险标准进行核实。对于符合规定的抢救费用，保险人在医疗费用赔偿限额内支付。被保险人在交通事故中无责任的，保险人在无责任医疗费用赔偿限额内支付。

（五）合同变更与终止

1）在交强险合同有效期内，被保险机动车所有权发生转移的，投保人应当及时通知保险人，并办理交强险合同变更手续。

2）在下列3种情况下，投保人可以要求解除交强险合同：

① 被保险机动车被依法注销登记的。

② 被保险机动车办理停驶的。

③ 被保险机动车经公安机关证实丢失的。

交强险合同解除后，投保人应当及时将保险单、保险标志交还保险人；无法交回保险标志的，应当向保险人说明情况，征得保险人同意。

3）发生《机动车交通事故责任强制保险条例》所列明的投保人、保险人解除交强险合同的情况时，保险人按照日费率收取自保险责任开始之日起至合同解除之日止期间的保险费。

任务实施

步骤1　制订任务实施计划

分析了解交强险及客户信息。

步骤2　分析交强险特点及条款内容

（1）分析哪些人需要投保机动车交通事故责任强制保险，强制性如何体现《条例》第二条规定，在中华人民共和国境内道路上行驶的机动车的所有人或者管理人应当投保机动车交通事故责任强制保险。机动车交通事故责任强制保险的强制性不仅体现在强制投保上，同时体现在强制承保上。一方面，未投保机动车交通事故责任强制保险的机动车不得上道路行驶；另一方面，具有经营机动车交通事故责任强制保险资格的保险公司不能拒绝承保机动车交通事故责任强制保险业务，也不能随意解除机动车交通事故责任强制保险合同（投保人未履行如实告知义务的除外）。违反强制性规定的机动车所有人、管理人或保险公司都将受到处罚。

（2）分析机动车交通事故责任强制保险保障对象和保障内容　机动车交通事故责任强制保险的保障对象是被保险机动车致害的交通事故受害人。受害人是指被保险车辆发生交通事故遭受人身伤亡或者财产损失的人，但不包括被保险机动车本车车上人员和被保险人。保障的内容指"受害人的人身伤亡和财产损失"。

（3）分析理解机动车交通事故责任强制保险业务总体上不盈利、不亏损的原则　《条例》第六条规定，银保监会按照机动车交通事故责任强制保险业务总体上不盈利、不亏损的原则审批保险费率。不盈利不亏损原则是指保险公司在厘定机动车交通事故责任强制保险费率时，只考虑成本因素，不设定预期利润率，即费率构成中不含利润。也就是说，不盈利、不亏损原则体现在费率制定环节，而不是简单等同于保险公司的经营结果。保险公司在实际经营过程中，可以通过加强管理、降低成本来实现微利，也可能由于新环境下赔付成本过高而出现亏损。

为了能够核查保险公司经营机动车交通事故责任强制保险的实际情况，《条例》第七条规定，保险公司的机动车交通事故责任强制保险业务，应当与其他保险业务分开管理，单独核算。同时，《条例》还规定，银保监会应当每年对保险公司的机动车交通事故责任强制保险业务情况进行核查，并向社会公布。根据保险公司机动车交通事故责任强制保险业务的总体盈利或者亏损情况，可以要求或者允许保险公司调整保险费率。对于费率调整幅度较大的，应当进行听证。

步骤3　了解交强险保险费

向客户介绍"奖优罚劣"交强险费率的浮动比率、机动车交通事故责任强制保险基础费率浮动因素和浮动比率，按照《机动车交通事故责任强制保险费率浮动暂行办法》确定。

步骤4　促成签单

介绍交强险的必须性，促成签单。

任务评价

任务评价表见任务工单。

知识点提示

1. 交强险特点（图6-1）。

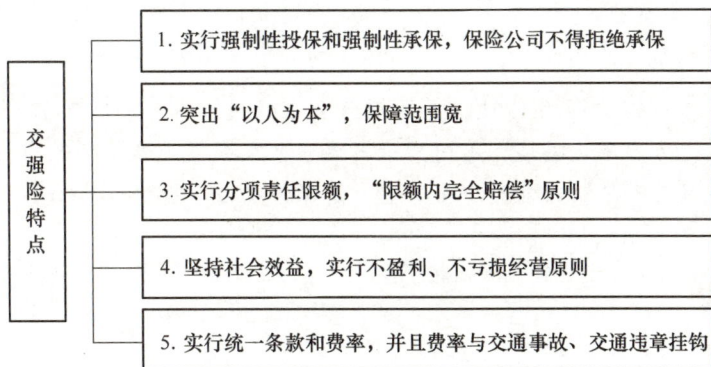

图 6-1　交强险特点

2. 交强险条款结构（图6-2）。

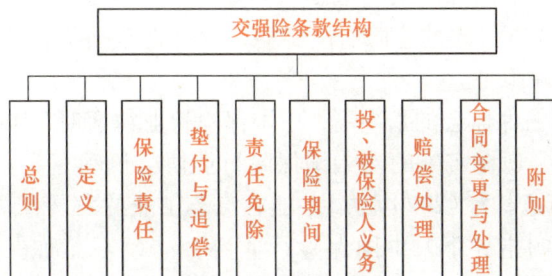

图 6-2　交强险条款结构

任务7　介绍车损险及附加险

任务目标

知识目标

1. 了解我国商业车险的发展及 2020 款商业车损险的变化。

2. 熟悉车损险主要附加险的保险责任。

3. 掌握车损险的保险责任及主要责任免除内容。

4. 了解《新能源汽车商业保险示范条款（试行）》中车损险条款内容。

能力目标

1. 能介绍我国商业车险的发展过程。

2. 能熟练默述车损险的保险责任及主要免责条款。

3. 能运用车损险条款内容分析、处理车险案例。

素养目标

感受我国商业车险发展变迁，内化与时俱进、严谨求实的学习习惯，初步具备车险专业人员职业素养。

学习任务

王先生购买了一辆雪佛兰1.6L，主要用作上班的代步车，有时节假日全家一起就近自驾游，王先生老家在附近县城，有时周六日要回老家探望父母，想咨询一下车损险的投保注意事项，以及可否不交或能否少缴事宜。请保险接待人员进行解释。

知识准备

一、车损险

2003年以前，我国汽车保险条款和费率由原中国保险监督管理委员会制定，其根据不同地区特点和经营情况，将汽车保险分为A、B、C 3款供各保险公司选用。当时人保、中华联合保险等全国半数以上的保险公司选用A款；平安、华安、安邦等使用B款；太平洋保险公司等使用C款。3款保险的主险有所不同，但都把车损险、第三者责任险、盗抢险、车上人员责任险列为主险险种。

2020年，在原中国银保监会的指导下，中国保险行业协会对2014版商业车险示范条款进行了修订完善，形成了现在实施的《中国保险行业协会机动车商业保险示范条款（2020版）》〔以下简称《示范条款》（2020版）〕。随着汽车工业的发展，新能源车市场占有率持续增加，在原银保监会的指导下，中国保险行业协会（以下简称保险业协会）开发完成《新能源汽车商业保险专属条款（试行）》，并于2021年12月14日发布实施。

本书就2020年9月19日实施的《中国保险行业协会机动车商业保险示范条款（2020版）》，结合2021年12月14日发布的《新能源汽车商业保险专属条款（试行）》内容进行介绍。

车损险为不定值保险，在汽车损失险保险合同中不确定保险标的的保险价值，而是按照保险事故发生时保险标的的实际价值确定保险价值。

（一）保险责任

1. 保险事故责任

1）保险期间内，被保险人或被保险机动车驾驶人（以下简称驾驶人）在使用被保险机动车过程中，因自然灾害、意外事故造成被保险机动车的直接损失，且不属于免除保险人责任的范围，保险人依照保险合同的约定负责赔偿。

被保险机动车：指在中华人民共和国境内（不含港、澳、台地区）行驶，以动力装置驱动或者牵引，或采用新型动力系统，完全或主要依靠新型能源驱动上道路行驶的供人员乘用或者用于运送物品以及进行专项作业的轮式车辆（含挂车）、履带式车辆和其他运载工具，但不包括摩托车、拖拉机、特种车。

使用被保险机动车过程：指被保险机动车作为一种工具被使用的整个过程，包括行驶、停放、充电（新能源车的使用包括）及作业，但不包括在营业场所被维修维护期间、被营业单位拖带或被吊装等施救期间。

自然灾害：指对人类以及人类赖以生存的环境造成破坏性影响的自然现象，包括雷击、暴风、暴雨、洪水、龙卷风、冰雹、台风、热带风暴、地陷、崖崩、滑坡、泥石流、雪崩、冰陷、暴雪、冰凌、沙尘暴、地震及其次生灾害等。

意外事故：指被保险人不可预料、无法控制的突发性事件，但不包括战争、军事冲突、恐怖活动、暴乱、污染（含放射性污染）、核反应、核辐射等。

污染（含放射性污染）：指被保险机动车正常使用过程中或发生事故时，由于油料、尾气、货物或其他污染物的泄漏、飞溅、排放、散落等造成的被保险机动车和第三方财产的污损、状况恶化或人身伤亡。

2）保险期间内，被保险机动车被盗窃、抢劫、抢夺，经出险地县级以上公安刑侦部门立案证明，满60天未查明下落的全车损失，以及因被盗窃、抢劫、抢夺受到损坏造成的直接损失，且不属于免除保险人责任的范围，保险人依照保险合同的约定负责赔偿。

2. 事故的施救责任

发生保险事故时，被保险人或驾驶人为防止或者减少被保险机动车的损失所支付的必要的、合理的施救费用，由保险人承担；施救费用数额在被保险机动车损失赔偿金额以外另行计算，最高不超过保险金额。施救的财产中，若含有保险合同之外的财产，应按保险合同保险财产的实际价值占总施救财产的实际价值比例分摊施救费用。

（二）责任免除

在上述保险责任范围内，下列情况下，不论任何原因造成被保险机动车的任何损失和费用，保险人均不负责赔偿：

1）事故发生后，被保险人或驾驶人故意破坏、伪造现场，毁灭证据。

2）驾驶人有下列情形之一者。

① 交通肇事逃逸。它是指发生道路交通事故后，当事人为逃避法律责任，驾驶或者遗弃车辆逃离道路交通事故现场以及潜逃藏匿的行为。

② 饮酒、吸食或注射毒品、服用国家管制的精神药品或者麻醉药品。

③ 无驾驶证，驾驶证被依法扣留、暂扣、吊销、注销期间。

④ 驾驶与驾驶证载明的准驾车型不相符合的机动车。

3）被保险机动车有下列情形之一者。

① 发生保险事故时，被保险机动车行驶证、号牌被注销。

② 被扣留、收缴、没收期间。

③ 竞赛、测试期间，在营业性场所维修、维护、改装期间。

④ 被保险人或驾驶人故意或重大过失，导致被保险机动车被利用从事犯罪行为。

下列原因导致的被保险机动车的损失和费用，保险人不负责赔偿：

① 战争、军事冲突、恐怖活动、暴乱、污染（含放射性污染）、核反应、核辐射。

② 违反安全装载规定。

③ 被保险机动车被转让、改装、加装或改变使用性质等，导致被保险机动车危险程度显著增加，且未及时通知保险人，因危险程度显著增加而发生保险事故的。

④ 投保人、被保险人或驾驶人故意制造的保险事故。

下列损失和费用，保险人不负责赔偿：

① 因市场价格变动造成的贬值、修理后因价值降低引起的减值损失。

② 自然磨损、蓄电池衰减（新能源汽车包含此内容）、朽蚀、腐蚀、故障、本身质量缺陷。

③ 投保人、被保险人或驾驶人知道保险事故发生后，故意或者因重大过失未及时通知，致使保险事故的性质、原因、损失程度等难以确定的，保险人对无法确定的部分，不承担赔偿责任，但保险人通过其他途径已经知道或者应当及时知道保险事故发生的除外。

④ 因被保险人违反条款第十五条约定，导致无法确定的损失。

⑤ 车轮单独损失，无明显碰撞痕迹的车身划痕，以及新增加设备的损失。

⑥ 非全车盗抢、仅车上零部件或附属设备被盗窃。

⑦ 充电期间因外部电网故障导致被保险新能源汽车的损失（新能源汽车车损险免责条款包含此内容）。

（三）免赔额

对于投保人与保险人在投保时协商确定绝对免赔额的，保险人在依据本保险合同约定计算赔款的基础上，增加每次事故绝对免赔额。

（四）保险金额

保险金额按投保时被保险机动车的实际价值确定。

投保时被保险机动车的实际价值由投保人与保险人根据投保时的新车购置价减去折旧金额后的价格协商确定或其他市场公允价值协商确定。

市场公允价值指熟悉市场情况的买卖双方在公平交易的条件下和自愿的情况下所确定的价格，或无关联的双方在公平交易的条件下，一项资产可以被买卖或者一项负债可以被清偿的成交价格。

新车购置价指保险合同签订地购置与被保险机动车同类型新车的价格，无同类型新车市场销售价格的，由投保人与保险人协商确定。

折旧金额可根据保险合同列明的参考折旧系数表确定。

（五）赔偿限额、赔偿处理和保险期限

1. 赔偿限额

1）全部损失。保险金额高于实际价值时，以出险时的实际价值计算赔偿；保险金额等于或低于实际价值时，按保险金额计算赔偿。

2）部分损失。以新车购置价确定保险金额的车辆，按实际修理及必要、合理的施救费用计算赔偿；保险金额低于新车购置价的车辆，按保险金额与新车购置价的比例计算赔偿修理及施救费用。

被保险车辆损失赔偿及施救费用分别以不超过保险金额为限。当被保险车辆部分损失一次赔偿金额与免赔金额之和等于保险金额时，车损险的保险责任即行终止。被保险车辆在保险期限内，不论发生一次或多次保险责任范围内的部分损失或费用支出，只要每次赔款加免赔金额之和未达到保险金额，其保险责任仍然有效。

3）如果施救的财产中含有本保险合同未保险的财产，应按保险合同保险财产的实际价值占总施救财产的实际价值比例分摊施救费用。

2. 赔偿处理

1）发生保险事故后，保险人依据条款约定在保险责任范围内承担赔偿责任。赔偿方式由保险人与被保险人协商确定。

2）因保险事故损坏的被保险机动车修理前，被保险人应当会同保险人检验，协商确定维修机构、修理项目、方式和费用。无法协商确定的，双方委托共同认可的有资质的第三方进行评估。

3）被保险机动车遭受损失后的残余部分由保险人、被保险人协商处理。如折归被保险人的，由双方协商确定其价值并在赔款中扣除。

4）因第三方对被保险机动车的损害而造成保险事故，被保险人向第三方索赔的，保险人应积极协助；被保险人可以直接向保险人索赔，保险人在保险金额内先行赔付被保险人，并在赔偿金额内代位行使被保险人对第三方请求赔偿的权利。

被保险人已经从第三方取得损害赔偿的，保险人进行赔偿时，相应扣减被保险人从第三方取得的赔偿金额。

保险人未赔偿之前，被保险人放弃对第三方请求赔偿的权利的，保险人不承担赔偿责任。

被保险人故意或者因重大过失致使保险人不能行使代位请求赔偿的权利的，保险人可以扣减或者要求返还相应的赔款。

保险人向被保险人先行赔付的，保险人向第三方行使代位请求赔偿的权利时，被保险人应当向保险人提供必要的文件和所知道的有关情况。

3. 保险期限

保险期限为1年。除法律另有规定外，投保时保险期限不足1年的按短期月费率计收保险费。保险期限不足1个月的按月计算。

（六）其他规定

1）保险费调整的比例和方式以保险监管部门批准的机动车保险费率方案的规定为准。

2）主险及其附加险根据上一保险期间发生保险赔偿的次数，在续保时实行保险费浮动。

3）保险合同的内容如需变更，必须经保险人与投保人书面协商一致。

4）在保险期间内，被保险机动车转让他人的，受让人承继被保险人的权利和义务。被保险人或者受让人应当及时书面通知保险人并办理批改手续。

因被保险机动车转让导致被保险机动车危险程度显著增加的，保险人自收到前款规定的通知之日起30日内，可以增加保险费或者解除保险合同。

5）保险责任开始前，投保人要求解除保险合同的，应当向保险人支付应交保险费3%的退保手续费，保险人应当退还保险费。

保险责任开始后，投保人要求解除本保险合同的，自通知保险人之日起，保险合同解除。保险人按日收取自保险责任开始之日起至合同解除之日止期间的保险费，并退还剩余部分保险费。

6）因履行本保险合同发生的争议，由当事人协商解决。

协商不成的，提交保险单载明的仲裁机构仲裁。保险单未载明仲裁机构或者争议发生后未达成仲裁协议的，可向人民法院起诉。

7）保险合同争议处理适用中华人民共和国法律。

二、车损险的附加险

对于除了主险保险责任以外的其他风险需求，保险人往往设计一些附加险供投保人选择，但附加险不能单独承保。附加险条款的法律效力优于主险条款。附加险条款未尽事宜，以主险条款为准。除附加险条款另有约定外，主险中的责任免除、双方义务同样适用于附加险。主险保险责任终止的，其相应的附加险保险责任同时终止。

2020 版机动车商业车损险附加险有附加车轮单独损失险、附加新增加设备损失险、附加车身划痕损失险、附加修理期间费用补偿险、附加绝对免赔率特约条款、附加发动机进水损坏除外特约条款等，其中前 4 种附加险都是对车损险的保险责任范围的扩充，后两种附加特约条款是对车损险范围的缩小。现行车损险的保险责任包含发动机进水损失和不计免赔的内容，但有的车主不需要这些保险责任范围可以选择这两种附加险，同时车损险保险费扣除这两个附加险的保险费。也有的是保险人对车龄比较大的车辆不承担发动机进水的保险责任，为此销售车损险时与附加发动机进水损坏除外特约条款捆绑销售。这是新版车险的一个较大的改革，以往的附加险都是对主险免责条款内容的承保，是对主险保险责任范围的扩充。

以上附加险除了附加绝对免赔率特约条款，其他的必须在投保了车损险的基础上投保。对附加绝对免赔率特约条款，投了任意主险后可根据需要选择。

新能源汽车车损险附加险除以上附加险外（不包含附加发动机进水损坏除外特约条款），增加了附加外部电网故障损失险和附加自用充电桩损失险。

（一）附加车轮单独损失险

车轮单独损失指未发生被保险机动车其他部位的损失，因自然灾害、意外事故，仅发生轮胎、轮毂、轮毂罩的分别单独损失，或上述三者之中任意二者的共同损失，或三者的共同损失。

1. 保险责任

保险期间内，被保险人或被保险机动车驾驶人在使用被保险机动车过程中，因自然灾害、意外事故，导致被保险机动车未发生其他部位的损失，仅有车轮（含轮胎、轮毂、轮毂罩）单独的直接损失，且不属于免除保险人责任的范围，保险人依照本附加险合同的约定负责赔偿。

2. 责任免除

1）车轮（含轮胎、轮毂、轮毂罩）的自然磨损、朽蚀、腐蚀、故障、本身质量缺陷。

2）未发生全车盗抢，仅车轮单独丢失。

3. 保险金额

保险金额由投保人和保险人在投保时协商确定。

4. 赔偿处理

1）发生保险事故后，保险人依据条款约定在保险责任范围内承担赔偿责任。赔偿方式由保险人与被保险人协商确定。

2）赔款＝实际修复费用－被保险人已从第三方获得的赔偿金额。

3）在保险期间内，累计赔款金额达到保险金额时，附加险保险责任终止。

（二）附加新增加设备损失险

新增加设备指被保险机动车出厂时原有设备以外的，另外加装的设备和设施。

1. 保险责任

保险期间内，投保了本附加险的被保险机动车因发生车损险责任范围内的事故，造成车上新增加设备的直接损毁，保险人在保险单载明的本附加险的保险金额内，按照实际损失计算赔偿。

2. 保险金额

保险金额根据新增加设备投保时的实际价值确定。新增加设备的实际价值指新增加设备的购置价减去折旧金额后的金额。

3. 赔偿处理

发生保险事故后，保险人依据条款约定在保险责任范围内承担赔偿责任。赔偿方式由保险人与被保险人协商确定。

$$赔款 = 实际修复费用 - 被保险人已从第三方获得的赔偿金额$$

（三）附加车身划痕损失险

车身划痕指仅发生被保险机动车车身表面油漆的损坏，且无明显碰撞痕迹。

1. 保险责任

保险期间内，被保险机动车在被保险人或被保险机动车驾驶人使用过程中，发生无明显碰撞痕迹的车身划痕损失，保险人按照保险合同约定负责赔偿。

2. 责任免除

1）被保险人及其家庭成员、驾驶人及其家庭成员的故意行为造成的损失。

2）因投保人、被保险人与他人的民事、经济纠纷导致的任何损失。

3）车身表面自然老化、损坏、腐蚀造成的任何损失。

3. 保险金额

保险金额为2000元、5000元、10000元或20000元，由投保人和保险人在投保时协商确定。

4. 赔偿处理

1）发生保险事故后，保险人依据条款约定在保险责任范围内承担赔偿责任，赔偿方式由保险人与被保险人协商确定。

$$赔款 = 实际修复费用 - 被保险人已从第三方获得的赔偿金额$$

2）在保险期间内，累计赔款金额达到保险金额时，附加险保险责任终止。

（四）附加修理期间费用补偿险

1. 保险责任

保险期间内，投保了本条款的机动车在使用过程中，发生车损险责任范围内的事故，造成车身损毁，致使被保险机动车停驶，保险人按保险合同约定，在保险金额内向被保险人补偿修理期间费用，作为代步车费用或弥补停驶损失。

2. 责任免除

下列情况下，保险人不承担修理期间费用补偿：

1）因车损险责任范围以外的事故而致被保险机动车的损毁或修理。

2）非在保险人认可的修理厂修理时，因车辆修理质量不合要求造成返修。

3）被保险人或驾驶人拖延车辆送修期间。

3. 保险金额

附加险保险金额 = 补偿天数 × 日补偿金额。补偿天数及日补偿金额由投保人与保险人协商确定并在保险合同中载明，保险期间内约定的补偿天数最长不超过 90 天。

4. 赔偿处理

全车损失，按保险单载明的保险金额计算赔偿；部分损失，在保险金额内按约定的日补偿金额乘以从送修之日起至修复之日止的实际天数计算赔偿，实际天数超过双方约定修理天数的，以双方约定的修理天数为准。

保险期间内，累计赔款金额达到保险单载明的保险金额时，附加险保险责任终止。

（五）附加绝对免赔率特约条款

绝对免赔率为 5%、10%、15%、20%，由投保人和保险人在投保时协商确定，具体以保险单载明为准。

被保险机动车发生主险约定的保险事故，保险人按照主险的约定计算赔款后，扣减特约条款约定的免赔，即主险实际赔款 = 按主险约定计算的赔款 × （1 - 绝对免赔率）。

（六）附加发动机进水损坏除外特约条款

保险期间内，投保了本附加险的被保险机动车在使用过程中，因发动机进水后导致的发动机的直接损毁，保险人不负责赔偿。

2020 版车损险保险责任包含发动机进水损失，为此该附加险主要供不需要保发动机进水损失的车主选择，选择后车损险保险费扣除该附加险保费。

新能源汽车车损险附加险除以上（一）~（五）种外还包含以下两种。

（七）附加外部电网故障损失险

1）保险期间内，投保了本附加险的被保险新能源汽车在充电期间，因外部电网故障，导致被保险新能源汽车的直接损失，且不属于免除保险人责任的范围，保险人依照本保险合同的约定负责赔偿。

2）发生保险事故时，被保险人为防止或者减少被保险新能源汽车的损失所支付的必要的、合理的施救费用，由保险人承担；施救费用数额在被保险新能源汽车损失赔偿金额以外另行计算，最高不超过主险保险金额。

（八）附加自用充电桩损失保险

1. 保险责任

保险期间内，保险单载明地址的，被保险人的符合充电设备技术条件、安装标准的自用充电桩，因自然灾害、意外事故、被盗窃或遭他人损坏导致的充电桩自身损失，保险人在保险单载明的本附加险的保险金额内，按照实际损失计算赔偿。

2. 责任免除

投保人、被保险人或驾驶人故意制造的保险事故，保险人不负赔偿责任。

3. 保险金额

保险金额为 2000 元、5000 元、10000 元或 20000 元，由投保人和保险人在投保时协商确定。

4. 赔偿处理

1）发生保险事故后，保险人依据条款约定在保险责任范围内承担赔偿责任，赔偿方式由保险人与被保险人协商确定。

$$赔款 = 实际修复费用 - 被保险人已从第三方获得的赔偿金额$$

2）在保险期间内，累计赔款金额达到保险金额时，附加险保险责任终止。

任务实施

步骤1　制订任务实施计划

面对客户的咨询，可根据客户的兴趣和需要介绍保险险种的情况。一般可以介绍的要点，可按照图7-1流程进行。

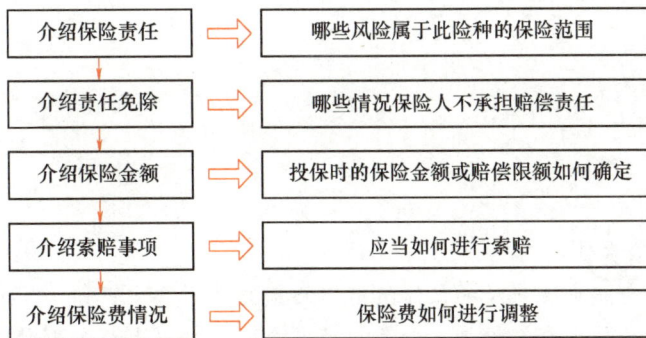

介绍保险责任	⇒	哪些风险属于此险种的保险范围
介绍责任免除	⇒	哪些情况保险人不承担赔偿责任
介绍保险金额	⇒	投保时的保险金额或赔偿限额如何确定
介绍索赔事项	⇒	应当如何进行索赔
介绍保险费情况	⇒	保险费如何进行调整

图7-1　介绍汽车保险产品任务实施流程

步骤2　介绍保险责任

在介绍险种时，应说明此险种是何种风险的，投保人的哪种损失可以在此险种中得到赔偿，这是险种的价值所在。以车损险为例。此险种为被保险人提供的保障主要是意外事故造成被保险车辆的损失、自然灾害造成被保险车辆的损失和对被保险车辆的施救费用。

步骤3　介绍责任免除

针对客户的情况，说明何种情况是属于此险种保障范围之外的，即保险人不负赔偿责任的情况有哪些，以便让客户明白使用车辆过程中应注意的情况。这是最大诚信原则的要求，也是对客户的负责。投保人和被保险人必须了解此部分内容，避免产生投保误解，或因某些不当行为造成不能享受保障权利。责任免除的具体情况如图7-2所示。

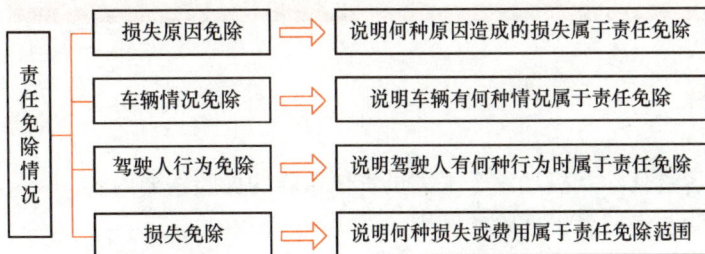

责任免除情况	损失原因免除	⇒	说明何种原因造成的损失属于责任免除
	车辆情况免除	⇒	说明车辆有何种情况属于责任免除
	驾驶人行为免除	⇒	说明驾驶人有何种行为时属于责任免除
	损失免除	⇒	说明何种损失或费用属于责任免除范围

图7-2　车损险责任免除

步骤4　介绍保险金额

在介绍保险金额时，主要说明车损险保险金额的确定方法，或赔偿限额选择。现行车损险的保险金额由车辆实际价值确定。

步骤5　介绍索赔事项

主要说明被保险人索赔时需注意的事项，保险公司能够提供什么服务。其主要包括以下几个方面：发生事故时的处理方法、损失车辆核定的方法、索赔时需要提供的资料、保险人对于被保险人索赔的处理方法及保险人的义务等。

步骤6　介绍保险费情况

主要说明险种保险费的变动情况，提醒保险人哪些因素可能影响到保险费的变动，根据主险及其附加险的上一保险期间发生保险赔偿的次数，在续保时实行保险费浮动。这样能够提高被保险人驾驶车辆时的安全意识。

任务评价

任务评价表见任务工单。

知识点提示

1. 车损险的保险责任：

1）由于意外和自然灾害导致的被保险车辆的损失。

2）被保险机动车被盗窃、抢劫、抢夺，经出险地县级以上公安刑侦部门立案证明，满60天未查明下落的全车损失，以及因被盗窃、抢劫、抢夺受到损坏造成的被保险车辆的直接损失。

3）被保险人或驾驶人为防止或者减少被保险机动车的损失所支付的必要的、合理的施救费用。

2. 现行车损险的保险金额由被保险车辆的实际价值决定。

3. 2020版示范产品的车损险主险条款在原有保险责任基础上，附加了机动车全车盗抢、玻璃单独破碎、自燃、发动机涉水、不计免赔率、无法找到第三方特约等保险责任。

4. 车损险的附加险中附加绝对免赔率特约条款、附加发动机进水损坏除外特约条款是对车损险保险责任的缩小，选择后车损险保险费扣除该附加险的保险费。

任务8　介绍第三者责任险及附加险

任务目标

知识目标

1. 掌握第三者责任险及机动车车上人员责任保险的保险主要内容。

2. 掌握交强险与第三者责任险的区别。

3. 了解第三者责任险的附加险保险责任。

4. 了解新能源车与机动车的第三者责任险及附加险的不同之处。

能力目标

1. 能运用第三者责任险及机动车车上人员责任保险内容分析、处理车险案例。

2. 能说明新能源汽车和机动车的第三者责任险及机动车车上人员责任保险的不同之处。

素养目标

培养理论与实际相结合的能力及创新精神，初步具备车险从业人员的基本职业素养。

学习任务

王先生购买了一辆雪佛兰1.6L，主要用作上、下班的代步车，有时节假日全家一起就近自驾游，王先生老家在附近县城，有时周六日要回老家探望父母。王先生想咨询一下第三者责任险的投保注意事项，以及可否不交或能否少缴事宜并对交强险和第三者责任险是否重复投保存在疑虑。请保险接待人员进行解释。

知识准备

一、第三者责任险

第三者责任险是车险中最早出现的一款基本险种，也是我国商业车险中主要的险种之一。我国现行2020版第三者责任险和新能源汽车第三者责任险的责任范围几乎相同，不同处会标明。其保险责任包括下述主要内容。

（一）保险标的

被保险机动车是指在中华人民共和国境内（不含港、澳、台地区）行驶，以动力装置驱动或者牵引，上道路行驶的供人员乘用或者用于运送物品以及进行专项作业的轮式车辆（含挂车）、履带式车辆和其他运载工具，但不包括摩托车、拖拉机、特种车。

（二）保险责任

保险期间内，被保险人或其允许的驾驶人在使用被保险机动车过程中发生意外事故（新能源车专属条款含起火燃烧），致使第三者遭受人身伤亡或财产直接损毁，依法应当对第三者承担的损害赔偿责任，且不属于免除保险人责任的范围，保险人依照保险合同的约定，对于超过机动车交通事故责任强制保险各分项赔偿限额的部分负责赔偿。但因事故产生的善后工作，保险人不负责处理。

1. 意外事故

意外事故指被保险人不可预料、无法控制的突发性事件，但不包括战争、军事冲突、恐怖活动、暴乱、污染（含放射性污染）、核反应、核辐射等。

2. 第三者

第三者是指因被保险车辆发生意外事故遭受人身伤亡或者财产损失的人，但不包括被保险机动车本车车上人员、被保险人。

第三者的损失包括人身伤亡与财产的直接损毁。人身伤亡是指人的身体受伤害或人的生命终止。直接损毁是指被保险车辆发生意外事故，直接造成事故现场他人现有财产的实际损毁。

保险事故发生后，保险人依据被保险机动车一方在事故中所负的事故责任比例，承担相应的赔偿责任。被保险人或被保险机动车一方根据有关法律法规选择自行协商或由公安机关交通管理部门处理事故，但未确定事故责任比例的，按照下列规定确定事故责任比例：

被保险机动车一方负主要事故责任的，事故责任比例为70%。

被保险机动车一方负同等事故责任的，事故责任比例为50%。

被保险机动车一方负次要事故责任的，事故责任比例为30%。

涉及司法或仲裁程序的，以法院或仲裁机构最终生效的法律文书为准。

（三）责任免除

在上述保险责任范围内，下列情况下，不论任何原因造成的人身伤亡、财产损失和费用，保险人均不负责赔偿。

1）事故发生后，被保险人或驾驶人故意破坏、伪造现场，毁灭证据。

2）驾驶人有下列情形之一者：

① 交通肇事逃逸。

② 饮酒、吸食或注射毒品、服用国家管制的精神药品或者麻醉药品。

③ 无驾驶证，驾驶证被依法扣留、暂扣、吊销、注销期间。

④ 驾驶与驾驶证载明的准驾车型不相符合的机动车。

⑤ 非被保险人允许的驾驶人。

3）被保险机动车有下列情形之一者：

① 发生保险事故时，被保险机动车行驶证、号牌被注销的。

② 被扣留、收缴、没收期间。

③ 竞赛、测试期间，在营业性场所维修、维护、改装期间。

④ 全车被盗窃、被抢劫、被抢夺、下落不明期间。

4）下列原因导致的人身伤亡、财产损失和费用，保险人不负责赔偿：

① 战争、军事冲突、恐怖活动、暴乱、污染（含放射性污染）、核反应、核辐射。

② 第三者、被保险人或驾驶人故意制造保险事故、犯罪行为，第三者与被保险人或其他致害人恶意串通的行为。

③ 被保险机动车被转让、改装、加装或改变使用性质等，导致被保险机动车危险程度显著增加，且未及时通知保险人，因危险程度显著增加而发生保险事故的。

5）下列人身伤亡、财产损失和费用，保险人不负责赔偿：

① 被保险机动车发生意外事故，致使任何单位或个人停业、停驶、停电、停水、停气、停产、通信或网络中断、电压变化、数据丢失造成的损失以及其他各种间接损失。

② 第三者财产因市场价格变动造成的贬值，修理后因价值降低引起的减值损失。

③ 被保险人及其家庭成员、驾驶人及其家庭成员所有、承租、使用、管理、运输或代管的财产的损失，以及本车车上财产的损失。

④ 被保险人、驾驶人、本车车上人员的人身伤亡。

⑤ 停车费、保管费、扣车费、罚款、罚金或惩罚性赔款。

⑥ 超出《道路交通事故受伤人员临床诊疗指南》和国家基本医疗保险同类医疗费用标准的费用部分。

⑦ 律师费，未经保险人事先书面同意的诉讼费、仲裁费。

⑧ 投保人、被保险人或驾驶人知道保险事故发生后，故意或者因重大过失未及时通知，致使保险事故的性质、原因、损失程度等难以确定的，保险人对无法确定的部分不承担赔偿责任，但保险人通过其他途径已经知道或者应当及时知道保险事故发生的除外。

⑨ 因被保险人违反条款约定，导致无法确定的损失。

⑩ 精神损害抚慰金。

⑪ 应当由交强险赔偿的损失和费用。

保险事故发生时，被保险车辆未投保交强险或交强险合同已经失效的，对于交强险责任限额以内的损失和费用，保险人不负责赔偿。

（四）责任限额

1）每次事故的责任限额，由投保人和保险人在签订保险合同时按保险监管部门批准的限额档次协商确定。

现行第三者责任险责任限额分为 14 个档次：10 万元、15 万、20 万元、30 万、50 万元、100 万元、150 万元、200 万元、300 万元、400 万元、500 万元、600 万元、800 万元和1000 万元。

2）主车与挂车连接使用视为一体，发生保险事故时，由主车保险人和挂车保险人按照保险单上载明的第三者责任险责任限额的比例，在各自的责任限额内赔偿。

（五）赔偿处理和保险期限

1. 赔偿处理

1）保险人对被保险人或其允许的驾驶人给第三者造成的损害，可以直接向该第三者赔偿。

2）被保险人或其允许的驾驶人给第三者造成损害，对第三者应负的赔偿责任确定的，根据被保险人的请求，保险人应当直接向该第三者赔偿。被保险人怠于请求的，第三者就其应获赔偿部分直接向保险人请求赔偿的，保险人可以直接向该第三者赔偿。

3）被保险人或其允许的驾驶人给第三者造成损害，未向该第三者赔偿的，保险人不得向被保险人赔偿。

4）发生保险事故后，保险人依据条款约定在保险责任范围内承担赔偿责任。赔偿方式由保险人与被保险人协商确定。

因保险事故损坏的第三者财产，修理前被保险人应当会同保险人检验，协商确定维修机构、修理项目、方式和费用。无法协商确定的，双方委托共同认可的有资质的第三方进行评估。

2. 保险期限

除另有约定外，保险期间为 1 年，以保险单载明的起讫时间为准。

（六）交强险和第三者责任险的区别

1）赔偿原则不同。根据《道路交通安全法》的规定，对机动车发生交通事故造成人身伤亡、财产损失的，由保险公司在交强险责任限额范围内予以赔偿。第三者责任险中，保险公司根据投保人或被保险人在交通事故中应负的责任来确定赔偿责任。

2）保障范围不同。除了《交强险条例》规定的个别事项外，交强险的赔偿范围几乎涵盖了所有道路交通责任风险。第三者责任险中，保险公司不同程度地规定有责任免除事项。

3）购买意愿不同。根据《交强险条例》规定，机动车的所有人或管理人都应当投保交强险，同时，保险公司不能拒绝承保、不得拖延承保和不得随意解除合同。第三者责任险由投保人根据需要自愿选择投保。

4）保险基金建立方式不同。全国交强险的保险费收入用来建立统一保险救助基金，银保监会按照交强险业务总体上"不盈利不亏损"的原则审批费率。商业保险由各保险公司自负盈亏。

5）赔款计算方式不同。交强险实行分项责任限额，将受害人的损失按照被保险人有责和无责分成三项，在各分项限额内计算赔款；第三者责任险，对第三者的损失扣除交强险赔款部分，按照被保险人在事故中所承担的责任比例计算赔款。

（七）其他规定

内容与车损险相应内容一致。

（八）新能源汽车第三者责任险与机动车第三者责任险区别

二者保险条款内容除对车辆使用定义不同外，其他内容相同。新能源汽车第三者责任险条款内容对车辆的使用定义中增加了"充电"过程，即新能源汽车在充电过程中由于意外导致第三者人身和财产损失属于其保险责任。新能源汽车的"意外事故"包含"起火燃烧"，机动车第三者责任险的意外事故不包含此内容。

讨论与交流

研讨内容：第三者的界定，被保险人撞了家人，保险公司是否应该承担赔偿责任？

2012年11月27日8时左右，胡某在自家大门口安全驾驶自己的轻型自卸货车，其妻聂某粗心大意，未看好小孙子，大货车从小孙子头部碾轧，导致其现场身亡。经公安局交警队公路交通事故认定书评定，胡某、聂某负该安全事故的同样义务。讨论本案。

分组要求：共分为5个小组，10人/组。

研讨要求：

1. 组长负责把控小组讨论整体进程，记录员负责记录并整理，发表人负责上台展示小组成果：组长、记录员、发表人要求每位组员轮流担任。

2. 每组讨论完毕后列出关键点，说明分析理由，并分组发表。

3. 小组分别发表讨论结果。

操作时间：每组讨论时间为6min，每组发表时间为1min，讲师点评2min。

案情点评提示：保险公司递交了商业保险条款，证实家庭主要成员的死伤不属于"第三者"而拒赔；人民法院案件审理结果：胡某、聂某需承担此次安全事故同样义务。虽孙子小胡系胡某的家人，不属于当时第三者责任保险条款中的"第三者"的界定，但根据车险合同纠纷的解释原则中：按双方签订合同的"意愿解释"原则，保险公司将家人排除在"第三者"之外的目的是：防止致害人与被害人一起制造事故的骗保事件发生。经查实本案不属于故意行为且无骗保意图，应该得到第三者责任险理赔。

针对第三者责任险撞了家人的理赔纠纷太多，为此2020款商业保险中第三者责任险条款去掉了"第三者为除家人以外的车下受伤者"的规定。但针对家庭成员的事故，由于涉及道德风险，保险公司会对事故保持谨慎态度，会针对事故进行严格的审核。

二、机动车车上人员责任保险

机动车车上人员责任保险最初是第三者责任险的附加险种，为满足客户需求后来独立成为机动车商业主险，可以单独投保。《中国保险行业协会机动车商业保险示范条款（2020版）》中机动车车上人员责任保险的主要内容如下。

（一）保险责任

1）保险期间内，被保险人或其允许的驾驶人在使用被保险机动车过程中发生意外事故（新能源汽车含起火燃烧），致使车上人员遭受人身伤亡，且不属于免除保险人责任的范围，依法应当对车上人员承担的损害赔偿责任，保险人依照保险合同的约定负责赔偿。

保险合同中"车上人员"是指发生意外事故的瞬间，在被保险机动车车体内或车体上的人员，包括正在上、下车的人员。

2）保险人依据被保险机动车一方在事故中所负的事故责任比例，承担相应的赔偿责任。

被保险人或被保险机动车一方根据有关法律法规选择自行协商或由公安机关交通管理部门处理事故，但未确定事故责任比例的，按照下列规定确定事故责任比例：

被保险机动车一方负主要事故责任的，事故责任比例为70%。

被保险机动车一方负同等事故责任的，事故责任比例为50%。

被保险机动车一方负次要事故责任的，事故责任比例为30%。

涉及司法或仲裁程序的，以法院或仲裁机构最终生效的法律文书为准。

（二）责任免除

上述保险责任范围内，下列情况下，不论任何原因造成的人身伤亡，保险人均不负责赔偿：

1）事故发生后，被保险人或驾驶人故意破坏、伪造现场，毁灭证据。

2）驾驶人有下列情形之一者：

① 交通肇事逃逸。

② 饮酒、吸食或注射毒品、服用国家管制的精神药品或者麻醉药品。

③ 无驾驶证，驾驶证被依法扣留、暂扣、吊销、注销期间。

④ 驾驶与驾驶证载明的准驾车型不相符合的机动车。

⑤ 非被保险人允许的驾驶人。

3）被保险机动车有下列情形之一者：

① 发生保险事故时，被保险机动车行驶证、号牌被注销的。

② 被扣留、收缴、没收期间。

③ 竞赛、测试期间，在营业性场所维修、维护、改装期间。

④ 全车被盗窃、被抢劫、被抢夺、下落不明期间。

下列原因导致的人身伤亡，保险人不负责赔偿：

1）战争、军事冲突、恐怖活动、暴乱、污染（含放射性污染）、核反应、核辐射。

2）被保险机动车被转让、改装、加装或改变使用性质等，导致被保险机动车危险程度显著增加，且未及时通知保险人，因危险程度显著增加而发生保险事故的。

3）投保人、被保险人或驾驶人故意制造保险事故。

下列人身伤亡、损失和费用，保险人不负责赔偿：

1）被保险人及驾驶人以外的其他车上人员的故意行为造成的自身伤亡。

2）车上人员因疾病、分娩、自残、斗殴、自杀、犯罪行为造成的自身伤亡。

3）罚款、罚金或惩罚性赔款。

4）超出《道路交通事故受伤人员临床诊疗指南》和国家基本医疗保险同类医疗费用标

准的费用部分。

5）律师费，未经保险人事先书面同意的诉讼费、仲裁费。

6）投保人、被保险人或驾驶人知道保险事故发生后，故意或者因重大过失未及时通知，致使保险事故的性质、原因、损失程度等难以确定的，保险人对无法确定的部分，不承担赔偿责任，但保险人通过其他途径已经知道或者应当及时知道保险事故发生的除外。

7）精神损害抚慰金。

8）应当由机动车交强险赔付的损失和费用。

（三）赔偿限额

驾驶人每次事故责任限额和乘员每次事故每人责任限额由投保人和保险人在投保时协商确定。投保乘员座位数按照被保险机动车的核定载客数（驾驶人座位除外）确定。

（四）赔偿处理

1）每次事故车上伤亡人员按我国《道路交通事故处理办法》规定的赔偿范围、项目和标准，以及保险合同的规定计算赔偿，但每人最高赔偿金额不超过保险单载明的每座赔偿限额，最高赔偿人数以投保座位数为限。

2）保险人按照《道路交通事故受伤人员临床诊疗指南》和国家基本医疗保险的同类医疗费用标准核定医疗费用的赔偿金额。

未经保险人书面同意，被保险人自行承诺或支付的赔偿金额，保险人有权重新核定。不属于保险人赔偿范围或超出保险人应赔偿金额的，保险人不承担赔偿责任。

三、第三者责任险的附加险

现行第三者责任险的附加险有附加车上货物责任险、附加精神损害抚慰金责任险、附加法定节假日限额翻倍险、附加医保外医疗费用责任险、附加机动车增值服务特约条款和绝对免赔率特约条款。其中，前4种附加险车主只能在投保了第三者责任险的基础上附加投保，而附加机动车增值服务特约条款和绝对免赔率特约条款，投保了汽车保险的车主都可以选择附加投保。

新能源汽车第三者责任险附加险除增加了"附加自用充电桩责任保险"外，其他险种及其内容和机动车第三者责任险的附加险相同。

（一）附加车上货物责任险

投保了机动车、新能源汽车第三者责任险的营业货车（含挂车），可投保本附加险。

1. 保险责任

保险期间内，发生意外事故致使被保险机动车所载货物遭受直接损毁，依法应由被保险人承担的损害赔偿责任，保险人负责赔偿。

2. 责任免除

1）偷盗、哄抢、自然损耗、本身缺陷、短少、死亡、腐烂、变质、串味、生锈，动物走失、飞失、货物自身起火燃烧或爆炸造成的货物损失。

2）违法、违章载运造成的损失。

3）因包装、紧固不善，装载、遮盖不当导致的任何损失。

4）车上人员携带的私人物品的损失。

5）保险事故导致的货物减值、运输延迟、营业损失及其他各种间接损失。

6）法律、行政法规禁止运输的货物的损失。

3. 责任限额

责任限额由投保人和保险人在投保时协商确定。

4. 赔偿处理

1）被保险人索赔时，应提供运单、起运地货物价格证明等相关单据。保险人在责任限额内按起运地价格计算赔偿。

2）发生保险事故后，保险人依据条款约定在保险责任范围内承担赔偿责任，赔偿方式由保险人与被保险人协商确定。

（二）附加精神损害抚慰金责任险

投保了第三者责任险或机动车车上人员责任保险的机动车，可投保本附加险。在投保人仅投保第三者责任险的基础上附加本附加险时，保险人只负责赔偿第三者的精神损害抚慰金；在投保人仅投保机动车车上人员责任保险的基础上附加本附加险时，保险人只负责赔偿车上人员的精神损害抚慰金。

1. 保险责任

保险期间内，被保险人或其允许的驾驶人在使用被保险机动车的过程中，发生投保的主险约定的保险责任内的事故，造成第三者或车上人员的人身伤亡，受害人据此提出精神损害赔偿请求，保险人依据法院判决及保险合同约定，对应由被保险人或被保险机动车驾驶人支付的精神损害抚慰金，在扣除机动车交强险应当支付的赔款后，在本保险赔偿限额内负责赔偿。

2. 责任免除

1）根据被保险人与他人的合同协议，应由他人承担的精神损害抚慰金。

2）未发生交通事故，仅因第三者或本车人员惊恐而引起的损害。

3）怀孕妇女的流产发生在交通事故发生之日起30天以外的。

3. 赔偿限额

本保险每次事故赔偿限额由保险人和投保人在投保时协商确定。

4. 赔偿处理

本附加险赔偿金额依据生效法律文书或当事人达成且经保险人认可的赔付协议，在保险单所载明的赔偿限额内计算赔偿。

（三）附加法定节假日限额翻倍险

法定节假日包括：中华人民共和国国务院规定的元旦、春节、清明节、劳动节、端午节、中秋节和国庆节放假调休日期，及星期六、星期日，具体以国务院公布的文件为准。

法定节假日不包括：因国务院安排调休形成的工作日；国务院规定的一次性全国假日；地方性假日。

投保了第三者责任险的家庭自用汽车，可投保本附加险。

保险期间内，被保险人或其允许的驾驶人在法定节假日期间使用被保险机动车发生第三者责任险范围内的事故，并经公安部门或保险人查勘确认的，被保险机动车第三者责任险所适用的责任限额在保险单载明的基础上增加1倍。

（四）附加医保外医疗费用责任险

投保了第三者责任险或机动车车上人员责任保险的机动车，可投保本附加险。

1. 保险责任

保险期间内，被保险人或其允许的驾驶人在使用被保险机动车的过程中，发生主险保险事故，对于被保险人依照中华人民共和国法律（不含港澳台地区法律）应对第三者或车上人员承担的医疗费用，保险人对超出《道路交通事故受伤人员临床诊疗指南》和国家基本医疗保险同类医疗费用标准的部分负责赔偿。

2. 责任免除

下列损失、费用，保险人不负责赔偿：

1）在相同保障的其他保险项下可获得赔偿的部分。

2）所诊治伤情与主险保险事故无关联的医疗、医药费用。

3）特需医疗类费用。

特需医疗类费用：指医院的特需医疗部门/中心/病房，包括但不限于特需医疗部、外宾医疗部、VIP部、国际医疗中心、联合医院、联合病房、干部病房、A级病房、家庭病房、套房等不属于社会基本医疗保险范畴的高等级病房产生的费用，以及名医门诊、指定专家团队门诊、特需门诊、国际门诊等产生的费用。

3. 赔偿限额

赔偿限额由投保人和保险人在投保时协商确定，并在保险单中载明。

4. 赔偿处理

被保险人索赔时，应提供由具备医疗机构执业许可的医院或药品经营许可的药店出具的、足以证明各项费用赔偿金额的相关单据。保险人根据被保险人实际承担的责任，在保险单载明的责任限额内计算赔偿。

（五）附加自用充电桩责任保险

投保了新能源汽车第三者责任险的新能源汽车，可投保本附加险。

1. 保险责任

保险期间内，保险单载明地址的，被保险人的符合充电设备技术条件、安装标准的自用充电桩造成第三者人身伤亡或财产损失，依法应由被保险人承担的损害赔偿责任，保险人负责赔偿。

2. 责任免除

因被保险人的故意行为导致。

3. 责任限额

责任限额由投保人和保险人在投保时协商确定。

四、附加机动车增值服务特约条款

为满足投保人的需要，保险公司推出了有关车辆的一些增值性服务，投保人可以在投了机动车或新能源汽车保险后，根据自己的需要选择投保。

本特约条款包括道路救援服务特约条款、车辆安全检测特约条款、代为驾驶服务特约条款、代为送检服务特约条款共4个独立的特约条款，投保人可以选择投保全部特约条款，也可以选择投保其中部分特约条款。保险人依照保险合同的约定，按照承保特约条款分别提供增值服务。

（一）道路救援服务特约条款

1. 服务范围

保险期间内，被保险机动车在使用过程中发生故障而丧失行驶能力时，保险人或其受托人根据被保险人请求，向被保险人提供如下道路救援服务。

1）单程50km以内拖车。

2）送油、送水、送防冻液、搭电。

3）轮胎充气、更换轮胎。

4）车辆脱离困境所需的拖拽、吊车。

2. 责任免除

1）根据所在地法律法规、行政管理部门的规定，无法开展相关服务项目的情形。

2）送油、更换轮胎等服务过程中产生的油料、防冻液、配件、辅料等材料费用。

3）被保险人或驾驶人的故意行为。

3. 责任限额

保险期间内，保险人提供2次免费服务，超出2次的，由投保人和保险人在签订保险合同时协商确定，分为5次、10次、15次、20次4档。

（二）车辆安全检测特约条款

1. 服务范围

保险期间内，为保障车辆安全运行，保险人或其受托人根据被保险人请求，为被保险机动车提供车辆安全检测服务。车辆安全检测项目包括：

1）发动机检测（机油、空滤、燃油、冷却等）。

2）变速器检测。

3）转向系统检测（含车轮定位测试、轮胎动平衡测试）。

4）底盘检测。

5）轮胎检测。

6）汽车玻璃检测。

7）汽车电子系统检测（全车电控电器系统检测）。

8）车内环境检测。

9）动力蓄电池检测。

10）车辆综合安全检测。

2. 责任免除

1）检测中发现的问题部件的更换、维修费用。

2）洗车、打蜡等常规维护费用。

3）车辆运输费用。

3. 责任限额

保险期间内，本特约条款的检测项目及服务次数上限由投保人和保险人在签订保险合同时协商确定。

（三）代为驾驶服务特约条款

1. 服务范围

保险期间内，保险人或其受托人根据被保险人请求，在被保险人或其允许的驾驶人因饮酒、服用药物等原因无法驾驶或存在重大安全驾驶隐患时，提供单程 30km 以内的短途代驾服务。

2. 责任免除

根据所在地法律法规、行政管理部门的要求，无法开展相关服务项目的情形。

3. 责任限额

保险期间内，本特约条款的服务次数上限由投保人和保险人在签订保险合同时协商确定。

（四）代为送检服务特约条款

1. 服务范围

保险期间内，按照《中华人民共和国道路交通安全法实施条例》，被保险机动车需由机动车安全技术检验机构实施安全技术检验时，根据被保险人请求，由保险人或其受托人代替车辆所有人进行车辆送检。

2. 责任免除

1）根据所在地法律法规、行政管理部门的要求，无法开展相关服务项目的情形。

2）车辆检验费用及罚款。

3）维修费用。

任务实施

步骤 1　制订任务实施计划

面对客户的咨询，可根据客户的兴趣和需要介绍保险险种的情况。一般可以介绍的要点，可按照图 7-1 所示流程进行。

步骤 2　介绍保险责任

在介绍险种时，应说明此险种是应对何种风险的，投保人的哪种损失可以在此险种中得到赔偿，这是险种的价值所在。

步骤 3　介绍责任免除

针对客户的情况，说明何种情况是属于此险种保障范围之外的，即保险人不负赔偿责任的情况有哪些，以便让客户明白使用车辆过程中应注意的情况。这是最大诚信原则的要求，也是对客户的负责。投保人、被保险人必须了解此部分内容，避免产生投保误解，或因某些不当行为造成不能享受保障权利。

步骤 4　介绍保险金额

在介绍保险金额时，主要说明险种保险金额的确定方法，或赔偿限额选择。需要说明以各种方法确定保险金额的特点，以便建议投保金额，供被保险人进行选择。

步骤 5　介绍索赔事项

主要说明被保险人索赔时需注意的事项，保险公司能够提供什么服务。主要包括几个方面：发生事故时的处理方法、损失车辆核定的方法、索赔时需要提供的资料、保险人对于被保险人索赔的处理方法及保险人的义务等。

步骤 6　介绍保险费情况

主要说明险种保险费的变动情况，提醒保险人哪些因素可能影响到保险费的变动，根据上一年保险赔偿的情况，在续保时实行保险费浮动。这样能够提高被保险人驾驶车辆时的安全意识。

任务评价

任务评价表见任务工单。

知识点提示

1. 第三者责任险的保险责任

被保险人用车过程中由于意外致使"第三者"遭受人身伤亡或财产直接损毁，依法应当对第三者承担的损害赔偿责任，对于超过交强险各分项赔偿限额的部分负责赔偿。第三者责任险是对交强险有效而必要的补充。

2. 第三者定义

第三者是指因被保险机动车发生意外事故遭受人身伤亡或者财产损失的人，但不包括被保险机动车本车车上人员、被保险人，与交强险中"受害人"定义一致。

3. 机动车车上人员责任保险的保险责任

被保险人或其允许的驾驶人在使用被保险机动车过程中发生意外事故致使车上人员遭受人身伤亡，且不属于免除保险人责任的范围，依法应当对车上人员承担的损害赔偿责任，保险人依照本保险合同的约定负责赔偿。

4. 车上人员界定

车上人员指发生意外事故的瞬间，在被保险机动车车体内或车体上的人员，包括正在上、下车的人员。

5.《中国保险行业协会新能源汽车商业保险示范条款（试行）》与《中国保险行业协会机动车商业保险示范条款（2020版）》区别

前者除了对"车辆使用过程"的定义中加了"充电"期间及对"意外事故的定义"中包含"起火燃烧"外，两者主险条款内容相同。附加险部分，前者多了与充电相关的附加险种："附加外部电网故障损失险""附加自用充电桩损失保险"及"附加自用充电桩责任保险"3个险种；后者多了一个"附加发动机进水损坏除外特约条款"，其他附加险及其条款内容相同。

任务9　介绍代驾责任险

任务目标

知识目标
1. 了解汽车代驾责任险的重要意义。
2. 掌握汽车代驾责任险的承保流程。

能力目标
能运用代驾责任险内容分析代驾车险案例。

素养目标

通过培养理论与实际相结合的能力及创新精神，初步具备车险从业人员的基本职业素养。

学习任务

2020年11月13日，韩某在外应酬时喝醉了酒，为了安全起见，在酒店的帮助下打电话叫了刘某为其开车回家，报酬为100元。刘某在代驾过程中发生车祸，追尾撞上在前方行驶的王某自行车尾部，王某倒地受伤，造成自行车损毁、王某Ⅰ级伤残的后果，王某共花费医药费用等8万余元。经交警部门认定，王某正常骑自行车，无交通违法行为，不负本起事故责任；刘某驾驶小轿车行经肇事路段在未保持安全车速、未注意掌握路面动态、未确保安全畅通的原则下通行，是造成本起事故的根本原因，应负本起事故的全部责任。车主韩某想了解家用轿车在代驾过程中能否得到自己车险的理赔及代驾责任险的保险与索赔事项。

知识准备

一、代驾责任险意义

代驾从业人员责任保险（简称代驾责任险）是根据我国代驾行业风险特点和安全经营的实际需求设计的，保障业务范围不仅限于单一酒后代驾，也包括长途代驾、疲劳代驾、新旧二手车业务代驾、酒店代泊车等，基本能满足大部分代驾业务的保障需求。

代驾责任险顺应"互联网＋"形势，结合线上代驾平台兴起、市场需求扩大的现状，是对代驾公司、驾驶人、车主的保障责任。

目前，代驾企业自保能力参差不齐，启用客户自身交强险与商业险先行赔付也无法全面保障客户权益。特别是发生重大交通事故时，代驾企业自行处理常常耗费大量人力、物力依然不能很好解决。据行业数据统计，代驾过程中发生交通事故的频率最高、损失最大、纠纷最多，市场及行业协会都迫切需要专项代驾责任险。

尽管代驾责任险不是一款强制性保险产品，但它对于增强消费者信心、促进行业发展，尤其对于抗风险能力弱的代驾驾驶人有着十分重要的意义。推出这个特别的保险产品是代驾公司信誉保障的一个很重要的部分。这不只是消费者的需求，更是整个行业发展的需要。

二、代驾责任险内容

（一）承保服务

1. 保险责任

（1）代驾责任险 代驾责任险对代驾服务提供方（代驾驾驶人）在提供代驾服务过程中，因发生意外事故造成第三者的人身伤害或财产损失，依法应向第三者承担的经济赔偿责任，按照保险合同约定进行赔付。具体包括：被代驾车辆的损失、被代驾者人身伤亡、代驾服务提供方应向除被代驾者以外的其他人承担的经济赔偿责任。

（2）赔偿限额

1）全年累计赔偿限额＝每名代驾人员全年累计赔偿限额×代驾公司人数。

2）每名代驾人员全年累计限额：30万元，每次事故20万元。

3）每次事故单次赔偿限额：医疗费用2万元，误工费用2万元。

（3）免赔额　医疗费用：绝对免赔额300元，赔付比例为90%。财产损失：绝对免赔额500元，赔付比例为90%。死亡或残疾：不设置免赔。

（4）保险费　每名代驾人员按每月度50元计算，季度收费150元，年收费500元。

计算方式：季度保险费＝代驾公司当季人员数量×150元/人（附代驾人员名单）

2. 投保手续

代驾责任险投保手续需要的资料：身份证复印件、驾驶证复印件、雇佣关系证明文件、从业资格证或上岗证（标准出台后）、投保单（公众责任险）、投保人员清单。

3. 投保时效

代驾责任险投保时效：代驾公司应在起保前5个工作日将投保资料和保险费交予经纪人。经纪人审核无误后将投保资料和出单指示提交给保险人。保险人根据经纪人提交的完整投保资料并确认保险费已到账后，在3个工作日内完成出单工作。保险单的生效日期以经纪人出具的出单指示为准，如果出现未及时投保的情况，生效日期以保险人收到出单指示及保险费的次日零时起生效。

4. 投保流程

代驾责任险投保流程：

1）代驾公司在投保前将下一季度预计代驾人数及名单以邮件方式传给经纪人，并将对应保险费支付给经纪人指定账户。

2）经纪人审核后以出单指示的形式给保险人出具3个月的保险单，并支付保险费到保险人指定账户。

3）保险人将保险单及发票发给经纪人。

4）保险人制作电子版"保险凭证号码清单"并以邮件方式发送经纪公司。清单中列明每名投保代驾人员的保险凭证号，代驾人员据此凭证号开展代驾业务的风险由保险人承担。

5）每季度末经纪人应根据信息库中代驾人员的信息核实保险单内容并及时反馈给保险人，如出现重大人数变动，应在季度末按照当季度实际人数对保险单进行批改。

5. 投保要求

（1）基本要求

1）单一代驾公司首次投保人数不低于50人（如代驾公司管理代驾人员全部为全职人员，可将条件放宽至25人）。

2）代驾联盟或软件公司首次投保人数不低于300人。

3）代驾人员驾龄大于5年（含），年龄25~55岁（含25、55周岁）。

4）保险责任的终止条件为代驾责任保险单中每名代驾人员的赔偿次数达到3次，或全年累计赔偿限额达到30万元，以先发生者为准。如某名代驾人员上1个保险年度的索赔金额或赔付次数较多，下1个保险年度续保时，保险人有权不予承保或者增加保险费承保。

（2）软件的数据提供　代驾公司及软件公司按保险人要求每天将数据导出并发送给保险人、经纪人。保险人、经纪人对导出数据备份，作为处理赔案及法律纠纷时的依据和基础。软件公司或代驾公司对导出数据承担法律及经济责任。

1）软件数据的发送导出。每天向保险人、经纪人提供其公司管理的投保代驾人员前1天的信息，包括代驾人员姓名、被代驾车辆牌照号、接单时间和结束时间、起始地和目的地。

2）投保代驾人员上个月的总接单数量：每月15日统计代驾人员姓名及对应数量。

（二）理赔服务

1. 代驾人员提供材料清单

1）交通执法部门出具的交通事故认定单或执法部门证明文件（认定责任比例的重要文件）。

2）代驾人员需拍摄事故现场照片，照片包含事故现场4个角的、车辆受损局部的照片，以及代驾人员和被代驾车辆的人车合影。

3）出险、索赔通知单（保险人提供固定格式，代驾公司填写）。

4）损失清单（保险人提供，代驾公司填写）、发票原件。

5）车辆维修清单及维修发票（仅限于事故当地4S店及一类修理厂）。

6）代驾人员及车主的身份证复印件。

7）第三者向代驾人员的索赔函、第三者与被保险人双方签订的赔付协议（赔付协议需经保险人确认后签署，代驾人员不能私自承诺赔偿金额及损失）。

8）代驾人员接单的证明文件（软件导出文件及纸质文件等）。

9）伤人案件：诊断证明、法医鉴定证明、死亡证明及户口注销证明、尸检报告、残疾证明、医疗费用发票明细单。只涉及医疗，诊断证明、医疗费用发票及明细单。

10）误工费：需提供索赔人签字盖章的工资单、考勤记录及完税证明。

11）代驾车辆及第三者车辆的车险保险单复印件（含交强险、商业保险）。

12）单方事故发生，需提供现场照片、代驾公司证明文件及被代驾车辆车主的确认文件。对于不能移动的车辆、轮胎受损的车辆、案件现场情况特殊的案件，必须由交通执法部门开具事故证明。

2. 索赔时效

保险人收到经纪人的"案件统计清单"及完整的索赔材料后，应于规定时间内（一般5个工作日内）进行审核并给出赔付意见，如无异议，应在收到完整的索赔材料规定时间内（一般10个工作日内）结案并提交财务支付赔款。

3. 绿色通道索赔流程

（1）出险通知　发生保险事故后，被保险人或雇员应采取必要、合理的措施，防止或减少损失的进一步发生。如预计损失不超过2000元，被保险人应在获悉保险事故发生后及时以邮件方式通知经纪人，说明事故发生的原因、时间、经过和损失情况，并且对事故现场拍照取证。

（2）案件处理　经纪人在收到被保险人报案后应将案件信息进行登记，并跟踪案件处理进程，出现任何索赔问题时，经纪人应将案件信息及相关问题与保险人进行沟通。

4. 索赔单证的收集、整理和提交

1）代驾公司在获悉保险事故发生后应按照经纪人的指导及时联系当地保险理赔专员，并按照理赔专员的指导处理赔案、准备索赔材料。

2）代驾公司于每月初统计上月发生案件数，并以"案件统计清单"形式将案件信息发给经纪人。

3）代驾公司应按要求整理索赔材料并递交给保险人进行审核。

4）保险人收到经纪人递交的完整索赔材料后，应于5个工作日内进行审核并给出赔付意见，如无异议，应在收到索赔材料10个工作日内进行赔付。

5）保险人赔付后应及时将赔案信息反馈给经纪人，经纪人应按月整理并向行业协会汇报。

5. 赔款计算

按代驾从业人员责任分：

（1）全责　对于每次事故造成的被代驾车辆及第三者的车辆损失、物质损失（不包含可携带物品）、人员伤亡，在代驾责任险每次事故赔偿范围内，以保险公司确认后的金额进行赔付。

（2）部分责任　保险按事故责任对被代驾车辆进行补偿。

计算如下：

赔款金额 =（被代驾车辆和人员实际损失金额 + 第三者车辆和人员实际损失金额）× 事故责任比例

注：代驾责任险的内容主要参考中国人保财险2015年汽车代驾责任险项目全国统保方案。

任务实施

步骤1　了解代驾责任险的重要意义。

认识并分析代驾及代驾责任险重要意义。通过查找相关资料，创设描述代驾的几种案例。

步骤2　制订代驾投保方案

根据代驾的不同情景案例，分析代驾责任险的内容，设计并填写投保单。

步骤3　分析代驾责任险条款

分析不同情况下，代驾的责任。如被代驾车辆的损失、被代驾者人身伤亡、代驾服务提供方人身伤亡等不同情况，分析代驾责任险条款。

任务评价

任务评价表见任务工单。

知识点提示

1. 代驾责任险

代驾责任险对代驾服务提供方（代驾人员）在提供代驾服务过程中，因发生意外事故造成第三者的人身伤害或财产损失，依法应向第三者承担的经济赔偿责任，按照保险合同约定进行赔付。具体包括：被代驾车辆的损失、被代驾者人身伤亡、代驾服务提供方应向除被代驾者以外的其他人承担的经济赔偿责任。

2. 代驾责任险保险费及赔偿限额

代驾责任险保险费及赔偿限额计算见表9-1。

表9-1　代驾责任险保险费及赔偿限额计算

项　目	金　额	计算公式
代驾责任险保险费	每名代驾人员按每月度50元计算，季度收费150元，年收费500元	季度保险费＝代驾公司当季人员数量×150元/人（附代驾人员名单）
代驾责任险赔偿限额	每名代驾人员全年累计限额：30万元，每次事故20万元 每次事故单次赔偿限额：医疗费用2万元、误工费用2万元	全年累计赔偿限额＝每个代驾人员全年累计赔偿限额×代驾公司人数
代驾责任险免赔额	医疗费用：绝对免赔额300元，赔付比例为90% 财产损失：绝对免赔额500元，赔付比例为90% 死亡或残疾：不设置免赔	

3. 投保要求

投保要求见表9-2。

表9-2　投　保　要　求

基本要求	人数要求	单一代驾公司首次投保人数不低于50人
		代驾联盟或软件公司首次投保人数不低于300人
	驾龄要求	代驾人员驾龄大于5年（含），年龄25~55岁（含25、55周岁）
	责任终止	终止条件为代驾责任保险单中每名代驾人员的赔偿次数达到3次，或全年累计赔偿限额达到30万元，以先发生者为准
数据核对	每日资料	每天向保险人、经纪人提供其公司管理的投保代驾人员前1天的信息，包括代驾人员姓名、被代驾车辆牌照号、接单时间和结束时间、始起地和目的地
	每月资料	每月15日统计代驾人员姓名及对应数量

项目2检测卷

一、单选（每题2分，共32分）

1. 由机动车辆本身所面临的风险而产生的险种是（　　）。（易）

　A. 车损险　　　　　　　　　　B. 第三者责任险

　C. 附加险　　　　　　　　　　D. 特约险

2. 由机动车本身风险产生的险种是（　　）。（易）

　A. 车损险　　　　　　　　　　B. 第三者责任险

　C. 附加险　　　　　　　　　　D. 特约险

3. 在车损险中，投保时被保险车辆的实际价值是新车购置价减去折旧后的价格，根据机动车辆保险条款的规定，一般关于折旧的限制是（　　）。（难）

    A. 最高折旧金额不超过投保时新车购置价的30%

    B. 最高折旧金额不超过投保时新车购置价的50%

    C. 最高折旧金额不超过投保时新车购置价的80%

    D. 最高折旧金额不超过投保时新车购置价的100%

4. 2020版《示范条款》规定，车损险的保险金额按（　　）确定。（难）

    A. 新车购置价　　　　　　　　　　B. 实际价值

    C. 保险当事人双方协商　　　　　　D. 出险当时价

5. 《中国保险行业协会机动车商业保险示范条款（2020版)》中的基本险包括（　　）。（易）

    A. 车损险、第三者责任险及机动车车上人员责任保险

    B. 交强险、车损险、第三者责任险和无过失责任险

    C. 第三者责任险、机动车车上人员责任保险及不计免赔率特约条款

    D. 车损险、第三者责任险

6. 承保车辆遭受保险责任范围内的自然灾害或意外事故造成被保险车辆本身的损失的保险称为（　　）。（易）

    A. 第三者责任险　　　　　　　　　B. 车损险

    C. 全车盗抢险　　　　　　　　　　D. 机动车车上人员责任保险

7. 下列哪项原因造成的损失属于车损险的除外责任（　　）。（易）

    A. 碰撞　　　　　B. 火灾　　　　　C. 爆炸　　　　　D. 地震

8. 机动车辆保险承保的风险包括（　　）等。（易）

    A. 敌对行为　　　B. 暴风、暴雨　　C. 罢工、暴动　　D. 地震、地陷

9. 机动车车上人员责任保险和第三者责任险在赔偿时，按被保险人在事故中所负的责任比例进行赔款理算，主责所负的责任比例为（　　）。（中）

    A. 35%　　　　　B. 60%　　　　　C. 70%　　　　　D. 80%

10. 下列属于车损险附加险的是（　　）。（易）

    A. 轮胎单独损失险　　　　　　　　B. 机动车车上人员责任保险

    C. 车上货物责任险　　　　　　　　D. 无过失责任险

11. 下列属于第三者责任险附加险的是（　　）。（易）

    A. 全车盗抢险　　　　　　　　　　B. 车上货物责任险

    C. 玻璃单独破碎险　　　　　　　　D. 自燃损失险

12. 上2020款车损险的车辆被盗，全车损失，在保险金额内计算赔偿，并实行（　　）免赔率。（中）

    A. 5%　　　　　　B. 10%　　　　　C. 15%　　　　　D. 20%

13. 因发生车损险的保险事故致使保险车辆停驶，保险人在保险单载明的保险金额内承担赔偿责任的保险称为（　　）。（易）

    A. 全车盗抢险　　　　　　　　　　B. 机动车车上人员责任保险

    C. 车上货物责任险　　　　　　　　D. 附加修理期间费用补偿险

14. 发生意外事故，造成被保险车辆上人员的人身伤亡，依法应由被保险人承担的经济赔偿责任，保险人负责赔偿的保险称为（　　）。（易）

A. 车损险
B. 机动车车上人员责任保险
C. 车上货物责任险
D. 车辆停驶损失险

15. 我国现行交强险有责车辆财产损失的赔偿限额为（　　）。（中）

A. 100　　　　B. 1600　　　　C. 400　　　　D. 2000

16. 以下关于交强险的说法不正确的是（　　）。（难）

A. 由法律强制购买的保险

B. 对"受害人"的人生和财产损失在有责和无责限额内进行分项计算赔款，无免赔率

C. 交强险中的"受害人"包括本车上的人员

D. 车辆购置后必须购买交强险，并贴上交强险标志才可上路行驶

二、判断（每题 2 分，共 10 分）

1. 为被保险车辆采取施救保护所支付的合理费用，其最高赔偿以不超过保险金额为限。（　　）（中）

2. 保险金额是指保险人承担赔偿或给付赔偿金的最高限额。（　　）（易）

3. 被保险车辆肇事逃逸是所有商业险条款的责任免除。（　　）（易）

4. 本车上其他人员的人身伤亡是第三者责任险的保险责任范围。（　　）（中）

5. 交强险中无责车辆对有责车辆的财产损失部分由有责车辆保险公司代赔。（　　）（中）

三、名词解释（每题 6 分，共 12 分）

1. 交强险中的"受害人"（中）

2. 第三者责任险中的"第三者"（难）

四、简答（每题 7 分，共 35 分）

1. 简述车损险的保险责任。（中）

2. 简述第三者责任险的保险责任。（中）

3. 简述交强险的保险责任。（中）

4. 简述新能源汽车车损险的保险责任。（中）

5. 什么是机动车车上人员责任保险？（中）

五、论述（共 11 分）

论述交强险与第三者责任险的区别。（难）

项目3 计算汽车保险费

项目概述

本项目主要介绍了汽车保险金额、保险限额及免赔率和无赔款优待，介绍汽车交强险的保险费计算及商业险的保险费计算，通过本项目的学习应能进行汽车保险保险费的计算与核算，熟悉汽车保险保险费的计算公式，了解保险费的优待方式，熟悉保险限额等。

任务10　明确车险投保金额

任务目标

知识目标

1. 了解主要车险保险金额和赔偿限额确定的方式。
2. 熟悉影响汽车保险费率因素及各地区费率浮动情况。

能力目标

能根据车辆的投保情况计算保险费。

素养目标

通过了解影响汽车保险费率的因素，认同汽车保险费率改革的必要性，体会保险精算师的工作内容及素质要求，初步将精算师职业素养"内化于心"，为今后从事相关岗位时打下基础。

学习任务

王先生新购一辆28万元的奥迪A4L，作为上、下班代步用车。办完购车手续后，车险专员为其推荐车险并告知保险费约1万元。王先生很疑惑，不知道汽车保险费怎么计算的，与什么因素有关。请为王先生释疑。

知识准备

一、汽车保险金额和赔偿限额

（一）保险金额

汽车保险金额又称投保金额，是车辆发生保险事故后保险人按保险合同计算赔款金额的基础，也是保险人计算保险费的依据。一般车损及其附加险的投保金额称为保险金额。

1. 车损险保险金额

2020 版车险示范条款规定："汽车损失保险的保险金额按投保时车辆的实际价值确定。投保时被保险车辆的实际价值由投保人与保险人根据投保时的新车购置价减去折旧金额后的价格协商确定或其他市场公允价值协商确定。"

机动车和新能源汽车的折旧金额可根据表 10-1 ~ 表 10-4 确定。

表 10-1 机动车参考折旧系数表

车辆种类	月折旧系数			
	家庭自用	非营业	营业	
			出租	其他
9 座以下客车	0.60%	0.60%	1.10%	0.90%
10 座以上客车	0.90%	0.90%	1.10%	0.90%
微型载货汽车	/	0.90%	1.10%	1.10%
带拖挂的载货汽车	/	0.90%	1.10%	1.10%
低速货车和三轮汽车	/	1.10%	1.40%	1.40%
其他车辆	/	0.90%	1.10%	0.90%

表 10-2 新能源汽车参考折旧系数表

车辆种类	月折旧系数			
	家庭自用	非营业	营业	
			出租	其他
9 座以下客车	见下表	见下表	1.10%	0.90%
10 座以上客车	0.90%	0.90%	1.10%	0.90%
微型载货汽车	/	0.90%	1.10%	1.10%
带拖挂的载货汽车	/	0.90%	1.10%	1.10%
低速货车和三轮汽车	/	1.10%	1.40%	1.40%
其他车辆	/	0.90%	1.10%	0.90%

表 10-3 9 座以下客车家庭自用和非营业纯电动汽车折旧系数

新车购置价格区间（万元）	纯电动汽车折旧系数（每月）
0 ~ 10	0.82%
10 ~ 20	0.77%
20 ~ 30	0.72%
30 以上	0.68%

表 10-4 9 座以下客车家庭自用和非营业插电式混合动力与燃料电池新能源汽车折旧系数

新车购置价格区间	插电式混合动力与燃料电池汽车折旧系数/每月
所有价格区间	0.63%

折旧按月计算，不足 1 个月的部分，不计折旧。最高折旧金额不超过投保时被保险车辆新车购置价的 80%。

$$折旧金额 = 新车购置价 \times 被保险车辆已使用月数 \times 月折旧系数$$

凡涉及新车购置价区间分段的陈述都按照"含起点不含终点"的原则来解释。

2. 车损险附加险保险金额

投保人投保车损险的附加险，其各自的保险金额按照不同的标的分别确定。附加车轮单独损失险的保险金额由投保人和保险人在投保时协商确定；附加修理期间费用补偿险的保险金额 = 补偿天数 × 日补偿金额，补偿天数及日补偿金额由投保人与保险人协商确定并在保险合同中载明，保险期间内约定的补偿天数最高不超过 90 天；附加新增加设备损失险的保险金额根据新增加设备的实际价值确定。

（二）赔偿限额

1. 交强险赔偿限额

交强险责任限额是指被保险机动车在保险期间（通常为 1 年）发生交通事故，保险公司对每次保险事故所有受害人的人身伤亡和财产损失所承担的最高赔偿金额。确定赔偿责任限额主要基于以下各方面的考虑：满足交通事故受害人基本保障需要；与国民经济发展水平和消费者支付能力相适应；参照国内其他行业和一些地区赔偿标准的有关规定。

我国交强险责任限额如下：

（1）机动车在道路交通事故中有责任的赔偿限额

死亡伤残赔偿限额：180000 元。

医疗费用赔偿限额：18000 元。

财产损失赔偿限额：2000 元。

（2）机动车在道路交通事故中无责任的赔偿限额

死亡伤残赔偿限额：18000 元。

医疗费用赔偿限额：1800 元。

财产损失赔偿限额：100 元。

1）死亡伤残赔偿限额。这是指被保险机动车发生交通事故，保险人对每次保险事故所有受害人的死亡伤残费用所承担的最高赔偿金额。死亡伤残费用包括丧葬费、死亡补偿费、受害人亲属办理丧葬事宜支出的交通费用、残疾赔偿金、残疾辅助器具费、护理费、康复费、交通费、被抚养人生活费、住宿费、误工费，被保险人依照法院判决或者调解承担的精神损害抚慰金。

2）医疗费用赔偿限额。这是指被保险机动车发生交通事故，保险人对每次保险事故所有受害人的医疗费用所承担的最高赔偿金额。医疗费用包括医药费、诊疗费、住院费、住院伙食补助费，必要的、合理的后续治疗费、整容费、营养费。

3）财产损失赔偿限额 这是指被保险机动车发生交通事故，保险人对每次保险事故所有受害人的财产损失承担的最高赔偿金额。

2. 商业保险赔偿限额

（1）第三者责任险责任限额 第三者责任险的赔偿限额采用的是每次事故最高赔偿限

额的形式，其确定是根据不同车辆种类进行选择：

1）在不同区域内，摩托车、拖拉机的每次事故最高赔偿限额分为 4 个档：2 万元、5 万元、10 万元和 20 万元。

2）其他车辆每次事故的最高赔偿限额分为 14 个档：10 万元、15 万元、20 万元、30 万元、50 万元、100 万元、150 万元、200 万元、300 万元、400 万元、500 万元、600 万元、800 万元和 1000 万元。

3）挂车投保后与主车视为一体。发生保险事故时，挂车引起的赔偿责任视同主车引起的赔偿责任。保险人对挂车赔偿责任与主车赔偿责任所负赔偿金额之和，以主车赔偿限额为限。

（2）机动车车上人员责任保险责任限额　驾驶人每次事故责任限额和乘员每次事故每人责任限额由投保人和保险人在投保时协商确定。投保乘员座位数按照被保险机动车的核定载客数（驾驶人座位除外）确定。

二、免赔率和无赔款优待

（一）免赔率

在汽车保险中，针对机动车辆流动性的特点，为了增强被保险人的责任心，一般都规定有免赔率（额），有的称为自负额，且均实行绝对免赔率，即保险事故发生造成保险责任范围内的损失时，被保险人必须先自己承担保险单中约定的免赔率以内的损失，而超过免赔率以上部分的损失由保险人负责赔偿。

车险综合改革实施前，我国机动车辆保险条款中规定免赔率的标准因险种不同而不同。基本险免赔率的确定标准是被保险车辆驾驶人在事故中所负责任的大小。即主险在符合赔偿规定的金额内实行绝对免赔率：负全部责任的免赔 20%，负主要责任的免赔 15%，同等责任的免赔 10%，负次要责任的免赔 5%。单方肇事事故的绝对免赔率为 20%。

2020 车险费率改革后，《中国保险行业协会机动车商业保险示范条款（2020 版）》的主险的保险责任均含原来的不计免赔特约条款内容，即目前商业车险无免赔率。为了让车主有更多的选择权利，《示范条款》推出了"附加绝对免赔率特约条款"，有"5%、10%、15%、20%"4 个绝对免赔率，供车主选择。主险保险费可按合同规定相应扣减。保险人赔偿时，按条款约定实施相应绝对免赔率。同时保险行业协会推出了"机动车、特种车商业保险示范产品绝对免赔额系数纯风险保险费"（参见表 10-5）。

表 10-5　机动车损失保险可选绝对免赔额系数表

车辆使用年限	免赔额/元	实际价值					
		5 万元以下	（5～10）万元	（10～20）万元	（20～30）万元	（30～50）万元	50 万元以上
1 年以下	300	0.90	0.93	0.95	0.96	0.97	0.98
	500	0.80	0.86	0.91	0.94	0.96	0.96
	10000	0.70	0.77	0.85	0.88	0.91	0.93
	20000	0.57	0.62	0.72	0.79	0.86	0.90

（续）

车辆使用年限	免赔额/元	实际价值					
		5 万元以下	（5~10）万元	（10~20）万元	（20~30）万元	（30~50）万元	50 万元以上
1~2 年	300	0.90	0.93	0.95	0.96	0.97	0.98
	500	0.81	0.87	0.91	0.94	0.96	0.96
	10000	0.70	0.78	0.86	0.89	0.91	0.93
	20000	0.57	0.63	0.74	0.81	0.87	0.90
2~6	300	0.91	0.94	0.96	0.97	0.98	0.99
	500	0.82	0.89	0.94	0.96	0.96	0.97
	10000	0.73	0.83	0.88	0.91	0.93	0.95
	20000	0.58	0.69	0.79	0.87	0.90	0.92
6 年以上	300	0.91	0.95	0.97	0.98	0.99	0.99
	500	0.84	0.91	0.95	0.97	0.97	0.97
	10000	0.74	0.86	0.90	0.92	0.95	0.97
	20000	0.59	0.73	0.83	0.90	0.92	0.94

投保人投保车损险时，可以根据需要选择绝对免赔额。车损险基准纯风险保险费与对应的费率折扣系数相乘，既得选择绝对免赔额后的车损险基准纯风险保险费。计算赔款时按条款约定扣除该绝对免赔额。

（二）无赔款优待

为了鼓励被保险人及其驾驶人严格遵守交通规则，安全行车，避免或减少保险事故，我国汽车保险费实施无赔款优待（NCD）方案。商业车险根据连续投保年限、出险次数、交通违章情况制定 NCD 系数；交强险根据不同地区制定与道路交通事故相联系的浮动比率。

1. 交强险无赔款优待方案

为了缩小各地交强险赔付率之间的差异，在不调整交强险费率的情况下，2020 年 9 月 10 日原中国银保监会发布《关于调整交强险责任限额和费率浮动系数的公告》。公告按区域之间的道路交通事故费率浮动系数（以下称 NCD）进行了差异化调整，原则是在赔付率低的区域，对于未出险客户在 NCD 中给予更大的保险费折扣；在赔付率较高的地区，则不做调整；同时尽量减少相邻地区间价格差异。

根据不同地区划分为 5 个区域，实行 5 种费率浮动方案，具体内容见表 10-6 中的交强险费率浮动系数方案（A—E）。

表 10-6　交强险费率浮动系数方案（A—E）

浮动因素	浮动比率				
	方案 A	方案 B	方案 C	方案 D	方案 E
X_1上 1 个年度未发生有责任道路交通事故	−30%	−25%	−20%	−15%	−10%
X_2上 2 个年度未发生有责任道路交通事故	−40%	−35%	−30%	−25%	−20%
X_3上 3 个及以上年度未发生有责任道路交通事故	−50%	−45%	−40%	−35%	−30%

（续）

浮动因素	浮动比率				
	方案 A	方案 B	方案 C	方案 D	方案 E
X_4 上 1 个年度发生一次有责任不涉及死亡的道路交通事故	0%	0%	0%	0%	0%
X_5 上 1 个年度发生两次及两次以上有责任道路交通事故	10%	10%	10%	10%	10%
X_6 上 1 个年度发生有责任道路交通死亡事故	30%	30%	30%	30%	30%

注：1. 方案 A：内蒙古、海南、青海、西藏 4 个地区。

2. 方案 B：陕西、云南、广西 3 个地区。

3. 方案 C：甘肃、吉林、山西、黑龙江、新疆 5 个地区。

4. 方案 D：北京、天津、河北、宁夏 4 个地区实行费率调整。

5. 方案 E：江苏、浙江、安徽、上海、湖南、湖北、江西、辽宁、河南、福建、重庆、山东、广东、深圳、厦门、四川、贵州、大连、青岛、宁波 20 个地区。

交强险的最终保险费 = 基础保险费 × （1 + 与道路交通事故相联系的浮动比率 X），X 取 A、B、C、D、E 方案其中之一对应的值。

与道路交通事故相联系的浮动比率 X 为 $X_1 \sim X_6$ 其中之一，不累加。同时满足多个浮动因素的，按照向上浮动或者向下浮动比率的高者计算。

2. 商业车险无赔款优待

（1）商业车险 NCD 系数　机动车商业车险无赔款优待优化方案（2020 试行版），根据客户近 3 年投保及出险情况确定无赔款优待等级和系数，共划分为 10 个等级，系数范围为 0.5 ～ 2.0。对于北京、厦门地区连续 5 年没有发生赔款的，无赔款优待系数仍沿用 0.4。无赔款优待等级和系数对照见表 10-7。

表 10-7　无赔款优待等级和系数对照表

等级	−4	−3	−2	−1	0	1	2	3	4	5
系数	0.5	0.6	0.7	0.8	1	1.2	1.4	1.6	1.8	2

（2）无赔款优待等级计算规则　无赔款优待等级计算规则：首年投保，等级为 0；非首年投保，考虑最近 3 年及以上连续投保和出险情况进行计算，计算规则如下：

1）连续 4 年及以上投保且没有发生赔款，等级为 −4。

2）按照最近 3 年连续投保年数计算降级数，每连续投保 1 年降 1 级。按照最近 3 年出险情况计算升级数，每发生 1 次赔款升 1 级。最终等级为升级数减去降级数，最高为 5 级。

（3）费率调整系数的计算　计算公式为

费率调整系数 = 自主定价系数 × 无赔款优待系数（NCD 系数）× 交通违法系数

自主定价系数：原银保监会规定商业车险自主定价系数的浮动范围为 0.65 ～ 1.35，由各保险公司根据自身经营情况自主调整。2022 年 12 月 30 日原中国银保监会发布银保监规〔2022〕23 号文件：《中国银保监会关于进一步扩大商业车险自主定价系数浮动范围等有关事项的通知》，将商业车险自主定价系数浮动范围扩大为 0.5 ～ 1.5 并要求在 2023 年 6 月 1 日前实行。

交通违法系数：交通违法系数只涉及上海、江苏、北京、深圳 4 个地区，系数区间分别为 0.9 ~ 1.1、0.9 ~ 1.5、1 ~ 1.45、1 ~ 1.3。

任务实施

步骤 1 拟订任务实施计划

面对客户的咨询，可根据客户的兴趣和需要介绍保险险种的情况。

步骤 2 介绍保险金额

介绍保险金额的定义：保险金额又称投保金额，是车辆发生保险事故后保险人按保险合同计算赔款金额的基础，也是保险人计算保险费的依据。介绍确定保险金额的选择方式。

步骤 3 介绍赔偿限额

介绍交强险责任限额（是指被保险机动车在保险期间发生交通事故，保险公司对每次保险事故所有受害人的人身伤亡和财产损失所承担的最高赔偿金额）；介绍商业险的责任限额。

步骤 4 介绍免赔率

介绍：免赔率是指保险公司确定一个固定的百分比的免赔数额，也就是免赔的赔款是与损失成正比的，损失越大，免赔越大。一般都规定有免赔率（额），有的称为自负额，是为了增强客户的责任心。

步骤 5 介绍无赔款优待

介绍：无赔款优待是指被保险车辆在上 1 年保险期限内未发生赔款，在下 1 年续保时可以享受减收保险费的优惠待遇。提醒客户减少交通事故。

任务评价

任务评价表见任务工单。

知识点提示

1. 汽车保险金额

汽车保险金额又称投保金额，是车辆发生保险事故后保险人按保险合同计算赔款金额的基础，也是保险人计算保险费的依据。目前保险金额按照车辆实际价值确定，车辆实际价值 = 新车购置价 × (1 - 被保险车辆已使用月数 × 月折旧系数)。

2. 赔偿限额

交强险责任限额是指被保险机动车在保险期间（通常为 1 年）发生交通事故，保险公司对每次保险事故所有受害人的人身伤亡和财产损失所承担的最高赔偿金额。

3. 免赔率

免赔就是保险事故发生后，客户向保险公司索赔，保险公司经过审核，确定一个合理的损失金额，这个损失金额的一部分是保险公司不予以赔偿的费用，也就是客户自行承担的费用。这部分费用就是免赔。免赔率就是指保险公司确定一个固定的百分比的免赔数额，也就是免赔的赔款是与损失成正比的，损失越大，免赔越大。如免赔率为 20%，若损失为 200 元，则免赔部分为 200 元 × 20% = 40 元，即保险公司只赔付 200 元 - 40 元 = 160 元。

4. 无赔款优待

无赔款优待是指根据被保险车辆的理赔情况，在下一年续保时可以享受减收保险费的优惠或增加保险费的处罚情况。

任务11　计算车辆保险费

任务目标

知识目标

1. 掌握汽车保险费率的确定原则及影响因素。
2. 掌握汽车主要险种保险费的计算方法。

能力目标

1. 能理解影响汽车保险费率因素。
2. 能根据保险费率表计算各主要车险的保险费。

素养目标

通过了解影响汽车保险费率的因素，认同汽车保险费率改革的必要性，体会保险精算师的工作内容及素质要求，体会车险承保员的工作内容及职业要求，初步具备车险承保员的基本职业素质。

学习任务

王先生购买一辆雪佛兰1.6L，主要用作上、班的代步车，有时节假日全家一起就近自驾游，王先生老家在附近县城，有时周六、周日要回老家探望父母，想计算一下不同投保方案的保险费用。

知识准备

一、汽车保险费率的原则

保险费率是依照保险金额计算保险费的比例，通常以千分率（‰）来表示。保险金额又简称保额，是保险合同双方当事人约定的保险人于保险事故发生后应赔偿（给付）保险金的限额。它是保险人据以计算保险费的基础。保险费简称保费，是投保人参加保险时所交付给保险人的费用。

根据保险价格理论，厘定保险费率的科学方法是依据不同保险对象的客观环境和主观条件形成的危险度，采用非寿险精算的方法进行确定。但是，非寿险精算是一个纯技术的范畴，在实际经营过程中，非寿险精算仅仅是提供一个确定费率的基本依据和方法，而保险人确定费率应当遵循一些基本的原则。

（一）公平合理

公平合理原则的核心是确保实现每一个被保险人的保险费负担基本上是依据或者反映了保险标的的危险程度。这种公平合理的原则应在两个层面加以体现：

（1）在保险人和被保险人之间　在保险人和被保险人之间体现公平合理的原则，是指保险人的总体收费应当符合保险价格确定的基本原理，尤其是在附加费率部分，不应让被保险人负担保险人不合理的经营成本和利润。

（2）在不同的被保险人之间　在被保险人之间体现公平合理是指不同被保险人的保险标的的危险程度可能存在较大的差异，保险人对不同的被保险人收取的保险费应当反映这种差异。

由于保险商品存在一定的特殊性，要实现绝对的公平合理是不可能的，所以，公平合理只能是相对的，只是要求保险人在确定费率的过程中注意体现一种公平合理的倾向，力求实现费率确定得相对公平合理。

（二）保证偿付

保证偿付原则的核心是确保保险人具有充分的偿付能力。保险费是保险标的的损失偿付的基本资金，所以，厘定的保险费率应保证保险公司具有相应的偿付能力，这是保险的基本职能决定的。保险费率过低，势必削弱保险公司的偿付能力，从而影响对被保险人的实际保障。

在市场经济条件下，经常出现一些保险公司在市场竞争中为了争取市场份额，盲目地降低保险费率，结果严重影响了其自身的偿付能力，损害了被保险人的利益，甚至对整个保险业和社会产生巨大的负面影响。为了防止这种现象的发生，各国对于保险费率的厘定，大都实行由同业公会制定统一费率的方式，有的国家在一定的历史时期甚至采用由国家保险监督管理部门颁布统一费率，并要求强制执行的方式。

保证偿付能力是保险费率确定原则的关键，原因是保险公司是否具有足够的偿付能力，不仅仅影响到保险业的经营秩序和稳定，同时，可能对广大的被保险人乃至整个社会产生直接的影响。

（三）相对稳定

相对稳定原则是指保险费率厘定之后，应当在相当长的一段时间内保持稳定，不能轻易地变动。由于汽车保险业务存在保险费总量大，单量多的特点，经常的费率变动势必增加保险公司的业务工作量，导致经营成本上升，同时会给被保险人需要不断适应新的费率带来不便。

要实现保险费率确定相对稳定的原则，在确定保险费率时就应充分考虑各种可能影响费率的因素，建立科学的费率体系，更重要的是应对未来的趋势做出科学的预测，确保费率的适度超前，从而实现费率的相对稳定。

要求费率的确定具有一定的稳定性是相对的，一旦经营的外部环境发生了较大的变化，保险费率就必须进行相应的调整，以符合公平合理的原则。

（四）促进防损

防灾防损是保险的一个重要职能，其内涵是保险公司在经营过程中应协调某一风险群体的利益，积极推动和参与针对这一风险群体的预防灾害和损失活动，减少或者避免不必要的灾害事故的发生。这样不仅可以减少保险公司的赔付金额和减少被保险人的损失，更重要的是可以保障社会财富，稳定企业的经营，安定人民的生活，促进社会经济的发展。为此，保险人在厘定保险费率的过程中应将防灾防损的费用列入成本，并将这部分费用用于防灾防损工作。在汽车保险业务中防灾防损职能显得尤为重要。一方面保险公司将积极参与汽车制造商对于汽车安全性能的改进工作，如每年均有一些大的保险公司均资助汽车制造商进行汽车安全性能的碰撞试验。另一方面保险公司对被保险人的加强安全出行、进行防灾防损的工作也会予以一定的支持，目的是调动被保险人主动加强风险管理和防灾防损工作的积极性。

二、影响汽车保险费率的因素

汽车保险实行基本保险费和以保险费率计算保险费两个部分。确定汽车基本保险费及其费率时，一般要考虑以下因素：

（一）车辆的用途

车辆的用途不同，所面临的风险也不相同。各国保险人在确定机动车辆的保险费率时，首要考虑的因素就是车辆的用途。我国根据车辆的用途将车辆分为营业车辆和非营业车辆，一般营业车辆适用的费率比非营业车辆高，如果兼有两类使用性质的车辆，按高档费率计费。

（二）汽车的种类

由于各国汽车业发展的程度以及制造技术的不同，使得不同的车辆，其性能、功率及其安全系数等各不相同，风险的大小各异。保险人在确定保险费率时需要考虑这一重要因素。我国基本险费率表中包括15个车种档次和A、B两个类别。15个车种档次分别是：6座以下客车Ⅰ类（即具有国家有关部门核发的营运证的出租汽车）；6座以下客车Ⅱ类（除Ⅰ类外的具有营业性的其他车辆）；6座及20座以下客车；20座及20座以上客车Ⅰ类；20座及20座以上客车Ⅱ类；油罐车、气罐车、液罐车、冷藏车；10t及10t以上货车；2～10t货车；2t以下货车、农用车；起重车、装卸车、工程车、监测车、邮电车、消防车、清洁车、医疗车、救护车；挂车；排气量在50CC及以下的摩托车；排气量在50CC以上的摩托车；功率在14.7kW及以下的拖拉机；功率在14.7kW以上的拖拉机。

一般A类车辆属于进口车辆，B类车辆属于国产车辆，A类车辆适用的保险费率高于B类车辆。具体划分如下：

1）A类车辆是指整车进口的一切机动车辆；主要零配件由国外进口，国内组装的套牌车辆；合资企业生产的16座以上（含16座）的客车；外资、合资企业生产的摩托车；下列车辆品牌和车型：北京切诺基V6、广州本田、上海别克、上海帕萨特、湖北雷诺、长春奥迪系列、天津丰田；其他合资企业生产的国产化率低于70%的机动车辆。

2）B类车辆是指除A类车辆以外的机动车辆。

3）对于难以明确A类、B类车辆时，由当地保险同业机构提出划分意见，报当地省级保险监督管理办公室审定。

（三）其他因素

确定汽车保险费及其费率时，除了以上必须考虑的因素外，还应当综合考虑车辆主要行驶的区域、车龄，被保险人的年龄，性别、职业、嗜好、驾驶记录和婚姻状况等因素。

各国保险人在考虑以上因素时，侧重点各不相同。总的来看，考虑的因素越多、越全面，制定出的保险费率就越科学、合理，要做到这一点，必须掌握相当的技术。

三、汽车保险费率模式

（一）汽车保险费率

在市场经济条件下，价值价格规律的核心是使价格真实地反映价值，从而体现在交易过程中公平和对价的原则。但是，如何才能够实现这一目标，从被动的角度出发，可以通过市场适度和有序竞争实现这一目标，但这往往需要付出一定的代价。从主动和积极的角度出发，保险人希望能够在市场上生存和发展，就必须探索出确定价格的科学和合理的模式。

在汽车保险中，保险人同样希望保险费设计得精确、合理。在不断的统计和分析研究中，人们发现影响汽车保险索赔频率和索赔幅度的危险因子很多，而且影响的程度各不相同。每一辆汽车的风险程度是由其自身风险因子综合影响的结果，所以，科学的方法是通过全面综合地考虑这些风险因子后确定费率。通常保险人在经营汽车保险的过程中将风险因子分为两类：

1）与汽车相关的风险因子，主要包括汽车的种类、使用的情况和行驶的区域等。

2）与驾驶人相关的风险因子，主要包括驾驶人的性格、年龄、婚姻状况、职业等。

由此各国汽车保险的费率模式基本上可以划分为两大类，即从车费率模式和从人费率模式。从车费率模式是以被保险车辆的风险因子为主作为确定保险费率主要因素的费率确定模式。从人费率模式是以驾驶被保险车辆人员的风险因子为主作为确定保险费率主要因素的费率确定模式。

（二）从车费率模式

从车费率模式是指在确定保险费率的过程中主要以被保险车辆的风险因子作为影响费率确定因素的模式。目前，我国采用的汽车保险的费率模式就属于从车费率模式，影响费率的主要因素是被保险车辆有关的风险因子。

现行的汽车保险费率体系中影响费率的主要变量为车辆的使用性质、车辆生产地和车辆的种类：

1）根据车辆的使用性质划分：营业性车辆与非营业性车辆。

2）根据车辆的生产地划分：进口车辆与国产车辆。

3）根据车辆的种类划分：车辆种类与吨位。

除了上述3个主要的从车因素外，现行的汽车保险费率还将车辆行驶的区域作为汽车保险的风险因子，即按照车辆使用的不同地区，适用不同的费率，如在深圳和大连采用专门的费率。

从车费率模式的缺陷是显而易见的，因为在汽车的使用过程中对于风险的影响起到决定因素的是与车辆驾驶人有关的风险因子。尤其是将汽车保险特有的无赔偿优待与车辆联系，而不是与驾驶人联系，显然不利于调动驾驶人的主观能动性，其本身也与设立无赔偿优待制度的初衷相违背。

（三）从人费率模式

从人费率模式是指在确定保险费率的过程中主要以被保险车辆驾驶人的风险因子作为影响费率确定因素的模式。目前，大多数国家采用的汽车保险的费率模式均属于从人费率模式，影响费率的主要因素是与被保险车辆驾驶人有关的风险因子。

各国采用的从人费率模式考虑的风险因子也不尽相同，主要有驾驶人的年龄、性别、驾驶年限和安全行驶记录等。

1）根据驾驶人的年龄划分。通常将驾驶人按年龄划分为3组，第1组是初学驾驶，性格不稳定，缺乏责任感的年轻人；第2组是具有一定驾驶经验，生理和心理条件均较为成熟，有家庭和社会责任感的中年人；第 3 组是与第 2 组情况基本相同，但年龄较大，反应较为迟钝的老年人。通常认为第 1 组驾驶人为高风险人群，第 3 组驾驶人为次高风险人群，第 2 组驾驶人为低风险人群。至于 3 组人群的年龄段划分，是根据各国的不同情况确定的。

2）根据驾驶人的性格划分。研究表明女性群体的驾驶倾向较为谨慎，为此，相对于男性她们为低风险人群。

3）根据驾驶人的驾龄划分。驾龄的长短可以从一个侧面反映驾驶人员的驾驶经验，通常认为从初次领证后的 1 ~ 3 年为事故多发期。

4）根据安全记录划分。安全记录可以反映驾驶人的驾驶心理素质和对待风险的态度，经常发生交通事故的驾驶人可能存在某一方面的缺陷。

从以上对比和分析可以看出从人费率相对于从车费率具有更科学和合理的特征，所以，我国正在积极探索，逐步将从车费率的模式过渡到从人费率的模式。

四、交强险保险费计算

1. 1 年期基础保险费的计算

投保 1 年期机动车交通事故责任强制保险的，根据《机动车交通事故责任强制保险基础费率表》中相对应的金额确定基础保险费，见表 11-1。

表 11-1 机动车交通事故责任强制保险基础费率表（2020 版）

车辆大类	序号	车辆明细分类	保险费/元
一、家庭自用车	1	家庭自用汽车 6 座以下	950
	2	家庭自用汽车 6 座及以上	1100
二、非营业客车	3	企业非营业汽车 6 座以下	1000
	4	企业非营业汽车 6 ~ 10 座	1130
	5	企业非营业汽车 10 ~ 20 座	1220
	6	企业非营业汽车 20 座以上	1270
	7	机关非营业汽车 6 座以下	950
	8	机关非营业汽车 6 ~ 10 座	1070
	9	机关非营业汽车 10 ~ 20 座	1140
	10	机关非营业汽车 20 座以上	1320
三、营业客车	11	营业出租租赁 6 座以下	1800
	12	营业出租租赁 6 ~ 10 座	2360
	13	营业出租租赁 10 ~ 20 座	2400
	14	营业出租租赁 20 ~ 36 座	2560
	15	营业出租租赁 36 座以上	3530
	16	营业城市公交 6 ~ 10 座	2250
	17	营业城市公交 10 ~ 20 座	2520
	18	营业城市公交 20 ~ 36 座	3020
	19	营业城市公交 36 座以上	3140

（续）

车辆大类	序号	车辆明细分类	保险费/元
三、营业客车	20	营业公路客运6～10座	2350
	21	营业公路客运10～20座	2620
	22	营业公路客运20～36座	3420
	23	营业公路客运36座以上	4690
四、非营业货车	24	非营业货车2t以下	1200
	25	非营业货车2～5t	1470
	26	非营业货车5～10t	1650
	27	非营业货车10t以上	2220
五、营业货车	28	营业货车2t以下	1850
	29	营业货车2～5t	3070
	30	营业货车5～10t	3450
	31	营业货车10t以上	4480
六、特种车	32	特种车一	3710
	33	特种车二	2430
	34	特种车三	1080
	35	特种车四	3980

注：1. 座位和吨位的分类都按照"含起点不含终点"的原则来解释。
   2. 特种车一：油罐车、汽罐车、液罐车；特种车二：专用净水车、特种车一以外的罐式货车，以及用于清障、清扫、清洁、起重、装卸、升降、搅拌、挖掘、推土、冷藏、保温等的各种专用机动车；特种车三：装有固定专用仪器设备从事专业工作的监测、消防、运钞、医疗、电视转播等的各种专用机动车；特种车四：集装箱拖头。
   3. 挂车根据实际的使用性质并按照对应吨位货车的30%计算。
   4. 低速载货汽车参照运输型拖拉机14.7kW以上的费率执行。

2. 短期基础保险费的计算

投保保险期间不足1年的机动车交通事故责任强制保险的，按短期费率系数计收保险费，不足1个月按1个月计算。具体为：先按机动车交通事故责任强制保险基础费率表中相对应的金额确定基础保险费，再根据投保期限选择相对应的短期月费率系数，两者相乘即为短期基础保险费。费率系数见表11-2。

表11-2 短期月费率系数表

保险期间/月	1	2	3	4	5	6	7	8	9	10	11	12
短期月费率系数（%）	10	20	30	40	50	60	70	80	85	90	95	100

短期基础保险费＝年基础保险费×短期月费率系数

3. 交强险费率的浮动比率

交强险基础费率浮动因素和浮动比率按照《中国银保监会关于调整交强险费率浮动系数的公告》（银保监发［2020］第2号）执行（详见任务10）。

4. 交强险保险费的计算办法

交强险最终保险费＝交强险基础保险费×（1＋与道路交通事故相联系的浮动比率X），X取A、B、C、D、E方案其中之一对应的值（详见任务10）。

5. 解除保险合同保险费的计算办法

根据《交强险条例》规定解除保险合同时，保险人应按如下标准计算并退还投保人保险费。

1）投保人已交纳保险费，但保险责任尚未开始的，全额退还保险费。

2）投保人已交纳保险费，但保险责任已开始的，退回未到期责任部分保险费的计算，按下列公式进行计算

$$退还保险费 = 保险费 \times (1 - 已了责任天数/保险期间天数)$$

五、商业车险保险费的计算

商业车险保险费计算公式：商业车险保险费 = 基准保险费 × 费率调整系数

$$基准保险费 = 基准纯风险保险费/目标赔付率$$

$$目标赔付率 = 1 - 附加费用率$$

基准纯风险保险费是构成保险费的组成部分，根据保险标的的损失概率与损失程度确定。基准纯风险保险费 = 基础纯风险保险费 + 保险金额 × 纯风险费率。车险费率在改革以前的机动车商业车险费率表给出的是基础纯风险保险费及费率；改革后，商业车险的基准纯风险保险费由中国精算师协会统一制定、颁布并定期更新。由费率表查得的是机动车商业车险基准纯险风险保险费，再根据保险费计算公式得出保险费。

附加费用率由保险公司根据电话、网络、门店等不同的销售渠道，拟订不同的附加费用率水平，原则上预定附加费用率不得超过35%。

费率调整系数 = 自主定价系数 × 无赔款优待系数（NCD系数）× 交通违法系数（详见任务10无赔款优待内容）

费率调整系数适用于机动车商业保险、特种车商业保险、机动车单程提车保险，不适用于摩托车和拖拉机商业保险。

1. 车损险保险费计算

中国精算师协会发布的《机动车商业保险示范产品基准纯风险保费表（2020版）》，车损险基准纯风险保险费的确定如下。

1）当投保时被保险机动车的实际价值等于新车购置价减去折旧金额时，根据被保险机动车车辆使用性质、车辆种类、车型名称、车型编码、车辆使用年限所属档次直接查询基准纯风险保险费。下面以表11-3为例说明机动车损失保险基准纯风险保险费的查询方法。

表11-3　机动车损失保险基准纯风险保险费表（山东地区部分示例）　（单位：元）

车辆使用性质	车型名称	车型编码	车损险基准纯风险保险费										
			车辆使用年限										
			1年以下	1~2年	2~3年	3~4年	4~5年	5~6年	6~7年	7~8年	8~9年	9~10年	10年以上
家庭自用	北京现代BH7141MY舒适型	BBJKROUC0001	934	823	822	855	877	878	854	839	816	802	740
	五菱LZW6376NF	BSQDZHUA0114	438	386	385	400	411	411	400	393	383	376	347
	金杯SY6543US3BH	BJBDRDUA0237	934	823	822	855	877	878	854	839	816	802	740

【例11-1】　山东地区一辆车龄为4年的"北京现代BH7141MY舒适型"投保了车损险，根据山东地区基准纯风险保险费表查询该车对应的车损险基准纯风险保险费为877元。

2）当投保时被保险机动车的实际价值不等于新车购置价减去折旧金额时，考虑实际价值差异的车损险基准纯风险保险费按下列公式计算：

考虑实际价值差异的车损险基准纯风险保险费 = 直接查找的车损险基准纯风险保险费 + （协商确定的机动车实际价值 - 新车购置价减去折旧金额后的机动车实际价值）×0.09%

【例11-2】　山东地区一辆车龄为4年的"北京现代BH7141MY舒适型"投保了车损险，该车使用4年后新车购置价减去折旧金额后的机动车实际价值为4.9万元，如果客户要求约定实际价值为6万元，则该车考虑实际价值差异的基准纯风险保险费计算步骤如下：

① 根据表11-3示例，查表得到该车的机动车损失保险基准纯风险保险费为877元。

② 该车考虑实际价值差异的机动车损失保险基准纯风险保险费 = 877元 + （60000 - 49000）×0.09%元 = 886.9元。

该车实际价值为4.9万元，按6万元价值投保的基准纯风险保险费为886.9元。

3）车损险保险费计算。车损险保险费计算公式为

$$车损险保险费 = \frac{车损险基准纯风险保险费}{（1 - 附加费用率）} × 费率调整系数$$

📝**案例：**

山东地区车龄为4年的"北京现代BH7141MY舒适型"家用轿车投保了车损险，该车连续投保且一直未发生事故，所投的保险公司的预定附加费用率为15%。

查《机动车商业保险示范产品基准纯风险保费表（2020版）》得车损险基准纯风险保险费为877元，由基准保险费 = 基准纯风险保险费/（1 - 附加费用率）计算得：车损险基准保险费 = 877元/（1 - 15%）= 1031.8元。费率调整系数查《机动车商业车险无赔款优待优化方案（2020试行版）》无赔款优待等级系数对照表，得NCD系数为0.5，若自主定价系数为0.6，则费率调整系数 = 0.5×0.6 = 0.3（详见任务10风险免赔率与无赔款优待内容），车损险保险费 = 1031.8元×0.3 = 309.5元。

挂车保险费按同吨位货车对应档次保险费的50%计收。

❖ 非营业车辆损失险基准纯风险保险费表见表11-4。

表11-4　非营业车辆损失险基准纯风险保险费表（山东地区，部分内容）

（单位：元）

车辆使用性质	车型名称	车型编码	车辆使用年限										
			1年以下	1~2年	2~3年	3~4年	4~5年	5~6年	6~7年	7~8年	8~9年	9~10年	10年以上
企业非营业客车	捷达FV7160FG新伙伴	BYQKJEUA0026	775	804	782	784	754	696	647	618	561	525	412
	江铃全顺JX6466DF-M	BFTFQUUA0100	878	910	885	888	853	788	732	700	635	594	466

（续）

车辆使用性质	车型名称	车型编码	车辆使用年限										
			1年以下	1~2年	2~3年	3~4年	4~5年	5~6年	6~7年	7~8年	8~9年	9~10年	10年以上
党政机关、事业团体非营业客车	桑塔纳SVW7180CEi基本型	BSHCSUUA0023	443	459	446	448	430	398	369	353	320	300	235
	别克SGM6529ATA舒适版	BTYPBLUC0024	443	459	446	448	430	398	369	353	320	300	235
非营业货车	江铃JX1020TS3	BJLOBEUA0087	725	765	748	729	715	672	621	533	495	421	334
	江淮HFC1091KST	BJHAWMUA0119	945	997	975	950	932	876	810	694	645	549	436
非营业挂车	鹜通 LAT9403	BATDBHUA0054	282	369	395	339	362	310	252	201	152	189	130
	红旗 JHK9390	BHQABHUA0061	249	327	349	300	320	274	223	178	135	167	115

❖ 营业车辆损失险的基准纯风险保险费表见表11-5。

表11-5　营业车辆损失险基准纯风险保险费表（山东地区，部分内容）

（单位：元）

车辆使用性质	车型名称	车型编码	车辆使用年限										
			1年以下	1~2年	2~3年	3~4年	4~5年	5~6年	6~7年	7~8年	8~9年	9~10年	10年以上
出租、租赁营业客车	捷达FV7160FG新伙伴	BYQKJEUA0026	958	1,049	1,040	1,114	1,148	1,126	1,051	1,204	1,204	1,204	1,204
	大众汽车SVW71612AH	BSHCSUUC0053	1,247	1,365	1,354	1,450	1,495	1,466	1,368	1,567	1,567	1,567	1,567
城市公交营业客车	东风DFA6720T3G基本	BDFBQNUA0024	181	198	196	210	217	212	198	227	227	227	227
	宇通ZK6888HC9基本	BYTJGUUA0087	364	399	396	424	437	428	400	458	458	458	458
公路客运营业客车	中通LCK6601D3H	BZTILOUA0011	800	876	869	930	959	941	878	1,005	1,005	1,005	1,005
	中通LCK6858H	BZTIBNUA0052	1,241	1,359	1,348	1,443	1,488	1,460	1,361	1,560	1,560	1,560	1,560
营业挂车	骏强JQ9100	BJQCBHUA0060	654	858	916	788	841	720	586	466	354	438	301
	扬天CXQ9402TDP	BYTEBHUA0288	1,366	1,791	1,913	1,645	1,756	1,503	1,224	974	739	915	629

2. 第三者责任险的保险费计算

1）根据被保险机动车车辆使用性质、车辆种类、责任限额直接查询表得第三者责任险的基准纯风险保险费。表11-6为家庭自用车第三者责任险基准纯风险保险费表。

$$第三者责任险保险费 = \frac{第三者责任险基准纯风险保险费}{（1-附加费用率）} × 费率调整系数$$

表11-6　家庭自用车第三者责任险基准纯风险保险费表（北京地区，部分内容）

（单位：元）

座位数	第三者责任险责任限额									
	10万	15万	20万	30万	50万	100万	150万	200万	…	1000万
6座以下	459.86	498.72	544.95	589.42	674.74	824.45	920.78	1006.64	…	2243.03
6~10座	544.09	590.07	644.77	697.38	798.34	975.46	1089.45	1191.03	…	2653.83
10座以上	544.09	590.07	644.77	697.38	798.34	975.46	1089.45	1191.03	…	2653.83

2）挂车根据实际的使用性质并按照对应吨位货车的30%计算。

3）如果责任限额为200万元以上且未在表11-6中列示，则基准纯风险保险费 $= (N-4) × (A-B) × (1-N×0.005) + A$，式中 A 指同档次限额为200万元时的基准纯风险保险费，B 指同档次限额为150万元时的基准纯风险保险费；$N=$ 限额/50万元，限额必须是50万元的整数倍。

📝**案例：**

假定某5座家用轿车，责任限额选择为50万元。在保险费表上直接查得对应的第三者责任险基准纯风险保险费为674.71元。

3. 机动车车上人员责任保险保险费计算

1）根据车辆使用性质、车辆种类、驾驶人/乘员查询纯风险费率。表11-7为家庭自用车车上人员责任险基准纯风险费率表。

表11-7　家庭自用车车上人员责任险基准纯风险费率表（北京地区）

座位	6座以下	6~10座	10座以上
驾驶人	0.2122%	0.2018%	0.2018%
乘员	0.1346%	0.1294%	0.1294%

2）计算公式如下：

$$驾驶人基准纯风险保险费 = 每次事故责任限额 × 纯风险费率$$

$$乘客基准纯风险保险费 = 每次事故每人责任限额 × 纯风险费率 × 投保乘员座位数$$

$$车上人员责任险基准纯风险保险费 = 每座基准纯风险保险费之和$$

$$车上人员责任保险费 = \frac{车上人员责任险基准纯风险保险费}{（1-附加费用率）} × 费率调整系数$$

📝**案例：**

某5座家用轿车，投保了驾驶人座和所有乘员座，且每座责任限额选择为10万元。在费率表上直接查得：驾驶座位基准纯风险费率为0.2122%，乘员座基准纯风险费率为0.1346%，则驾驶座保险费 $=100000$ 元 $×0.2122\%=212.2$ 元；乘员座保险费 $=100000$ 元 $×0.1346\% × 4 = 538.4$ 元，则车上人员责任险基准纯风险保险费总计为212.2元 $+538.4$ 元 $=750.6$ 元。

4. 附加险保险费计算

$$附加险的保险费 = \frac{附加险基准纯风险保险费}{(1-附加费用率)} \times 费率调整系数$$

附加险基准纯风险保险费及技术方法如下：

（1）绝对免赔率特约条款保险费　根据绝对免赔率查询附加比例（表11-8），计算公式为

$$基准纯风险保险费 = 机动车主险基准纯风险保险费 \times 附加比例$$

表11-8　机动车商业保险示范产品基准纯风险保险费表（2020版）——附加险

险别	保险费计算							
绝对免赔率特约条款	绝对免赔率				附加比例			
	5%				−5%			
	10%				−10%			
	15%				−15%			
	20%				−20%			
新增加设备损失险	车辆使用性质				费率计算公式			
	家庭自用汽车				保险金额×车损险基准纯风险保险费/车损险保险金额/1.132			
	非家庭自用汽车				保险金额×车损险基准纯风险保险费/车损险保险金额/1.148			
修理期间费用补偿险	约定的最高赔偿天数×约定的最高日责任限额×6.50%							
发动机进水损坏除外特约条款	地区	家用车	企业车	机关车	出租租赁	城市公交	公路客运	非营业货车	营业货车
	沿海地区	−1.4884%	−2.2433%	−1.7219%	−1.5930%	−0.3143%	−0.2967%	−0.4570%	−0.4643%
	非沿海地区	−0.8070%	−1.2206%	−0.9346%	−0.8641%	−0.3143%	−0.2967%	−0.4570%	−0.4643%
	费率计算公式：基准纯风险保险费 = 机动车损失保险基准纯风险保险费×附加比例							
车上货物责任险	车辆使用性质				费率计算公式			
	营业货车（含挂车）				责任限额×2.1294%			
精神损害抚慰金责任险	每次事故责任限额×0.62%							

（2）车轮单独损失险保险费　根据各公司情况自行制定各使用性质车辆的纯风险费率。

计算公式：$基准纯风险保险费 = 保险金额 \times 纯风险费率$

（3）新增加设备损失险保险费　根据车辆使用性质查询调整系数。

计算公式：$基准纯风险保险费 = 保险金额 \times 车损险基准纯风险保险费/车损险保险金额/调整系数$

（4）车身划痕损失险保险费　根据车辆使用性质、车辆使用年限、新车购置价、保险金额所属档次直接查询表11-9得基准纯风险保险费。

表11-9　车身划痕损失险基准纯风险保险费表（家庭自用车部分）

车辆使用性质	保额/元	车辆使用年限					
		2年以下			2年及以上		
		新车购置价/元					
		30万以下	30~50万	50万以上	30万以下	30~50万	50万以上
家庭自用汽车	2,000	379.50	555.02	806.44	578.74	853.88	1,043.63
	5,000	540.79	853.88	1,043.63	806.44	1,280.81	1,423.13
	10,000	721.05	1,110.04	1,423.13	1,233.38	1,707.75	1,897.50
	20,000	1,081.58	1,688.78	2,134.69	1,802.63	2,466.75	2,846.25

（5）修理期间费用补偿险保险费　计算公式为

基准纯风险保险费 = 约定的最高赔偿天数 × 约定的最高日责任限额 × 纯风险费率

（6）发动机进水损坏除外特约条款保险费　根据地区及车辆使用性质查询附加比例（表11-8），计算公式为

基准纯风险保险费 = 车损险基准纯风险保险费 × 附加比例

（7）车上货物责任险保险费　计算公式为

基准纯风险保险费 = 责任限额 × 纯风险费率

（8）精神损害抚慰金责任险保险费

基准纯风险保险费 = 每次事故责任限额 × 纯风险费率

（9）法定节假日限额翻倍险保险费　根据被保险机动车使用性质、车辆种类、基础责任限额、翻倍责任限额直接查询（表11-10）基准纯风险保险费。

表11-10　（家庭自用汽车）第三者责任保险法定节假日限额翻倍险基准纯风险保险费表

车辆种类	基 础 限 额									
	10 万	15 万	20 万	30 万	50 万	100 万	150 万	200 万	…	1000 万
	翻 倍 限 额									
	20 万	30 万	40 万	60 万	100 万	200 万	300 万	400 万	…	2000 万
6 座以下	36.79	39.90	43.60	47.15	53.98	65.95	73.67	80.53	…	179.44
6～10 座	43.52	47.21	51.58	55.79	63.86	78.04	87.16	95.28	…	212.31
10 座以上	43.52	47.21	51.58	55.79	63.86	78.04	87.16	95.28	…	212.31

（10）医保外医疗费用责任险　根据各公司情况自行制定基准纯风险保险费。

（11）机动车增值服务特约条款　根据各公司情况自行制定基准纯风险保险费。

六、机动车保险风险修正

（一）费率调整系数

1. 车损险车型系数

不同车型的保险费率是不同的，实际操作中应根据车型对被保险车辆的损失险标准保险费进行调整。部分车型车辆损失险车型系数见表11-11。

表11-11　车辆损失险车型系数表（部分车型）

	类　别	车　型	系数值
客车	一	依维柯、金龙、切诺基、索纳塔	0.90
	二	上海通用别克、奥拓、标致、夏利	0.95
	三	金杯、富康、松花江、长安面包、国产帕萨特、宝来	1.00
	四	千里马、一汽红旗、威驰、奥迪 A4、奥迪 A6	1.05
	五	南京菲亚特、波罗、欧宝、中华	1.10
	六	广州本田、英格尔、风神系列、吉利、奇瑞	1.15
	七	宝马、奔驰系列、沃尔沃、路虎、凯迪拉克	1.20
	八	特意车型、稀有车型、古老车型	1.3～1.5
车队及招标业务		根据业务及整体车型情况确定，仅适用于非营业性质车辆	0.9～1.2

注：1. 保险公司会根据数据积累逐渐增加并完善。

　　2. 各保险公司此表数据有所不同。

由中国精算师协会发布的《机动车商业保险示范产品基准纯风险保费表（2020 版）》，直接根据车辆使用性质、具体车辆品牌型号等情况列出了车损险的基准纯风险保险费。"车型系数"是各保险公司精算师计算车损险基准纯风险保险费的依据。

2. 风险修正系数

（1）无赔款优待及上年赔款记录费率调整系数（NCD系数） 根据近3年保险的赔款次数调整保险车辆费率等级，并按照规定的费率浮动幅度进行费率调整。具体内容见任务10。

（2）车队投保 保险费可根据车队费率浮动系数表进行调整。

（二）费率调整计算方法

1）车损险车型系数、风险修正系数之间采用连乘方式，即车损险车型系数×（1＋风险修正系数）。

2）使用车损险车型系数、风险修正系数后的费率优惠幅度超过监管部门规定的最大优惠幅度时，按照监管部门规定的最大优惠幅度执行。

3）单车风险修正系数采用系数累加的方式：

单车风险修正系数 ＝ 系数1 ＋ 系数2 ＋ 系数3 ＋…

如：客户享受"提供详细信息"优惠3%和续保优惠10%两项单车风险修正系数，则客户可享受的单车风险修正系数 ＝ －3% ＋（－10%）＝ －13%。

4）车队风险修正系数采用系数累加的方式：

车队风险修正系数 ＝ 系数1 ＋ 系数2 ＋ 系数3 ＋…

5）无赔款优待及上年赔款记录费率调整系数与单车、车队系数之间采用连乘方式：

（1＋无赔款优待系数及上年赔款记录费率调整系数）×（1＋单车、车队系数）。

6）单车风险修正与车队费率浮动不能同时使用。

7）单车风险修正或车队费率浮动仅适用于保险期间为1年以上的保险单。

8）风险修正系数表不适用于摩托车和拖拉机。

任务实施

步骤1 拟订任务实施计划

根据任务情境，拟订任务实施计划。设计不少于5种车辆保险方案。

步骤2 计算交强险保险费

步骤3 计算商业险保险费

步骤4 使用风险修正系数

任务评价

任务评价表见任务工单。

知识点提示

1. 交强险最终保险费

交强险最终保险费 ＝ 交强险基础保险费×（1＋与道路交通事故相联系的浮动比率）

2. 商业险主要险种保费计算方法

商业车险保险费 ＝ 基准保险费×费率调整系数

基准保险费 ＝ 基准纯风险保险费/目标赔付率；目标赔付率 ＝ 1 － 附加费用率

费率调整系数 ＝ 自主定价系数×无赔款优待系数（NCD系数）×交通违法系数

由费率表查得商业车险的基准纯风险保险费，计算出费率调整系数，按照商业车险保险费计算公式得车险保险费。

3. 费率修正系数

（1）车损险车型系数、风险修正系数之间采用连乘方式：车损险车型系数×（1＋风险修正系数)。

(2) 单车风险修正系数采用系数累加的方式：

$$单车风险修正系数 = 系数1 + 系数2 + 系数3 + \cdots$$

(3) 无赔款优待及上年赔款记录费率调整系数与单车、车队系数之间采用连乘方式：

$$(1 + 无赔款优待系数及上年赔款记录费率调整系数) \times (1 + 单车、车队系数)。$$

项目3检测卷 >>

一、单选（每题5分，共35分）

1. 我国现行汽车交强险有责死亡伤残费的赔偿限额是（　　）元人民币。（中）

A. 110000　　　　B. 100000　　　　C. 180000　　　　D. 50000

2. 轿车投保第三者责任险，赔偿限额有（　　）个档次可供选择。（中）

A. 6　　　　B. 8　　　　C. 14　　　　D. 10

3. 我国家用6座以下的客车，现行交强险的基础保险费是（　　）元。（中）

A. 950　　　　B. 1100　　　　C. 1000　　　　D. 1800

4. 驾龄可以从侧面反映驾驶人员的经验，一般初次领证驾驶（　　）年为事故多发期。（中）

A. 1~4　　　　B. 2~3　　　　C. 1~3　　　　D. 1年内

5. 交强险投保9个月短期基本保险费为1年基本保险费的（　　）。（中）

A. 90%　　　　B. 80%　　　　C. 85%　　　　D. 95%

6. 使用2年的机动车辆投保车损险时，查询费率表时在车辆使用年限一栏应选择（　　）。（易）

A. 1~2年　　　　B. 2~6年　　　　C. 与年限无关

7. 10座客车投保第三者责任险时，费率表在座位一栏应选择（　　）。（易）

A. 6~10座　　　　B. 10~20座　　　　C. 与座位无关

二、判断（每题3分，共15分）

1. 第三者责任险投保时保险费计算与车辆的价值有关。（　　）（易）

2. 机动车车上人员责任保险可以根据需要选择座位投保。（　　）（易）

3. 目前我国车损险规定按照车辆实际价值投保。（　　）（难）

4. 车损险的投保金额为新车购置价。（　　）（难）

5. 交强险实行全国统一基本保险费率，并实行与责任事故挂钩的费率浮动机制。（　　）（难）

三、名词解释（每题6分，共18分）

1. 无赔款优待（中）。

2. 保险费率（中）。

3. 保险金额（中）。

四、简答（每题8分，共24分）

1. 简述汽车保险费率确定原则。（易）

2. 简述汽车保险费率的模式。（中）

3. 简述汽车基本保险费及保险费率时应该考虑的因素。（难）

五、论述（8分）

论述汽车保险费率模式从车模式与从人模式各自的特点及车险费率模式的发展方向。

项目4

汽车保险承保

项目概述

本项目介绍了汽车保险投保方案的制订，汽车保险合同的拟定与签订，以及汽车保险的单证签发。通过本项目的学习，可以设计汽车保险的投保方案，核算汽车保险费用，进行保险合同的签订，进行保险单证的管理及签发，熟悉汽车保险的单证内容。

任务12 制订投保方案

任务目标

知识目标

1. 了解汽车保险投保的渠道及注意事项。

2. 掌握汽车保险投保方案制定技巧及车险承保业务工作流程。

能力目标

能完成普通车险业务的承保工作。

素养目标

通过完成车险承保员岗位工作内容，体会承保工作人员的职业及素养要求，养成严谨认真的学习、工作习惯，内化承保员职业素养。

学习任务

林先生和太太新购买了一款宝马740高级轿车，有专职驾驶人。该车主要是林先生平时上、下班用，但太太和20岁的女儿均有驾驶证，偶尔也会开此车。林先生一家三口节假日经常一起自驾游，家中有地下车库。林先生认识到使用车辆存在的风险，想为车辆购买保险，请帮助他设计一份投保方案。

知识准备

一、汽车保险投保渠道

（一）汽车投保主要渠道

1. 网上投保

随着互联网的不断普及，人们的许多需求服务都可以通过网上订购得到满足。车主可以到各大保险公司的官网了解自己想要投保车险的相关内容，快速、便捷。一些保险公司已经配备了完善的网上营销系统，可以网上直接填写保险单，在线支付，还有在线客服答疑，客户网上咨询后，保险公司客服会主动打电话给客户。如果确定了购买意向，有专人上门服务，可以 POS 机支付和寄送保险单。同时，网上投保费率会有优惠。但是，支付有风险，支付最好去官方网站，千万不要进入钓鱼网站。收到保险单后，一定要打保险公司客服电话，以防出假保险单被骗。

2. 电话投保

电话投保即车主通过电话告诉保险公司自己想要投保哪种车险的投保方式。选择电话投保方式投保的多为续保业务，因为之前的资料在保险公司已经存在，只要投保人向保险公司表明自己需要保险公司提供之前的车险业务就行。由于电话投保快速、简单、便捷，深受许多车主的喜爱。电话投保费用也比较低廉，因为省去了保险代理人等中间环节，保险公司直接让利给客户。缺点：需要事先对保险有一定了解，不要盲目投保。一定要打官方投保电话，以免被诈骗电话所骗。

3. 投保人自己直接到保险公司投保

这是最传统的投保方式，投保人可以在保险公司全面了解车险种类，而且避免了自己被骗投保的可能。但是，由于到保险公司投保需要带很多资料，如果不是特别了解车险的车主，可能会漏带资料而需要反复地来回取资料，从而浪费不少的时间和精力。在理赔的时候，手续也较为烦琐，需要车主亲自去办理。

4. 保险公司的业务员上门推销投保

由于保险行业竞争日趋激烈，各大保险公司都会招大批的业务员，要求这些业务员上门寻找客源，这样车主们就可以省去很多时间和精力，同时由于是"一对一"服务，大部分投保人都可以得到很好的服务。但是，现今社会也存在假保险公司业务推销员，因此，若车主是通过业务员上门推销投保的，切记要让业务员出示其工作证件，还可以打电话到相应的保险公司核实。

5. 通过 4S 店投保

不少 4S 店随着服务理念的深化，都有保险投保业务。在 4S 店投保的优点是方便、有专人服务、汽车一旦需要修理直接送去店里就行，核损额度和保险公司的理赔额度差别不大。如果长期在同一家店购买费率会有优惠。其缺点是投保费率浮动较大，费用与其他方式相比较高。

6. 找保险代理人或保险经纪人投保

通过中介投保，只要车主把相关资料交给中介机构，其他烦琐的投保手续都不需要车主过问，一切都由中介机构办理妥当。中介机构分为保险代理人和保险经纪人。由于现今中介服务机构进入门槛低、服务质量参差不齐、鱼龙混杂，因此各位车主在选择中介机构的时候，一定要谨慎，最好选择口碑好、服务好、正规经营的中介机构。在得知中介办妥车险以后，车主应打电话到保险公司确认保险单的真实性，然后付给中介机构中介费用。

（二）保险代理人

个人保险代理人是指根据保险人的委托，在保险人授权的范围内代办保险业务并向保险人收取代理手续费的个人。个人保险代理人分为保险代理从业人员和保险营销员。

（1）保险代理人的作用　第一，直接为各保险公司收取了大量的保险费，并取得了可观的经济效益。第二，保险代理人的展业活动渗透到各行各业，覆盖了城市和乡村的各个角落，为社会各层次的保险需求提供了最方便、最快捷、最直接的保险服务，发挥了巨大的社会效益。第三，直接、有效地宣传和普及了保险知识，对提高和增强整个社会的保险意识起到了积极的作用，进一步促进了我国保险事业的发展。第四，保险代理人的运行机制，对国有独资保险公司的机制转换有着直接和间接的推动作用。另外，保险代理作为一个新兴的行业，它的发展能容纳大批人员就业。

（2）岗位要求

1）持有《保险代理从业人员资格证书》，有效期3年。

2）持有《保险代理从业人员展业证书》或《保险代理从业人员执业证书》。

3）岗前培训与持续教育。岗前：累计不少于80h，其中法律及职业道德教育不少于12h。上岗后：累计不少于36h，其中法律及职业道德教育不少于12h。

（3）工作内容

1）负责代理推销保险产品，协助保险公司进行损失的勘察和理赔。

2）向消费者宣传保险知识，解释保险条款，点评产品，分析个人财务需要。

3）为消费者设计保险方案，制订保险计划。

4）协助客户挑选保险公司的优势产品。

5）协助客户办理相关投保手续（签订投保单、保险单送达、保险单保全、保险费收取）。

6）根据客户的需要，为其提供优质的售后服务。

7）定期回访老客户，维护潜在客户。

8）被保险人出险后，协助其向保险公司进行理赔等。

（4）职业道德　保险代理人的职业道德是指从事保险代理职业的单位或个人在保险代理工作中所遵守的行为规范的总和，具有诚信特点和法律性特点。其主要包括：诚实信用、守法遵规、专业胜任、客户至上、勤勉尽责、公平竞争、保守秘密。

（三）有汽车保险业务的保险公司

提供汽车保险服务的保险公司见表12-1。

表 12-1　提供汽车保险服务的保险公司

公司名称	服务电话
中国人民财产保险股份有限公司	95518
中国太平洋财产保险股份有限公司	95500
中国平安财产保险股份有限公司	95512
中华联合财产保险股份有限公司	95585
中国大地财产保险股份有限公司	95590
天安保险股份有限公司	95505
永安财产保险股份有限公司	95502
中国人寿财产保险公司	95519
阳光财产保险股份有限公司	95510
安邦财产保险股份有限公司	95569
太平保险有限公司	95589

（续）

公司名称	服务电话
都邦财产保险股份有限公司	95586
中国出口信用保险公司	—
永诚财产保险股份有限公司	95552
华泰财产保险有限公司	—
安华农业保险股份有限公司	—
华农财产保险股份有限公司	—
中银保险有限公司	95566
渤海财产保险股份有限公司	—
史带财产保险股份有限公司	95507

☑【导读】

保险经纪人

我国《保险法》第一百一十八条规定：保险经纪人是基于投保人的利益，为投保人与保险人订立保险合同、提供中介服务并依法收取佣金的机构。

保险经纪人和保险代理人的区别：

1）代表的利益不同。保险经纪人接受客户委托，代表的是客户的利益；保险代理人为保险公司代理业务，代表的是保险公司的利益。

2）提供的服务不同。保险经纪人为客户提供风险管理、保险安排、协助索赔与追偿等全过程服务；保险代理人一般只代理保险公司销售保险产品、代为收取保险费。

3）服务的对象不同。保险经纪人的客户主要是收入相对稳定的中高端消费人群及大中型企业和项目，保险代理人的客户主要是个人。

4）法律上承担的责任不同。客户与保险经纪人是委托与受托关系，如果因为保险经纪人的过错造成客户的损失，保险经纪人对客户承担相应的经济赔偿责任。保险代理人与保险公司是代理与被代理的关系，被代理保险公司仅对保险代理人在授权范围内的行为后果负责。

二、汽车保险金额

（一）保险金额、保险价值与实际价值

保险金额是指保险人承担赔偿或者给付保险金责任的最高限额。保险金额既是计算保险费的依据，也是保险合同双方当事人享有权利承担义务的重要依据，因此必须在保险合同中明确规定。财产保险的保险金额根据保险价值确定，不能超过投保人保险标的的保险价值。如果投保人以保险价值全部投保，保险金额与保险价值相等；如果投保人以保险价值中的一部分投保，保险人赔付时一般是以保险金额与保险价值的比例赔偿，也就是损失发生时保险人最高的给付金额不得超过保险金额，所以说保险金额是保险人承担赔偿或者给付保险金责任的最高限额。

保险价值是指订立合同时，作为确定保险金额基础的保险标的的价值。在车险中指出险时新车购置价，包括车辆市场单价和新车购置税。

实际价值是标的的实际价值，在车险中一般指出险时车辆的价值。

（二）车辆损失险的投保方式

根据保险金额与车辆保险价值的关系，原车险合同中，车辆投保时有 3 种投保方式，分别是足额投保、不足额投保和超额投保；现行车险合同中，车险投保时只有按照实际价值投保一种投保方式，即按投保时实际价值投保。

足额投保是指保险金额等于保险价值的投保。

不足额投保是指保险金额小于保险价值的投保。

超额投保是指保险金额大于保险价值的投保。

《中国保险行业协会机动车商业保险示范条款（2020 版）》规定："机动车辆损失保险保险金额按投保时被保险机动车的实际价值确定。投保时被保险机动车的实际价值由投保人与保险人根据投保时的新车购置价减去折旧金额后的价格协商确定或其他市场公允价值协商确定。""折旧金额可根据本保险合同列明的参考折旧系数表确定。"具体内容见任务 10。

三、汽车保险投保方案

（一）制订保险方案的基本原则

（1）充分保障的原则　最大限度地分散风险。

（2）经济实用的原则　用最小的成本实现最大的保障，且防止选择不必要的保障。

（3）如实告知的原则　根据最大诚信原则，如实告知，特别是可能产生对投保人不利的规定要详细告知。

（二）投保方案的主要内容

1）险种的组合。

2）各险种的保险金额或赔偿限额。

3）特别约定的事项。

（三）制订保险方案的基本步骤

1）了解投保人实际情况。

2）识别与评估投保人的风险。

3）选择保险公司。

4）选择险种组合。

5）对保险人及其提供的服务进行介绍。

6）估算保险费用。

任务实施

步骤 1　拟订任务实施计划

为客户制订最佳的投保方案，可按照流程实施。

步骤 2　了解投保人的情况

在制订保险方案之前，应对投保人或潜在投保人的情况进行充分的了解，需要了解的内容有：

1）了解投保人的基本情况。

2）了解投保人拥有的车辆情况。

3）了解驾驶人情况。

4）了解投保人以往的投保情况。

步骤3 识别和评价投保人的风险

根据对投保人情况的了解，识别和评价该车的主要风险。一般有下列损失费用：

1）车辆本身损失风险：意外事故、自然灾害。

2）车辆受损后费用支出风险：运费和查勘检验费、租车代步费。

3）车上人员人身伤害风险。

4）赔偿责任风险：财产损害、人身伤害。

步骤4 选择保险公司

介绍保险公司的性质、保险费率、优惠条款等。

步骤5 确定保险金额

参照项目3计算汽车保险费。

步骤6 计算保险费用

1）交强险保险费估算。

2）商业车险保险费估算。

步骤7 设计制订投保方案（参考以下5个方案）

方案1：最低保障。

推荐险种组合：交强险。

保障范围：只对第三者的损失负赔偿责任。

适用对象：适用于那些怀有侥幸心理认为上保险没用的人或急于拿保险单去上牌照或验车的人。

优缺点：可以用来应付上牌照或验车。发生交通事故时，对方的损失能得到保险公司的一些赔偿，但本车的损失需要自己负担。

方案2：基本保障。

推荐险种组合：交强险＋第三者责任险（10万元）＋机动车车上人员责任保险。

保障范围：主要是避免涉及第三者人身伤亡的交通意外事故。

适用对象：适用于车辆使用较长时间、驾驶技术娴熟、愿意自己承担大部分风险来减少保险费支出的车主。

优缺点：本方案对涉及第三者人身伤亡和财产及本车人员有保障，但本车的损失需要自己负担。

方案3：经济保障。

推荐险种组合：交强险＋第三者责任险（20万元）＋机动车车上人员责任保险＋车损险。

保障范围：大多数保险责任事故。

适用对象：适用于车辆使用三四年、车辆的价值不高，有一定驾龄、驾驶技术很不错，平时注重车辆的维护和安全防护，经济不富裕且愿意自己承担部分风险的车主，属经济型的最佳选择。

优缺点：本方案是最具投保价值的险种组合，保险性价比较高，保险费经济且保障基本齐备。

方案4：最佳保障。

推荐险种组合：交强险＋第三者责任险（50万元）＋机动车车上人员责任保险＋车损险＋附加车身划痕损失险。

保障范围：基本覆盖保险责任范围及最大限度降低损失，特别是车辆易损部分得到安全保障。

适用对象：一般公司或个人。

优缺点：投保价值大的险种，物有所值；抗风险能力强。

方案5：全面保障。

推荐险种组合：交强险＋第三者责任险（50万元）＋机动车车上人员责任保险＋车损险＋附加车身划痕损失险＋其他附加险。

保障范围：为所有保险责任事故，全面覆盖保险责任范围及最大限度降低损失。

适用对象：适用于新车新手及经济情况良好、需要全面保障的车主；机关、事业单位、大公司。

优缺点：几乎与汽车有关的全部事故损失都能得到赔偿。

⟫ 任务评价

任务评价表见任务工单。

⟫ 知识点提示

1. 汽车保险投保渠道

汽车保险投保渠道如图12-1所示。

2. 汽车保险投保方式

汽车保险投保方式如图12-2所示。

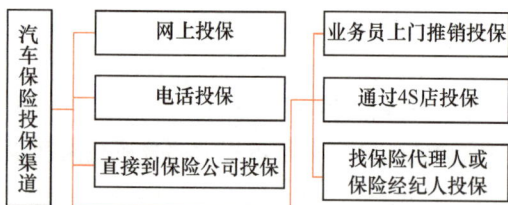

图12-1 汽车保险投保渠道

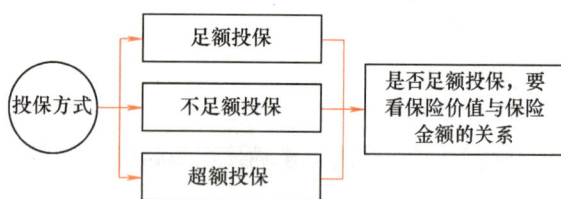

图12-2 汽车保险投保方式

任务13 签订汽车保险合同

⟫ 任务目标

知识目标

1. 了解保险单填写内容、车险核保原则及核保的主要内容。

2. 掌握投保的内容与流程。

能力目标

1. 能履行告知与说明义务并指导投保人填写投保单。

2. 能完成车险承保、核保工作。

素养目标

通过完成车险承保员职业工作内容，体会承保工作人员的职业及素养要求，养成严谨认真的学习、工作习惯，内化承保员职业素养。

⏩ 学习任务

陈先生新购买了一款宝马740高级轿车平时上下班用。该车有专职驾驶人，不过陈先生的太太和儿子均有驾驶证，偶尔也会开此车。陈先生一家三口节假日经常一起自驾游，家中有地下车库。陈先生认识到使用车辆存在的风险，想为车辆购买保险，请完成陈先生的保险承保工作，签订汽车保险合同。

⏩ 知识准备

一、汽车保险投保

（一）汽车保险投保注意要点

投保是投保人向保险人表达缔结保险合同意愿的行为，即要约行为。汽车保险的投保需要填写保险单。汽车保险投保注意以下几点：

1. 不要重复投保

有些投保人以为多投几份保，就可以使被保车辆多几份赔偿。《保险法》第五十六条规定：“重复保险的车辆，各保险人的赔偿金额的总和不得超过保险价值。”因此，即使投保人重复投保，也不会得到超价值赔款。

2. 不要超额投保或不足额投保

有的车主，车辆价值10万元，却投保了15万元的保险，认为多花钱就能多赔付；有的车主，车辆价值20万元，却投保了10万元。这两种投保都不能得到有效的保障。《保险法》第五十五条规定：“保险金额不得超过保险价值，超过保险价值的，超过的部分无效，保险人应当退还相应的保险费。保险金额低于保险价值的，除合同另有约定外，保险人按照保险金额与保险价值的比例承担赔偿保险金的责任。”所以超额投保、不足额投保都不能获得额外的利益。

3. 保险要保全

有些车主为了节省保险费，想少保几种险，或者只保车损险、不保第三者责任险，或者只保主险、不保附加险等。其实各险种都有各自的保险责任，发生车辆事故后，保险公司只会依据保险合同承担保险责任给予赔付，而车主的其他一些损失有可能就得不到赔偿。

4. 及时续保

有些车主在保险合同到期后未能及时续保，若车辆在此期间发生事故，车主将得不到任何赔偿。

5. 要认真审阅保险单证

当接到保险单证时，一定要认真核对，看看单据第三联是否采用了白色无碳复写纸印刷并加印浅褐色防伪底纹，其左上角是否印有"中国银行保险监督管理委员会监制"字样，右上角是否印有"限在××省（市、自治区）销售"的字样。如果没有，可拒绝签单。

6. 注意审核代理人真伪

投保时，要选择国家批准的保险公司所属机构投保，而不能只图省事随便找一家保险代理机构投保，更不能被所谓的"高返还"所引诱，只求小利而受骗。

7. 核对保险单

办理完保险手续拿到保险单正本后，要及时核对保险单上所列项目，如车牌号、发动机号等，如有错漏，要立即提出更正。

8. 随车携带保险卡

保险卡应随车携带，如果发生事故，要立即通知保险公司并向交通管理部门报案。

9. 提前续保

记住保险的截止日期，提前办理续保。

10. 莫生"骗赔"伎俩

有极少数人，总想把保险当成发财的捷径，如有的先出险后投保，有的人为地制造出险事故，有的伪造、涂改、添加修车、医疗等发票和证明，这些都属于骗赔的范围，是触犯法律的行为。

11. 车险中对第三方的界定

车险综合改革前，第三者责任险中的"第三者"的界定，将家人排除在外，目的是防范被保险人为了获取保险金而对家庭成员进行故意伤害而联合骗保的道德风险事件的发生。随着我国汽车保险发展、法制健全与公民素质提升，2020版商业车险中规定："第三者是指因被保险机动车发生意外事故遭受人身伤亡或者财产损失的人，但不包括被保险机动车本车车上人员、被保险人。"

（二）填写投保单

1. 投保单

投保单经投保人如实填写后交付保险人，成为订立保险合同的书面要约。投保单是保险合同订立过程中的一份重要单证，是投保人向保险人进行要约的证明，是确定保险合同内容的依据。投保单原则上应载明订立保险合同涉及的主要条款，投保单经过保险人审核、接受，就成为保险合同的组成部分。在我国汽车保险中，投保单经保险人接受并在其上签章后，保险合同即告成立。在保险合同履行时，投保人在投保单上填写的内容是投保人是否履行告知义务、保证义务、遵守最大诚信原则的重要凭证。如果对于投保单，保险人未签字承保，保险合同不成立，投保单不发生法律效力，发生保险责任事故后，保险人不承担赔偿责任。

2. 投保单内容填写的基本要求

（1）告知　告知包含的内容有：一是依照《中华人民共和国保险法》和《机动车辆保险条款》及国家金融监督管理总局的有关要求，严格按照条款向投保人告知投保险种的保障范围，特别要明示责任免除及被保险人义务等条款内容；二是对基本险和附加险条款容易发生歧义的部分，特别是涉及保险责任免除的部分或当保险条款发生变更时，应通过书面或其他形式进行明确说明；三是应主动提醒投保人履行如实告知义务，特别对可能涉及保险人是否同意承保或承保时可能进行特别约定或使用变动费率以合理控制保险风险的情况要如实告知，不得为了争取业务有意对投保人进行误导；四是应对保户详细解释拖拉机和摩托车保险，采用定额保险单承保和采用普通保险单承保的差异。

（2）填写投保单　业务人员应指导投保人正确填写"机动车辆保险投保单"。如果投保车辆较多，投保单容纳不下，则必须填写"机动车辆投保单附表"。投保单及其附表填写应字迹清楚，如有更改，应让投保人或其代表在更正处签章。

投保单及其附表各栏填写内容和要求如下：

1）投保人。填写投保单位或个人的称谓。单位填写全称（与公章名称一致）；个人填写姓名。投保人称谓应与车辆行驶证相符。使用人或所有人的称谓与行驶证上的称谓不相符或车辆是合伙购买与经营时，应在投保单特约栏内注明。如委托经办人办理的，需留存委托书、经办人身份信息及联系方式等相关信息。

2）厂牌、型号。厂牌名称与车辆型号，如北京现代 ix35、长安铃木天语 sx4、上海大众 POLO 等。

3）车辆种类。根据车辆管理部门核发的行驶证注明的种类填写（投保单上无此栏目，但用计算机签单的程序中必须输入，所以要在投保单厂牌、型号栏内加注）。

4）号牌号码。填写车辆管理机关核发的牌照号码，并要注明底色，如京 A·B1234（蓝）。

5）发动机号码及车架号。指生产厂在发动机缸体上和车架上打印的号码。此栏可根据车辆行驶证填写；对于有 VIN 的车辆，则以 VIN 代替车架号。

6）使用性质。按营业或非营业划分确定。

7）吨位或座位。根据车辆管理部门核发车辆的行驶证注明的吨位或座位填写。货车填写"吨位/ "，如额定载重为 20t 的货车填写"20/"；轿车、客车填"/座位"，如长城哈弗 H6填写"/5"；客货两用车填写"吨位/座位"，如载重为 1.75t 的双排座客货两用车填写"1.75/5"。

8）行驶证初次登记年月。按车辆管理部门核发的车辆行驶证上"登记日期"年月填写。初次登记年月是理赔时被保险车辆实际价值的重要依据。

9）保险价值（新车购置价）。按保险合同签订地购置与投保同类型新车的价格及车辆购置附加费之和填写。免税车、易货贸易、赠送车辆的保险价值参照合同签订地同类型新车价格及车辆购置附加费之和计算。

10）车辆损失险保险金额的确定方式，详见任务 10 内容。

11）第三者责任险赔偿限额。按约定的赔偿限额填写。单独承保挂车时，第三者责任险的赔偿限额按最低档次 10 万元确定。

12）机动车车上人员责任保险责任限额。驾驶人每次事故责任限额和乘员每次事故每人责任限额由投保人和保险人在投保时协商确定。投保乘员座位数按照被保险机动车的核定载客数（驾驶人座位除外）确定。

13）附加险的保险金额或责任限额。

①附加车轮单独损失险的保险金额由投保人和保险人在投保时协商确定。

②附加新增加设备损失险的保险金额根据新增加设备投保时的实际价值确定，但要提

供新增设备的原始发票或其他有效证明，并在特约栏中列明新增设备明细表及价格。新增加设备的实际价值是指新增加设备的购置价减去折旧金额后的金额。

③ 附加车身划痕损失险的保险金额为 2000 元、5000 元、10000 元或 20000 元，由投保人和保险人在投保时协商确定。

④ 附加修理期间费用补偿险的保险金额 = 补偿天数 × 日补偿金额。补偿天数及日补偿金额由投保人与保险人协商确定并在保险合同中载明，保险期间内约定的补偿天数最高不超过 90 天。

⑤ 附加车上货物责任险的责任限额由投保人和保险人在投保时协商确定。

⑥ 附加精神损害抚慰金责任险的每次事故赔偿限额由保险人和投保人在投保时协商确定。

⑦ 附加法定节假日限额翻倍险的责任限额为被保险机动车第三者责任险所适用的责任限额在保险单载明的基础上增加 1 倍。

⑧ 附加医保外医疗费用责任险的赔偿限额由投保人和保险人在投保时协商确定，并在保险单中载明。

⑨ 附加自用充电桩损失保险的保险金额为 2000 元、5000 元、10000 元或 20000 元，由投保人和保险人在投保时协商确定。

⑩ 附加自用充电桩责任保险的责任限额由投保人和保险人在投保时协商确定。

14）车辆总数。填写投保单及其附表所列投保车辆的总数。

15）保险期限。保险合同的保险期限通常为 1 年。如投保人要求，可根据实际情况投保短期保险，但应征得保险人同意，由双方协商确定合同起止时间。保险期限自约定起保日零时开始，至保险期满日 24 时止。起保日不得是投保当日，最早应是投保次日零时。

16）特别约定。对于保险合同的未尽事宜，投保人和保险人协商后，在此栏注明。约定事项应清楚、简练，并写明违约的处理方法。特别约定内容不得与法律相抵触，否则无效。其中，为减少保户索取赔款后要求退保，可在特约栏中加注："各种责任保险被保险人在保险期限内获取赔款后不得中途退保。"或"单保第三者责任险，责任生效后不得退保。"

17）投保人签章。投保人对投保单各项内容核对无误并对责任免除和被保险人义务明示理解后，必须在"投保人签章"处签章。

投保人所投保的机动车较多时，需加填"机动车辆投保单附表"。在投保单特约栏处填写其他投保车辆"详见附表"字样，然后在附表上逐辆填写所有投保车辆的有关内容，填写要求同上。

二、汽车保险核保

（一）核保的概念

核保是保险经营过程中最重要的环节之一。保险人在承保的过程中必须进行核保。核保是指保险人对投保申请进行审核，决定是否接受承保这一风险，并在接受承保风险的情况下，确定保险费率的过程。核保工作的目的是辨别投保风险的优劣，并使可接受承保的风险品质趋于一致，即对不同风险程度的风险单位进行分类，按不同标准进行承保、制订费率，从而保证承保业务质量，保证保险经营的稳定性。

（二）核保的原则

核保工作的主要依据是核保手册，核保手册已经将在进行汽车保险业务过程中可能涉及的所有文件、条款、费率、规定、程序、权限等全部包含其中。但是，在进行核保过程中可能遇到一些核保手册没有明确规定的问题，在这种情况下，二级和一级核保人应当注意运用保险的基本原理、相关的法律法规和自己的经验，通过研究分析来解决这些特殊的问题，必要时应请示上级核保部门。

1. 保证长期的承保利润

1）全面、细致、严格地对标的进行核保，争取最好的承保条件，保证公司实现长期的承保利润。

2）避免片面追求承保数量的短期行为，这将影响公司的经营目的和方向，不利于公司的长远发展。

2. 提供优质的保险服务

1）提供全方位和多层次的保险服务，保持客户的数量及长期的客户关系。

2）为客户设计优化的保险方案，充分满足客户的需要，并不断完善以适应客户保险新的要求。

3）公正对待每一位客户，承保条件和费率对所有的客户一视同仁。

3. 争取市场的领先地位

1）根据市场的变化，及时调整公司业务规章，保持在市场的竞争力。

2）通过不断提高承保技术，拓展新的业务领域，努力保持市场的领先优势或争取市场的领先地位。

4. 谨慎运用公司的承保能力

1）在任何情况下，都不要在条件不成熟或能力不足的情况下，盲目承保高风险项目或巨额风险项目。

2）做好巨额风险的研究工作，累积这类风险的经验，为以后的承保和理赔工作打下基础。

5. 实施规范的管理

1）遵守国家法律、地方法规。

2）遵守行业规章及公司的制度和市场准则。

6. 有效利用再保险支持

1）以确保公司利润为原则，最大限度地利用再保险，而不是片面依赖于再保险支持。

2）严格核保，确定自留额以便合理分散风险，争取实现最大的利润及最小的风险代价。

（三）核保的具体方式

核保的具体方式应当根据公司的组织结构和经营情况进行选择和确定。通常将核保的方式分为标准业务核保和非标准业务核保、事先核保和事后核保、集中核保和远程核保等。

1. 标准业务核保和非标准业务核保

标准业务是指常规风险的汽车保险业务，这类风险的特点是其基本符合汽车保险险种设计所设定的风险情况，按照核保手册能够对其进行核保。非标准业务是指风险具有较大特殊性的业务，这种特殊性主要体现为高风险、风险特殊、保险金额巨大等需有效控制的业务，而核保手册对于这类业务没有明确规定。

标准业务可以依据核保手册的规定进行核保，通常由三级核保人完成标准业务的核保工作；非标准业务则无法完全依据核保手册进行核保，应由二级或者一级核保人进行核保，必要时核保人应当向上级核保部门进行请示。

汽车保险非标准业务主要有：

1）保险价值浮动超过核保手册规定的范围。

2）特殊车型业务。

3）军牌和外地牌业务。

4）高档车辆的盗抢险业务。

5）统保协议。

6）代理协议。

2. 计算机智能核保和人工核保

计算机技术的飞速发展和广泛应用将给核保工作带来革命性的变化。从目前计算机技术发展的水平看，尤其是智能化计算机的发展和应用，计算机已经完全可以胜任对标准业务的核保工作。在核保过程中应用计算机技术可以大大缓解人工核保的工作压力，提高核保业务的效率和准确性，减少在核保过程中可能出现的人为负面因素。但是，计算机不可能解决所有的核保问题，在现阶段还需要人工核保的模式与之共存，以解决计算机无法解决的核保方面的问题。

3. 集中核保和远程核保

从核保制度发展的过程分析，集中核保的模式代表了核保技术发展的趋势。集中核保可以有效地解决统一标准和规范业务的问题，实现技术和经验最大限度的利用。但是，以往集中核保在实际工作遇到的困难是经营网点的分散，缺乏便捷和高效的沟通渠道。

互联网技术的出现使得远程核保的模式应运而生。远程核保就是建立区域性的核保中心，利用互联网等现代通信技术，对辖区内的所有业务进行集中核保。这种核保的方式较以往任何一种核保模式均具有不可比拟的优势，它不仅可以利用核保中心的人员技术的优势，还可以利用中心庞大的数据库，实现资源的共享。同时，远程核保的模式有利于对经营过程中的管理疏忽、甚至道德风险实行有效的防范。

4. 事先核保与事后核保

事先核保是在核保工作中广泛应用的模式。它是指投保人提出申请后，核保人员在接受承保之前对标的的风险进行评估和分析，决定是否接受承保。在决定接受承保的基础上，根据投保人的具体要求确定保险方案，包括确定适用的条款、附加条款、费率、保险金额、免赔额等承保条件。

事后核保主要针对标的金额较小、风险较低、承保业务技术比较简单的业务。这些业务往往是由一些偏远的经营机构或者代理机构承办。保险公司从人力和经济的角度难以做到事先核保的，可以采用事后核保的方式，单笔保险费较小。事后核保是对于无事先核保的一种补救措施。

（四）核保流程

1. 核保的主要内容

（1）投保人资格 对于投保人资格进行审核的核心是认定投保人对保险标的的拥有保险

利益，汽车保险业务中主要是通过核对行驶证。目前，我国对于车辆的管理是采用"二合一"的方式，即将行驶证作为汽车的行驶资格认定的凭证，同时，作为汽车所有权的证明。

在对投保人资格审核的过程中，应当注意到我国汽车管理中的一种特殊现象，即车辆名义上的所有人并不占有车辆，而车辆是由实际所有人占有和使用。这里出现了名义上的所有人和实际所有人两个概念。名义上的所有人是指购买车辆或者是进口车辆的当事人，其为行驶证上的车主。但是，由于种种原因车辆实际所有权（永久性使用权）转移给了实际所有人，而这种转移没有或者无法得到车辆管理部门的认可，所以，就会出现上述现象。对于这种情况应当具体分析，在通常情况下如果实际所有人是合法取得使用权的，可以签订一个三方协议，明确转让权益，即明确在车辆保险项下由车辆的实际所有人负责履行被保险人的义务，同时享有相应的权利。

（2）投保人或者被保险人的基本情况　这主要是针对车队业务的，目的是了解投保人或者被保险人对车辆管理的技术和经验。例如，是否有专门的安全管理部门；单位的性质，如果是运输公司，在机关运输公司的业务中是以客运为主，还是以货运为主；车辆主要运行线路，如是当地、省内还是全国；运输公司的管理模式，是集中经营管理还是承包经营等。保险公司曾经在一些出租汽车业务的经营过程中出现了事故频繁、赔付率居高不下的现象，究其原因就是这些出租汽车公司采用的是"大承包"的模式，公司基本上没有对安全进行管理，驾驶人由于利益驱动，置安全生产于不顾。通过对投保人或者被保险人基本情况的了解可以对其经营风险进行评估，及时发现其可能存在的经营管理风险，以便采取相应的措施降低和控制风险，做到科学经营。

（3）投保人或者被保险人的信誉　这是核保工作的重点之一。近几年，在汽车保险领域出现了大量的保险欺诈现象，一些不法分子利用虚构保险利益，制造保险事故，伪造事故现场，扩大事故损失等手段，大肆进行诈骗活动。所以，对于投保人或者被保险人的信誉调查和评估逐步成为汽车保险核保工作中的重要内容。评估投保人或者被保险人信誉的一个有效手段是对其以往损失和赔付情况进行了解，那些没有合理原因，却经常"跳槽"的被保险人往往存在道德风险，因为这种"跳槽"的目的可能就是为了掩盖历史，准备新一次的诈骗。

（4）保险标的　保险标的就是车辆本身，车辆本身的风险一般由几个方面体现。首先，是车辆本身的安全性能情况，有的车辆由于设计或者工艺方面的原因，存在安全隐患，这类车辆的事故率较高，保险公司通常是拒绝承保。其次，是车辆零配件的价格水准，有的车型车辆在当地市场较为罕见，零配件供应较为困难且价格较高；还有一些车辆的生产厂家在经营策略上采取"低车价、高配件"的手段，车辆本身的价格并不高，但其零配件价格却远远高出其他同类车型。第三，是对一些高档车辆的承保，高档车辆的风险较为集中，一方面高档车辆的修复费用较高，另一方面高档车辆的盗窃风险相对较高，尤其是对二手的高档车辆的承保应特别谨慎。对这些车辆应尽可能采用"验车承保"的方式，即对车辆的状况进行实际的检验，包括了解车辆使用和管理的情况，复印行驶证、购置税证，拓印发动机和车架号码，对于一些高档车辆还应拍照建立车辆档案。

（5）保险金额　这是汽车保险核保中的一个重要内容。因为保险金额的确定不仅涉及保险公司的利益，即保险费的收取，还涉及被保险人的利益，即保险事故的赔偿。以往在汽车保险合同纠纷中相当大的一个比例是因保险金额争议产生的。

目前车损险的保险金额确定方式仍然可以按新车价值来确定。我国现行《保险法》第五十五条第二款规定："投保人和保险人未约定保险标的保险价值的，保险标的发生损失时，以保险事故发生时保险标的的实际价值为赔偿计算标准。"按新车价计算交了保险费，在理赔时只能按实际价值赔偿，这就产生了理赔过程中的纠纷。为了解决此问题，原保险监督委员会推出了2012版《机动车商业保险示范条款》，该条款规定车损险保险金额由车的实际价值确定。所以在具体的核保工作中应当按照车辆的实际价值确定保险金额。如何确定车辆实际价值，《示范条款》对车辆的实际价值折旧计算方法和折旧率都做了规定。根据这一指导确定保险金额，可以在一定程度上规范和统一市场，起到积极和进步的作用。

应当指出的是，在目前我国实行统一条款和费率的情况下，少数保险公司在市场竞争的过程中，为了短期和局部的利益，将降低保险金额作为竞争的手段，主动向投保人或者被保险人提出以降低保险金额作为"优惠"条件，而赔偿标准不变。这种做法无疑会引起扰乱市场正常的经营秩序的不良后果，更重要的是这种做法对于这些保险公司本身的业务发展来说无异于饮鸩止渴。

（6）保险费 核保人员对于保险费的审核主要分为费率适用的审核和计算的审核。对于计算机出单的，基本上不存在对保险费的审核问题，因为，这种审核工作已经由计算机的智能化功能完成了。

（7）附加条款 基本险和标准条款提供的是适应汽车风险共性的保障，但是，作为风险的个体，尤其是车队业务是具有其特性的。一个完善的保险方案不仅解决共性的问题，更重要的是解决个性问题，附加条款适用于风险的个性问题。特殊性往往意味着高风险性，所以，在对附加条款的适用问题上更应当注意对风险的特别评估和分析，谨慎接受和制订条件。

2. 核保程序

核保工作原则上采取两级核保体制。先由展业人员、保险经纪人、代理人进行初步核保，然后由核保人员复核决定是否承保、承保条件及保险费率等。因此，核保实务包括审核投保单、查验车辆、核定保险费率、计算保险费、核保等必要程序。

（1）审核投保单、查验车辆 业务人员在接到投保单以后，首先根据保险公司内部制订的承保办法决定是否接受此业务。如果不属于拒保业务应立即加盖公章，载明收件日期。

1）审查投保单。

① 审查投保单所填写的各项内容是否完整、清楚、准确。

② 验证。结合投保车辆的有关证明，如车辆行驶证、介绍信等，进行详细审核。首先检查投保人称谓与其签章是否一致，如果投保人称谓与投保车辆的行驶证标明的不符，投保人需要提供其对投保车辆拥有可保利益的书面证明；其次，检验投保车辆的行驶证是否与保险标的相符，投保车辆是否年检合格，核实投保车辆的合法性，确定其使用性质，检验车辆的牌照号码、发动机号码是否与行驶证一致等。

2）查验车辆。根据投保单、投保单附表和车辆行驶证，对投保车辆进行实际查验。查验的内容主要包括：

① 确定车辆是否存在和有无受损，是否有消防和防盗设备等。

② 车辆本身的实际牌照号码、车型及发动机号、车身颜色等是否与行驶证一致。

③ 车辆的操纵安全性与可靠性是否符合行车要求，重点检查转向、制动、灯光、喇叭、刮水器等涉及操纵安全性的因素。

④ 检查发动机、车身、底盘、电气等部分的技术状况。

根据检验结果，确定整车的新旧程度。对于私有车辆一般需要填具验车单，附于保险单副本上。

（2）核定保险费率　应根据投保单上所列的车辆情况和保险公司的机动车辆保险费率标准，逐辆确定投保车辆的保险费率。核定的主要内容：车辆的使用性质、车辆种类和费率说明。

（3）计算保险费　按照当地、当时汽车保险费率表计算。

3. 核保形式

（1）本级核保

1）审核保险单是否按照规定内容与要求填写，有无错漏；审核保险价值与保险金额是否合理。对不符合要求的，退给业务人员，指导投保人进行相应的更正。

2）审核业务人员或代理人是否验证和查验车辆，是否按照要求向投保人履行了告知义务，对特别约定的事项是否在特约栏内注明。

3）审核费率标准和计收保险费是否正确。

4）对于高保额和投保车损险的车辆。审核有关证件、实际情况是否与投保单填写一致，是否按照规定拓印牌照存档。

5）对高发事故和风险集中的投保单位，提出限制性承保条件。

6）对费率表中没有列明的车辆，包括高档车辆和其他专用车辆，视风险情况提出厘订费率的意见。

7）审核其他相关情况。

核保完毕后，核保人应在投保单上签署意见。对超出本级核保权限的，应上报上级公司核保。

（2）上级核保　上级公司接到请示公司的核保申请以后，应有重点地开展核保工作。

1）根据掌握的情况考虑可否接受投保人投保。

2）接受投保的险种、保险金额、赔偿限额是否需要限制与调整。

3）是否需要增加特别的约定。

4）协议投保的内容是否准确、完善，是否符合保险监管部门的有关规定。

上级公司核保完毕后，应签署明确的意见并立即返回请示公司。

核保工作结束后，核保人将投保单、核保意见一并转业务内勤，据以缮制保险单证。

任务实施

步骤1　拟订任务实施计划

为客户制订最佳的投保方案，可按照流程实施。

步骤2　了解投保人的情况

在制订保险方案之前，应对投保人或潜在投保人的情况进行充分的了解。

步骤 3 识别和评价投保人的风险

根据对投保人情况的了解，识别和评价该车的主要风险。

步骤 4 选择合理的险种组合

1）交强险必须投保。

2）不要重复投保。

3）不要超额投保。

4）车损险要足额投保。

5）主险尽量保全。

6）附加险按需投保。

步骤 5 确定保险金额

步骤 6 计算保险费用

1）交强险保险费估算。

2）商业保险保险费估算。

步骤 7 填写投保单

步骤 8 核保人员核保

步骤 9 单证签发

任务评价

任务评价表见任务工单。

知识点提示

1. 签订汽车保险合同实施流程

签订汽车保险合同实施流程如图 13-1 所示。

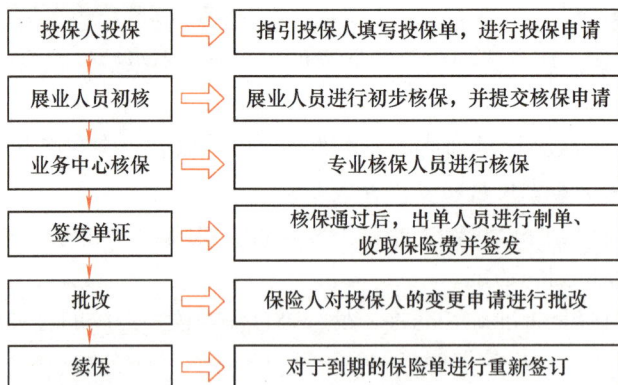

投保人投保	指引投保人填写投保单，进行投保申请
展业人员初核	展业人员进行初步核保，并提交核保申请
业务中心核保	专业核保人员进行核保
签发单证	核保通过后，出单人员进行制单、收取保险费并签发
批改	保险人对投保人的变更申请进行批改
续保	对于到期的保险单进行重新签订

图 13-1 签订汽车保险合同实施流程

2. 汽车核保业务流程

汽车核保业务流程如图 13-2 所示。

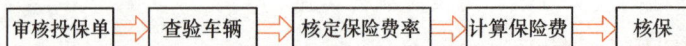

审核投保单 → 查验车辆 → 核定保险费率 → 计算保险费 → 核保

图 13-2 汽车核保业务流程

任务14 介绍保险单证

任务目标

知识目标
1. 了解车险续保工作内容。
2. 熟悉车险单证内容，掌握保缮制险单及后续工作内容。

能力目标
能完成车险单证签发及续保工作。

素养目标
通过完成缮制保单及后续工作内容，体会承保工作人员的职业及素养要求，养成严谨认真的学习、工作习惯，内化承保员职业素养。

学习任务

何先生新购买了一款宝马740高级轿车，主要用于平时上下班，有专职驾驶人。何太太偶尔也会开此车，何先生的儿子已20岁，有驾驶证，节假日经常全家一起自驾游，何先生家有地下车库。何先生认识到使用车辆存在的风险，想为车辆购买保险。通过沟通，小王给何先生介绍了汽车保险有关情况，并为其设计了投保方案。请引导何先生进行投保，完成保险投保工作，签订保险合同。

知识准备

一、保险单的签发、续保和批改

（一）签发保险单

1. 缮制保险单

业务内勤接到投保单及其附表以后，根据核保人员签署的意见，即可开展缮制保险单工作。

保险单原则上应由计算机出具，暂无计算机设备而只能由手工出具的营业单位，必须得到上级公司的书面同意。

计算机制单的，将投保单有关内容输入到保险单对应栏目内，在保险单"被保险人"和"厂牌、型号"栏内登录统一规定的代码。录入完毕检查无误后，打印保险单。

手工填写的保险单，必须是监管部门统一监制的保险单，保险单上的印制流水号码即为保险单号码。将投保单的有关内容填写在保险单对应栏内，要求字迹清晰、单面整洁。如有涂改，涂改处必须有制单人签章，但涂改不能超过3处。制单完毕后，制单人应在"制单"处签章。

缮制保险单时应注意以下事项：

1）双方协商并在投保单上填写的特别约定内容，应完整地载明到保险单对应栏目内，

129

如果核保有新的意见，应该根据核保意见修改或增加。

2）无论是主车和挂车一起投保，还是挂车单独投保，挂车都必须单独出具具有独立保险单号码的保险单。在填制挂车的保险单时，"发动机号码"栏统一填写"无"。当主车和挂车一起投保时，可以按照多车承保方式处理，给予一个合同号，以方便调阅。

3）特约条款和附加条款应印在或加贴在保险单正本背面，加贴的条款应加盖骑缝章。应注意，责任免除、被保险人义务和免赔等规定的印刷字体，应该与其他内容的字体不同，以提醒被保险人注意阅读。

保险单缮制完毕后，制单人应将保险单、投保单及其附表一起送复核人员复核。

2. 复核保险单

复核人员接到保险单、投保单及其附表后，应认真对照复核。复核无误后，复核人员在保险单"复核"处签章。

3. 收取保险费

收费人员复核保险单无误以后，向投保人核收保险费，并在保险单"会计"处和保险费收据的"收款人"处签章，在保险费收据上加盖财务专用章。

只有被保险人按照约定交纳了保险费，该保险单才能产生效力。

4. 签发保险单证

汽车保险合同实行一车一单（保险单）和一车一证（保险证）制度。投保人交纳保险费后，业务人员必须在保险单上注明公司名称、详细地址、邮政编码及联系电话，加盖保险公司业务专用章。根据保险单填写"汽车保险证"并加盖业务专用章，所填内容应与保险单有关内容一致，险种一栏填写险种代码，电话应填写公司报案电话，所填内容不得涂改。

签发单证时，交由被保险人收执保存的单证有保险单正本、保险费收据（保户留存联）、汽车保险证。

对已经同时投保车辆损失险、第三者责任险、机动车车上人员责任保险、绝对免赔率特约条款的投保人，还应签发事故伤员抢救费用担保卡，并做好登记。

5. 保险单证的补录

手工出具的汽车保险单、提车暂保单和其他定额保单，必须按照所填内容录入到保险公司的计算机车险业务数据库中。补录内容必须完整准确。补录时间不能超过出单后的第10个工作日。

单证补录必须由专人完成，由专人审核，业务内勤和经办人不能自行补录。

6. 保险单证的清分与归档

投保单及其附表、保险单及其附表、保险费收据、保险证，应由业务人员清理归类。

投保单的附表要贴在投保单的背面，保险单及其附表需要盖骑缝章。清分时，应按照送达的部门清分：

1）财务部门留有的单证：保险费收据（会计留存联）、保险单副本。

2）业务部门留存的单证：保险单副本、投保单及其附表、保险费收据（业务留存联）。

留存业务部门的单证应由专人保管并及时整理、装订、归档。每套承保单证应按照保险费收据、保险单副本、投保单及其附表、其他材料的顺序整理，按照保险单（包括作废的保险单）流水号码顺序装订成册，并在规定时间内移交档案部门归档。

（二）续保

保险期满以后，投保人在同一保险人处重新办理保险汽车的保险事宜称为续保。在汽车保险实务中，续保业务一般在原保险期到期前1个月开始办理。为防止续保以后至原保险单到期这段时间内发生保险责任事故，在续保通知书内应注明："出单前，如有保险责任事故发生，应重新计算保险费；全年无保险责任事故发生，可享受无赔款优待"等字样。

在办理续保时，应提交下列单据和费用：

1）提供上一年度的机动车辆保险单。

2）保险车辆经交通管理部门核发并检验合格的行驶证和车牌号。

3）所需的保险费。保险金额和保险费需重新确定。

其次，保户到上一年度机动车辆保险单的出单地点办理（保险公司分公司或支公司）出单，代办点不能出单。另外，如果投保车辆在上一年保险期限内无赔款，续保时可享受减收保险费优待，优待金额为本年度续保险种应交保险费的10%。被保险人投保车辆不止一辆的，无赔款优待分别按车辆计算。上年度投保的车损险、第三者责任险、附加险中任何一项发生赔款，续保时均不能享受无赔款优待。不续保者不享受无赔款优待。上年度无赔款的机动车辆，如果续保的险种与上年度不完全相同，无赔款优待以险种相同的部分为计算基础；如果续保的险种与上年相同，但投保金额不同，无赔款优待以本年度保险金额对应的应交保险费为计算基础。不论机动车辆连续几年无事故，无赔款优待一律为应交保险费的10%。

（三）批改

在保险单签发以后，因保险单或保险凭证需要进行修改或增删时所签发的一种书面证明称为批单，也称背书。批改的结果通常用这种批单表示。

一般在保险合同主体及内容变更的情况下，保险合同需要进行相应变更。当汽车保险合同生效后，如果被保险车辆的所有权发生了变化，汽车保险合同是否继续有效，取决于申请批改的情况。如果投保人或被保险人申请批改，保险人经过必要的核保，签发批单同意，则原汽车保险合同继续有效。如果投保人或被保险人没有申请批改，汽车保险不能随着被保险车辆的转让而自动转让，汽车保险合同也不能继续生效。

被保险车辆在保险有效期内发生转卖、转让、赠送他人，变更使用性质，调整保险金额或每次事故最高赔偿额，增加或减少投保车辆，终止保险责任等，都需申请办理批改单证，填具批改申请书送交保险公司。保险公司审核同意后，出具批改单给投保人存执。存执粘贴于保险单正本背面。保险凭证上的有关内容将同时批改异动，并在异动处加盖保险人业务专用章。

我国《机动车辆保险条款》规定："在保险合同有效期内，被保险车辆转卖、转让、赠送他人、变更用途或增加危险程度，被保险人应当事先书面通知保险人并申请办理批改。"同时，一般汽车保险单上也注明"本保险单所载事项如有变更，被保险人应立即向本公司办理批改手续，否则，如有任何意外事故发生，本公司不负赔偿责任。"的字样，以提醒被保险人注意。

批改的主要内容包括：

1）保险金额增减。

2）保险种类增减或变更。

3）车辆种类或厂牌、型号变更。

4）保险费变更。

5）保险期间变更。

当办理被保险车辆的过户手续时，应将保险单、保险费收据、新的车辆行驶证和有原被保险人签章的批改申请书等有关资料交送保险人，保险人审核同意后，将就车辆牌照号、被保险人姓名和住址等相关内容进行批改。批改涉及的保险费返还应根据相应规定执行。

二、保险单证

商业车险示范条款配套示范单证主要包括投保单、保险单、商业车险免责事项说明书。

（一）机动车辆保险投保单

各保险公司可以参考使用行业示范投保单（具体样式见学习任务 14 活页 2），并可根据个性化需求在此基础上进行适当调整，投保单应列明以下信息：

1）投保人、被保险人的姓名或者名称、住所，证件号码，联系方式。

2）保险标的基本信息，包括号牌号码、厂牌及型号、车架号、发动机号、车辆种类、使用性质、行驶证车主、初登日期、核定载质量/载客数。

3）投保险种、保险金额/责任限额、绝对免赔额。

4）保险期间。

5）保险合同争议解决方式。

6）投保人签名/签章。

向投保人提供投保单时，应附相应条款，对于条款中免除保险人责任的内容应突出显示。

保险公司可以通过全国车险信息平台、行业车型库获取到的信息，以及续保客户通过公司内部系统可查询的信息，可以在投保单上简化，仅需投保人确认即可。

（二）机动车辆保险保险单

商业车险保险单必须单独编制保险单号码并通过业务处理系统出具，禁止系统外出单。

在符合原中国银保监会相关监制单证管理规定的基础上，各公司参考使用行业示范保险单，并可根据个性化需求在此基础上进行适当调整，但保险单应载明以下内容：

1）保险人的名称、地址及联系方式。

2）被保险人的姓名或者名称、住所，证件号码，联系方式（可隐藏或以 * 代替）。

3）保险标的基本信息，包括号牌号码、厂牌型号、车架号、发动机号、机动车种类、使用性质、行驶证车主、初次登记日期、核定载质量/载客数。

4）承保险种、保险金额/责任限额、保险费、绝对免赔额。

5）保险期间。

6）保险合同争议解决方式。

7）订立合同的年、月、日。

商业车险保险单由正本和副本组成。正本由投保人或被保险人留存；业务留存联由保险公司留存。

（三）免责事项说明书

保险人应向投保人提供《免责事项说明书》：通过网络或其他电子形式开展业务的，

应提示投保人通过点击相关网络链接或手机应用程序页面按钮，确认已履行如实告知义务，方可进入下一操作环节；采用纸质单证的，需请投保人在"投保人声明"页的方格内，手书列明文字，并签名/签章，保险公司需收回"投保人声明"页，与其他投保资料一并存档。

任务实施

步骤1　拟订任务实施计划

步骤2　填写投保单

车辆投保单的格式参见各保险公司的样单。

步骤3　单证签发

1）缮制保险单——计算机制单。

2）复核保险单——复核处签章。

3）收取保险费——收款人处签章。

4）签发保险单证——汽车保险合同实行一车一单（保险单）和一车一证（保险证）的制度。签发单证时，交由被保险人保存的单证有保险单正本、保险费收据和机动车保险证。

5）保险单证的清分与归档。

财务部门留存单证有保险费收据（会计留存联、保险单副本）。

业务部门留存单证有保险单副本、投保单及其附表、保险费收据（业务员留存联）。

步骤4　汽车保险批改

步骤5　汽车保险续保

任务评价

任务评价表见任务工单。

知识点提示

1. 单证签发工作步骤

单证签发工作步骤如图14-1所示。

缮制保险单 ⇒ 复核保险单 ⇒ 收取保险费 ⇒ 签发保险单证 ⇒ 保险单证的清分与归档

图14-1　单证签发工作步骤

2. 签发保险单证

汽车保险合同实行一车一单（保险单）和一车一证（保险证）的制度，签发的是保险单、保险证和发票。

3. 单证的构成

商业车险示范条款配套示范单证主要包括保险单、投保单和商业车险免责事项说明书。

项目4检测卷

一、单选（每题 4 分，共 20 分）

1. 在我国暂保单的有效期为（　　）天。　（易）

A. 90　　　　　　　B. 10　　　　　　　C. 60　　　　　　　D. 30

2. 在订立保险合同时通常是由（　　）提出要约。　（易）

A. 保险人　　　　　B. 投保人　　　　　C. 受益人　　　　　D. 被保险人

3.《中华人民共和国保险法》第十八条规定："（　　）是指在人身保险合同中由投保人或被保险人指定的享有保险金请求权的人。"　（中）

A. 保险人　　　　　B. 投保人　　　　　C. 受益人　　　　　D. 自然人

4. 一辆载重为 1.75t 的双排座客货两用车在投保时，在保单上的"吨位或座位"一栏应填写为（　　）。　（中）

A. 1.75/5　　　　　B. 5/1.75　　　　　C. 5/1.75　　　　　D. 1.75/5

5. 每套承保单证进行单证清分时，应按照（　　）的顺序整理。　（难）

A. 保险费收据、保险单副本、投保单及其附表、其他材料

B. 保险单副本、保险费收据、投保单及其附表、其他材料

C. 投保单及其附表、保险费收据、保险单副本、其他材料

D. 保险费收据、投保单及其附表、保险单副本、其他材料

二、判断（每题 4 分，共 20 分）

1. 汽车保险中的暂保单与保险单一样具备法律效力。（　　）（易）

2. 汽车的保险单是由保险公司自己编号印制的。（　　）（中）

3. 车辆投保时，车辆行驶证姓名必须和投保人一致。（　　）（难）

4. 车险核保都有柜台业务员来完成。（　　）（中）

5. 保险车辆发生转移时，车险合同继续有效，不用申请批改。（　　）（中）

三、名词解释（每题 5 分，共 20 分）

1. 投保单　（易）

2. 核保　（难）

3. 标准业务　（易）

4. 事先核保　（中）

四、简答（1~5 题每题 6 分，第 6 题 10 分，共 40 分）

1. 简述汽车投保的注意事项。（中）

2. 简述核保原则。（中）

3. 简述缮制保险单证的注意事项。（中）

4. 简述续保时应提供的单据。（难）

5. 简述汽车保险核保的主要内容。（中）

6. 简述商业车险示范条款配套示范单证的构成及主要内容。（中）

项目5

事故车辆查勘

项目概述

本项目介绍了事故车辆的报案受理、交通事故的鉴定、事故现场查勘及现场情况记录等内容，通过本项目的学习，可以熟悉事故车的案件受理，进行事故车的初步鉴定，熟悉交通事故的类型、碰撞的形式等，进行事故现场查勘，了解现场记录的程序，并对现场情况进行记录。

任务15 受理报案与派工

任务目标

知识目标
1. 了解受理报案工作环节。
2. 掌握电话礼仪规范及工作内容。

能力目标
会运用电话沟通技巧与礼仪完成车险报案受理工作。

素养目标
通过车险报案电话接听主要工作内容及技巧学习，体会车险报案接听技巧及话术，通过情景模拟、角色扮演内化电话接听技能，培养人际沟通与交流及车险案件受理的专业职业技能。

学习任务

李先生在某保险公司购买了一份保险，投保险种有车损险、第三者损失险、附加车身划痕损失险和绝对免赔率特约条款。某日，李先生驾驶车辆回家途中，行驶到市区的一个十字路口时，与一辆电动自行车发生碰撞，两车均有损坏，自行车驾驶人受伤，两辆车均在事故现场，尚未报警处理。李先生向保险公司报案，保险公司人员应当如何开展接报案工作。

知识准备

一、事故报案受理

（一）报案受理工作内容

机动车辆保险事故的报案受理是理赔工作的第一环节。接待报案是对被保险人申报的出险案情进行记录、了解和核实，也是机动车辆理赔工作的开始。重视接待报案工作，对于减少机动车辆现场查勘盲目性，保证理赔工作质量有着重要意义。**接待报案工作不只是简单的报案登记、查验保险单证，更重要的是要了解清楚出险时间、出险地点、出险原因、事故类别、大致损失情况等，并根据情况合理、准确地及时处理。**

接待报案工作有以下几个环节。

1. 报案登记

机动车辆出险受损后，被保险人一般是拿着机动车辆保险证口头向保险公司报案，多以电话形式报案。为了提高保险公司理赔服务形象，为广大保户提供优质的理赔服务，大多数保险公司都开通了理赔热线服务电话，并设立了专门的接线员。理赔人员在接到报案时，应及时将有关报案信息输入系统，如保险标的（包括车辆名称、牌照号码）、保险单号码、报案人姓名（特别应登记清楚驾车人姓名，以备以后理赔核查）、报案日期以及登记本上的登记注明。除此之外，还必须将报案人的姓名、工作单位及详细住址和联系电话登记清楚，以备理赔联系之用。

2. 查抄单底

接待报案人员在报案登记完毕之后，应根据保险单号码及时进行电脑抄单。根据抄单，接待报案人员应首先确定所报事故是否属于保险责任范围，若不在保险责任范围或有以下情况，保险公司无赔偿的，在向保户解释清楚的情况下，可拒绝受理。

以下3种情况不在保险责任范围：

1）机动车辆出险日期不在保险单承保的有效期限之内。

2）所发生的危险事故不在保险单保险责任范围或投保险种内。

3）危险事故发生的结果并不构成要求理赔的条件。

对于危险事故刚刚发生或危险尚未得到控制的紧急情况，若出险地点在本地（或距离较近），为了及时掌握出险现场的实际情况和督促被保险人及时进行施救保护，抄单及现场查勘工作可同步进行，但现场查勘以后要及时核对抄单，以防盲目处理。

3. 现场查勘安排处理

接待报案人员（或称理赔内勤）根据抄单底单确认所报事故属保险责任范围之内后，应及时向部门负责人（或带班负责人）汇报，由部门负责人（或带班负责人）根据事故情况，及时安排查勘定损人员赶赴现场查勘定损，并告知应备资料及注意事项。对于案情比较复杂、损失较大的案件或一时难以确认是否属于保险责任范围内的疑难案件，应及时向部门负责人或分管领导汇报。对于重大和超过核赔权限的案件，应及时向管辖分公司或总公司报告，经查勘后，以书面形式上报管辖分公司或总公司。

对于异地事故，接待报案人应及时向部门负责人汇报，由部门负责人确定是否派人赴现场查勘或委托兄弟分公司代查勘。对需外地兄弟分公司代查勘的，应填制"委托代理机动车辆险赔案函"一式两份，一份自留附案卷内，一份连同抄单寄发（或传真）委托公司。在填制"委托代理机动车辆险赔案函"时，应注明委托事宜及要求（如事故估损限额等），并注明授委托单位电话号码、联系人姓名，以备相互联系。

对于代理外地兄弟保险公司查勘的出险案件，应登记"代理查勘"登记簿，以便备查。

接待报案工作是一项既繁杂又细致的工作，要求接待报案人员既具有丰富的机动车辆保险知识，又具有丰富的实践工作经验，还要具有较强的工作责任心，处理问题要果断、迅速、合理，报案登记、查抄底单及现场查勘安排处理要一气呵成，不能拖泥带水。否则，易造成查勘现场不及时。

接待报案工作应重点注意以下几个方面：

在了解出险原因时，重点要了解事故发生的基本过程，初步确认保险事故发生责任。如果能确认被保险人无责任，则可以考虑不参与定损。也就是说，明确向被保险人表明此事故保险公司不承担保险责任，比如被保险车辆被他人人为地损伤（敲击或擦划）的情况。

机动车辆出险后，被保险人报案一般是直接报案或电话报案或电话委托他人报案。对直接报案的，一般要求报案者（或事故当事人）及时书写事故经过，以备以后理赔时核实确认。因为，一般情况下，事故发生当时报案人所述经过基本上是真实的。要求被保险人报案时书写事故经过，在理赔堵漏中能起到一定的作用。例如，因第三方责任所造成的被保险车辆损失，按机动车保险条款规定："被保险车辆发生保险责任范围的损失应当由第三方负责赔偿的，被保险人应当向第三方索赔。如果第三方不予支付，被保险人应提起诉讼。在被保险人提起诉讼后，保险人根据被保险人提出的书面赔偿请求，应按照保险合同予以赔偿……"事实上，对于第三者所造成的较小事故被保险人往往不愿意行使起诉权。对此类问题，部分被保险人不甘心放弃索赔权益，因此在索取证明时有可能改变原来真实的事故发生原因。

4. 编号立案

经查抄底单并复核后，凡属可以受理的案件，理赔内勤应及时登录"机动车辆赔款案件登记簿"并编号立案，编号应按报案时间的先后顺序。同时，应向被保险人签发"索取单证通知"，注明理赔所需的单证及内容，并要求被保险人及时填写"机动车辆险出险通知书"，此通知书作为被保险人索赔的正式依据。编号立案后，理赔内勤应将"报案登记表"、保险单副本抄件以及其他有关记录、单证、报告等文件归入案袋（或案夹）内，妥善保管，以便查勘定损完毕后，连同定损单一并转入理赔内勤，待被保险人事故处理完毕，交齐索赔所需单证后转入赔案制作环节。

（二）报案受理的工作流程

1）**接受报案，查看保险单信息，核实客户身份**。接报案工作人员在接到报案后，应该在理赔系统"报案受理页面"查看保险单的有关信息，与报案人核对被保险人名称、车牌号码、车辆型号等信息。核实出险车辆确为承保车辆以及保险期限、投保险别、保险费到账情况等承保信息。

2）**记录报案信息**。如果出险车辆属于保险公司的承保车辆、出险时间在保险单有效期内、属保险单承保险别的情况，应详细询问案件的信息，并在报案平台中记录。

3）**判断保险责任**。根据被保险人对案件过程的描述，接报案人员可初步判断事故是否属于保险责任，如果事故明显不属于保险责任，接报案人员应耐心向客户解释保险公司不承担赔偿责任的原因，并注意收集案件与报案人的信息。如果属于保险责任，则接报案人员应当重述报案信息并与报案人员确认。

4）**确定受理意见**。在判断保险责任后，接报案人员根据案件情况，正确确定案件的受理意见，如同意受理，则理赔系统自动生成报案号。

5）**告知注意事项**。理赔系统在受理报案后自动生成报案号，接报案人员应告知客户报案号的后面几位，以便客户进行后续处理，并告知客户查勘人员将尽快与其联系；同时，应告知注意事项及索赔流程。

车险接报案流程及规范用语如图 15-1 所示。

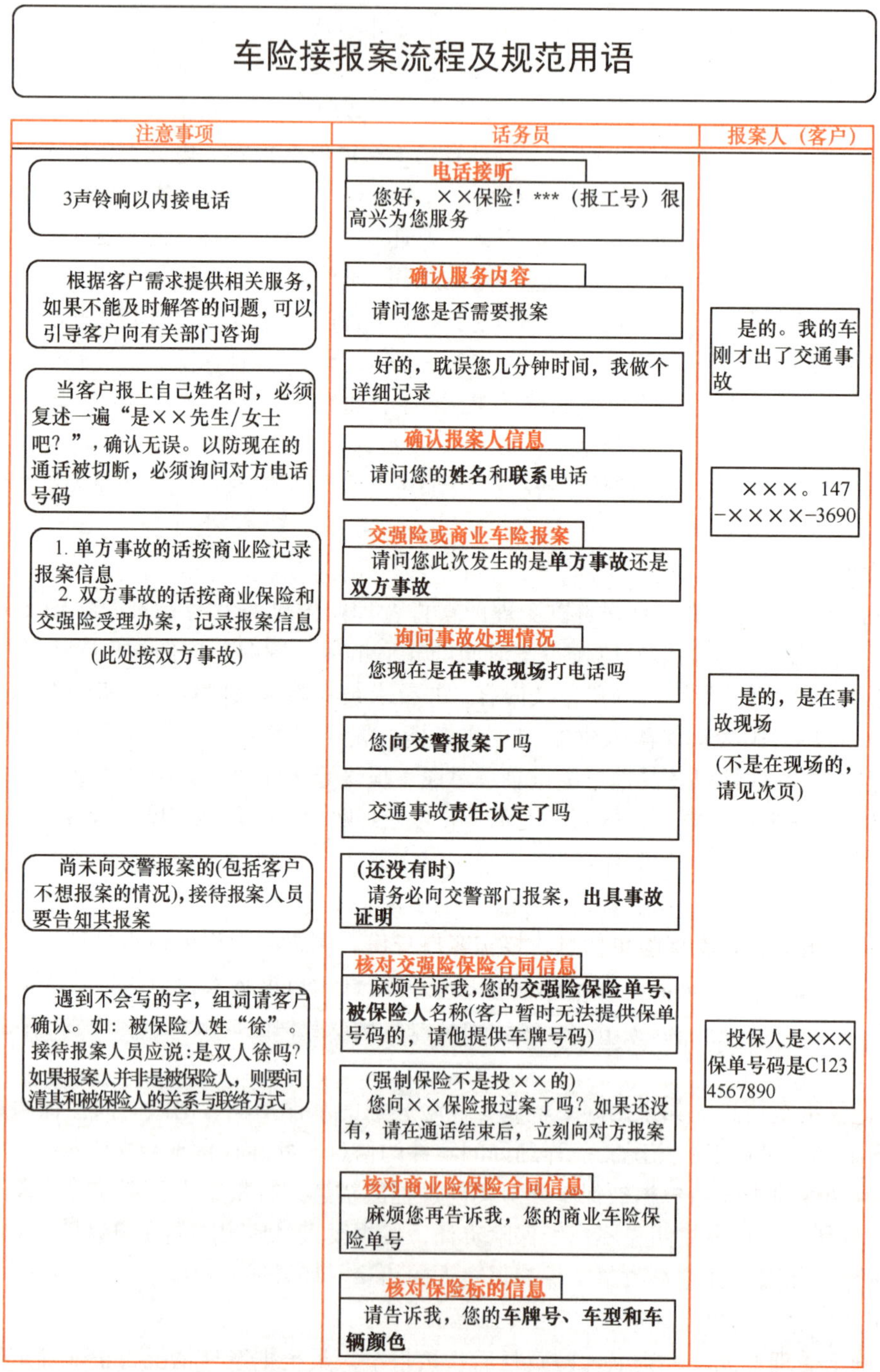

车险接报案流程及规范用语

注意事项	话务员	报案人（客户）
3声铃响以内接电话	**电话接听** 您好，××保险！***（报工号）很高兴为您服务	
根据客户需求提供相关服务，如果不能及时解答的问题，可以引导客户向有关部门咨询	**确认服务内容** 请问您是否需要报案	是的。我的车刚才出了交通事故
	好的，耽误您几分钟时间，我做个详细记录	
当客户报上自己姓名时，必须复述一遍"是××先生/女士吧？"，确认无误。以防现在的通话被切断，必须询问对方电话号码	**确认报案人信息** 请问您的姓名和联系电话	×××。147-×××-3690
1. 单方事故的话按商业险记录报案信息 2. 双方事故的话按商业保险和交强险受理办案，记录报案信息 （此处按双方事故）	**交强险或商业车险报案** 请问您此次发生的是单方事故还是双方事故	
	询问事故处理情况 您现在是在事故现场打电话吗	是的，是在事故现场 （不是在现场的，请见次页）
	您向交警报案了吗	
	交通事故责任认定了吗	
尚未向交警报案的(包括客户不想报案的情况)，接待报案人员要告知其报案	**（还没有时）** 请务必向交警部门报案，**出具事故证明**	
遇到不会写的字，组词请客户确认。如：被保险人姓"徐"。接待报案人员应说:是双人徐吗？如果报案人并非是被保险人，则要问清其和被保险人的关系与联络方式	**核对交强险保险合同信息** 麻烦告诉我，您的**交强险保险单号、被保险人名称**(客户暂时无法提供保单号码的，请他提供车牌号码)	投保人是×××保单号码是C1234567890
	（强制保险不是投××的） 您向××保险报过案了吗？如果还没有，请在通话结束后，立刻向对方报案	
	核对商业险保险合同信息 麻烦您再告诉我，您的商业车险保险单号	
	核对保险标的信息 请告诉我，您的车牌号、车型和车辆颜色	

图 15-1 车险接报案流程及规范用语

二、案件调度派工

调度派工是报案受理结束后，保险公司安排查勘人员对人伤亡情况及车辆、财产损失情况等进行现场查勘、损失确定和案件跟踪的过程。调度派工根据派工对象的不同可以分为不同的类型。调度人员在派工时，需根据案件类型进行正确派工。

（一）案件调度工作原则

1）统一管理原则。案件调度工作由总负责人垂直授权管理，各业务部门主管协调。

2）就近分派原则。以距离远近为基准，就近分配。

3）应委托方要求原则。根据委托方要求，调派指定查勘员。

4）无条件响应原则。查勘员必须无条件接受呼叫中心调度人员调度。

5）首问负责原则。原则上呼叫中心最先接到案件的接待报案人员为该案件的首问责任者，负责受理、登记、调度、跟踪、督办等中间环节的沟通、协调、处理，直至公估报告的邮寄与归档。

（二）案件调度和处理（调度岗）

1）联系查勘员。确认委托后呼叫中心调度人员根据案件调度工作原则就近调派查勘员。

2）短信派工。调度中心调度人员将此案查勘信息以短信形式发至查勘员。告知所需查勘案件的全部已知信息。短信派工结束后，调度中心调度人员负责与查勘员联系，询问是否收到短信，确认其是否与当事人取得联系，通话时间应在1min内。将案件抄单第一时间传给案件负责人。

3）任务改派。调度中心调度人员调派的查勘员不能接案时，及时协调其他查勘员。

4）派工回访。派工10min后与保户联系，确认查勘员是否与其取得联系并预定查勘时间。

（三）调度派工工作要点

1）衡量案件的缓急和难易。

2）准确传递信息。

3）明确提示疑点。发现疑点时，提醒查勘员注意，做好应对准备。

4）优化配置和合理利用资源。

任务实施

步骤1 拟订任务实施计划

对于客户的报案，接待报案人员应当及时、有效地进行处理。

步骤2 接受报案

对于客户通过拨打服务热线进行报案，电话接待人员应及时接受报案，不能让客户久等。接待报案人员在接客户的报案时，应使用保险公司标准化用语，如"您好！这里是××保险公司理赔中心，我是××号接待员，请问有什么我可以帮助您?"。对于上门报案的客户，保险公司必须保证有人进行接待。

步骤3 查核保单抄件

1）查看保险单抄件，核实承保情况。初步确认承保范围即受理项目是否在承保险种责任范围内。

2）解释不予受理原因。

步骤4 记录报案信息

确认属于可以受理的案件后，接待报案人员应详细询问案件的相关信息，并做记录。主要的记录信息有：

1）报案人姓名及其与被保险人的关系、联系电话等。

2）保险单号、被保险人名称、出险车辆的车牌号和厂牌车型。

3）出险时间、地点、原因及经过，驾驶人姓名、联系方式等。

4）车辆受损程度及部位，能否开动，现车辆所在或停放地点，施救情况；是否有人受伤及受伤人数，是否住院等。

5）人员伤亡情况包括伤者姓名、送医院时间、就医医院名称及地址、伤者与被保险人的关系。

6）受损财务种类、所有人名称、施救情况及与被保险人的关系。

7）本次事故是否已报警处理，交警的处理意见或双方协商的情况。

步骤5 判断保险责任

1）接待报案人员根据客户对事故的描述，对案件进行初步判断，对明显不属于保险责任的案件，接待报案员可直接告知报案人，并进行解释。对于可能不属于保险责任的情况，接待报案人员应不予表态，应详细收集案件信息，并记录在报案记录中，在调度派工时提示查勘人员。

2）如果案件属于保险责任，详细询问案件情况，注意在报案人叙述完相关内容后，对案件的要点进行重述，并与报案人确认避免遗漏案件的信息，特别对于风险点要详细记录。

3）根据案件的损失情况，选择案件的类型，给出案件受理意见，录入理赔系统，确认后生成报案号。

步骤6 告知注意事项

1）提醒报案人需要采取防止损失扩大的必要和适当的应急措施。

2）向报案人说明公司理赔的一些规定、定损时必要的证件。

3）告知客户以下情况必须保护现场并立即报警：发生人员伤亡事故的；机动车无号牌的；事故有争议的；不能自行移动车辆的；碰撞建筑物、公共设施或其他设施的。同时，要求客户在索赔时需提供交警部门事故认定书。

4）人伤案件和盗抢案件应要求报案人留下当事驾驶人的姓名和电话号码等联系方式。

5）对于《道路交通法》规定的不需交警出警的情景，指导客户与对方达成赔偿协议。

6）通话结束，告知客户查勘人员会尽快进行处理。

步骤7 案件调度派工

1）接收待调度案件。

2）获取案件信息。

3）联系查勘人员派工。

4）系统派工。

任务评价

任务评价表见任务工单。

知识点提示

1. 报案受理工作流程
报案受理工作流程如图 15-2 所示。
2. 调度派工流程
调度派工流程如图 15-3 所示。

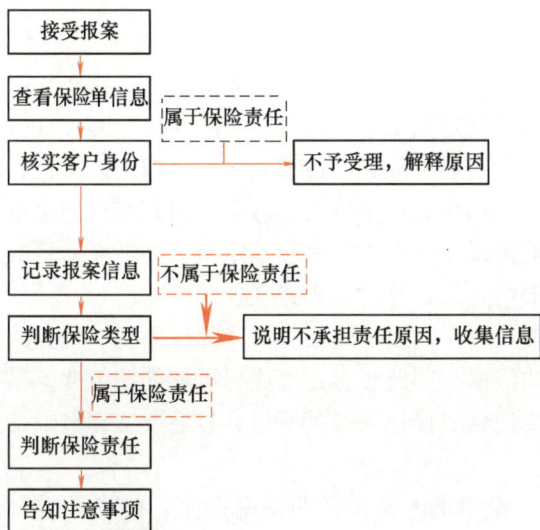

图 15-2　报案受理工作流程

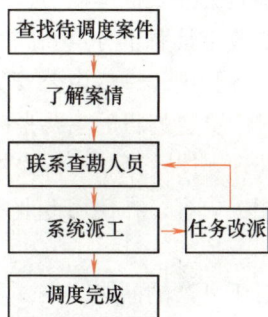

图 15-3　调度派工流程

任务16　交通事故认定

任务目标

知识目标
1. 了解交通事故类型、交通事故鉴定内容。
2. 掌握汽车碰撞类型及交通事故鉴定基础知识。

能力目标
能运用交通事故鉴定的基础知识识别交通事故和碰撞类型等进行交通事故认定。

素养目标
具备查勘员的基本职业素养，树立安全意识及遵守交通规则意识。

学习任务

　　保险公司接到报案，报案人称 10min 前，其驾驶一辆丰田轿车回家途中，由于路上车辆较为拥挤，行驶到市区的一个十字路口时，与另外一辆大众轿车发生碰撞，两辆车均有损坏，无人员受伤，两辆车均在事故现场，尚未报警处理。保险公司派出查勘员小李进行处理。小李应如何开展工作？

知识准备

一、交通事故鉴定

1. 交通事故鉴定的意义

　　交通事故是指参与道路交通活动的各种汽车和非汽车驾驶人、行人、乘车人以及其他在道路上进行与交通有关活动的人员，因违反道路交通管理法规和条例的行为，过失造成人、畜伤亡和车物财产损失的交通事件。发生交通事故就会造成人身伤害或财产损失，对于被保险车辆就会涉及保险赔付，有些还会涉及刑事或民事诉讼。因此，对汽车交通事故进行科学公正的鉴定具有十分重要的意义。一般来说，汽车交通事故鉴定可以委托交通事故鉴定专家进行。在我国，一般由公安交通管理部门负责，并出具正式文件。

　　科学鉴定的目的主要是向事故处理人员、理赔员或法官及律师说明科学解释的程序，为事故处理、保险理赔和诉讼提供科学的依据。因此，鉴定书应尽可能简明扼要、易于有机地把握相关内容；在使用专业术语时，要通俗易懂地解释其意思；叙述要文理清晰，避免杂乱无章。

　　对于复杂的问题，在"鉴定经过"章节的开始要说明鉴定程序。在"考证内容"一节中要对证据中的重要资料进行详细的说明，并以此为基础对事故形态进行考证分析与推理计算。可以充分利用图表、图形和照片加深对事故过程及形态的认识，某些场合可以利用模型和录像。

　　鉴定内容如下：

1）碰撞事故的发生形态。

2）单车事故的发生形态。

3）碰撞车速、制动前的车速。

4）碰撞地点的特殊情况（违章情况）。

5）碰撞姿态（碰撞时的相对姿态、碰撞角度等）。

6）碰撞发生前事故车的运动状况与驾驶人的动作。

7）避免发生碰撞的可能性。

8）是否为追尾或妨碍行车。

9）该事故是否真实存在（是否伪造事故）。

10）该事故是否为故意（蓄意）的（自杀事故、他杀事故）。

11）驾驶人是谁。

12）是否是因车辆故障引发的事故（使用不当、维护不当、缺陷车）。

13）车辆发生火灾的原因。

14）废气中毒死亡事故的原因。

15）交通信号灯状态。

16）乘车人所受的冲击。

17）碰撞所造成的乘车人身体运动状况。

18）事故与受伤之间的因果关系。

19）碰撞的顺序（台球式追尾或堆积式追尾）。

20）证言的真伪。

21）相反证言、相反鉴定结果真伪的判定。

22）引发事故的诱因。

2. 汽车交通事故的形态

大部分的汽车交通事故是碰撞事故。从科学鉴定理论的观点来说，汽车碰撞具有如下几个特点：

1）是车辆之间相互交换运动能量的现象。

2）是相互挤压，通过车身的损坏（塑性变形）来消耗一部分运动能量的现象。

3）是部分相互损坏（塑性变形），而另一部分相互排斥（反弹、弹性变形）的现象。

4）在进行运动能量交换的同时，有时会将一部分运动能量转换为角运动的现象。因此，发生碰撞事故的车辆不仅存在平移运动，有时还伴随有旋转运动。

5）由于惯性作用，乘车人与车辆之间会产生相对运动。这就是二次碰撞，即乘车人受伤的原因。

6）碰撞现象一般发生在 $0.1 \sim 0.2s$ 极短的瞬间。

在碰撞中未消耗掉的能量则通过碰撞后车辆和乘车人的运动，以摩擦功的形式消耗掉。碰撞后的运动时间通常为数秒，整个碰撞过程几乎是人力无法左右的纯物理现象，这使得车辆碰撞事故的科学鉴定具有极高的客观性。碰撞和碰撞后的运动结果主要是造成车辆损坏、乘车人受伤、路面痕迹（胎痕、车身的擦痕、路面上的散落物）等。

车辆交通事故的科学鉴定，就是根据这一事故的"结果"，即车辆的损坏和乘车人的伤害程度、路面痕迹等（同时参考目击者的证言），对照自然规律、汽车运动特性、结构特点、人体工程学等准确地再现碰撞现象，然后追溯、推定构成事故"原因"的碰撞发生前的车辆运动状态与乘车人的动作。

交通事故中发生的这些物理现象一定会遵循以牛顿三大定律为首的物理定律而产生和发展，因此，只要正确地记录碰撞的结果，就能够完全正确地反推出交通事故发生的过程和原因。所以说，车辆交通事故鉴定具有高的实证性。

3. 交通事故鉴定的知识构成

汽车交通事故的科学鉴定涉及多学科知识，说明交通事故发生过程，必须广泛地跨学科集中收集相关知识，如包括碰撞力学、汽车运动特性、汽车构造特性和人体工程学等。

碰撞力学的基本知识主要包括各种力学的基本概念、术语、牛顿三大定律、能量守恒定律、动量守恒定律、有效碰撞速度、相对碰撞速度、反弹系数、摩擦系数、塑性变形等定义，以及必须加深对作为碰撞物体的汽车特性的理解。汽车运动特性的基本知识，主要应加深对加速、制动、转向等汽车的运动，以及控制机械故障的原理、实验知识（实际经验）的理解。

在车辆构造特性的基本知识中，车身作为碰撞物体的特性至关重要。这是因为必须根据车身的损坏状况逆推出碰撞事故的发生过程，完成这些工作，还需要材料力学、破坏力学等方面的理论知识。人体工程学的基本知识重点在于分析视觉、知觉反应时间，打瞌睡、酒后驾车、人体的耐冲击性等知识，以明确事故责任之间的关系。

4. 交通事故鉴定的注意事项

在进行汽车交通事故科学鉴定的过程中，应注意如下事项。

(1) 坚持中立性　在交通事故鉴定过程中，一定要坚持科学性、公正性，要遵守职业道德。错误的鉴定结果一般分为结论前提型（先入为主型）和错觉型两种。

导致结论前提型鉴定的原因和理由是鉴定人按照鉴定委托方所希望的结论，适当地捏造和杜撰。错觉型鉴定是一种非恶意的、无意的错误鉴定，为了避免出现这种情况，必须细致谨慎，按要求进行科学鉴定。

(2) 做到通俗易懂　鉴定书要作为证据用于事故处理、理赔处理，甚至法庭诉讼。在这些过程中所涉及的人员普遍不熟悉科学鉴定中所使用的科学概念、定律、技术术语等。因此，鉴定书的撰写应尽可能简明扼要，不要在一些细枝末节上纠缠不清，应使外行人也能读懂。将一些专业性比较强的论证部分作为附录，还可适当地添加一些图表、照片、图形、录像等，这样有助于加深感性认识。

(3) 做到天网恢恢，疏而不漏　要保证交通事故鉴定的客观性，最重要的是不受事件的细节所束缚，要完整地观察事故的全貌。不要过分拘泥于事故的部分细节，不要拘泥于某一特定的证据或理论设定假说。否则，会造成严重后果。

(4) 避免先入为主　这是在强行做出结论前提型鉴定时的常用手段。在鉴定过程中，必须清楚所做的考证过程与提交的结论之间的关联性，依靠考证的条理性与来龙去脉让相关人员弄清楚鉴定的结论。

(5) 避免使用夸大其词的逻辑推理　使用夸大其词的逻辑推理是在强行做出结论前提型鉴定时常见的方法。在鉴定时明显夸大损伤的程度，故意忽略难以掩盖的明显损伤的例证，以特定的不确切的证言或风闻为依据，故意展开故事情节，并围绕这些因素进行各种求证，来解释其理论的正确性。这种方法在事故鉴定中有极大的危害性。

(6) 从多种角度观察、论证　事故鉴定的证据主要分为证明碰撞及碰撞发生前的运动、碰撞发生后的运动状况的物证和证人的证言两种。实际上，碰撞发生前的运动状态与碰撞过程及碰撞后的运动状态紧密相关，各种状态之间的相互关系完全可以通过力学计算按时间序列追溯推定。因此，交通事故这一物理现象可以依据大量可靠的证据从多方面、多角度查证。

(7) 鉴定结论必须充分考虑采样数据的误差　当通过实验室来处理交通事故鉴定问题时，因与外界存在着各种可控条件的误差，会使鉴定结论存在较大的误差。

(8) 着眼于关键证据　在整个鉴定过程中，往往是某一关键证据决定着鉴定结论的真伪。

二、交通事故类型

（一）交通事故的碰撞类型

汽车与汽车之间发生的碰撞事故，按事故发生后的碰撞结果可分为正面碰撞、追尾碰撞、迎头侧面碰撞和斜碰撞4种。

1. 正面碰撞

相向行驶中车辆间发生的迎头正面碰撞。该现象多发生在超车过程中与对面来车相撞；在视线不良的弯道上与对面来车相撞；因其他原因驶入逆行车道，与对面来车发生的迎头正面相撞。由此引发的正面相撞一般不会引起车辆发生侧滑，所以不产生摩擦力。

2. 追尾碰撞

追尾碰撞一般发生在行进过程中，由于跟车距离过近，当前车猛然减速或紧急停车时，后车采取措施不力或在雨雾天行车视线不良，后车发现前车时由于距离太近，来不及采取措施而导致车头与前车尾部相撞。此时的碰撞面为正面，不会引起车辆发生侧滑，所以不产生摩擦力。

3. 迎头侧面碰撞

迎头侧面碰撞是指基本上垂直于被撞车辆的车身侧面的迎头碰撞。该现象多发生在无交通信号控制的交叉路口，两车垂直方向直行且同时进入路口时发生的拦腰碰撞。另外，在路口左、右转弯行进的车辆也可能发生此类碰撞事故。

4. 斜碰撞

斜碰撞是指有别于正面碰撞和迎头侧面碰撞的一种以锐角或钝角形式相互接近的碰撞。斜碰撞多发生在躲避正面碰撞和迎头侧面碰撞时；左、右转弯车和直行车之间会发生斜碰撞。此时由于是重心与重心偏斜的碰撞，且碰撞面之间不呈直角，所以碰撞将伴随有旋转运动（角运动），车辆有侧滑现象发生，会有摩擦力。

（二）交通事故的行驶类型

1. 城市交通事故

（1）直行事故　市区非主要路口及边远郊区，由于没有安装红绿灯，直行车辆发生事故的概率较大，约占事故总数的30%。

（2）追尾事故　多发生在遇红灯急停车时，由于前后车距过近而追尾，或发生在雨雾天气，约占事故总数的13%。

（3）超车事故　快速车在超慢速车时与对面车相撞，或与突然横穿的行人、骑车人相撞而导致；夜间超车时遇对向车炫目灯光，亦常造成事故，约占事故的12%。

（4）左转弯事故　交叉路口左转弯时，交织点多，车与车、车与人冲突可能性增大，常引发事故，约占事故总数的25%。

（5）右转弯事故　在巷道的进出口、单位大门的进出口和一些十字路口，是右转弯事故的多发之处，约占事故总数的20%。

2. 山区公路交通事故

（1）窄道事故　由于公路等级低，若有塌方、损坏失修，多处路径狭窄，行驶车辆不减速，会车不礼让、抢先行，往往导致事故。

（2）弯道事故　行驶弯道，如车速过快、超载或操作失误，易造成事故。

（3）坡道事故　行驶坡道，常见车辆前溜或后溜（往往发生在超载车辆或"病"车上），一旦操作失误，则事故难免。

3. 干线公路交通事故

我国干线公路密布山区和乡镇，且少划中心线和快慢分道线，由此引发常见事故。

（1）会车事故　由于一般车辆均居路中行驶，一旦车速快而会车不注意礼让，临近才避躲，则往往避躲不及相撞。

（2）超车事故　居路中行驶，若有一方超车，如措施不及或操作失误则会导致相撞。

（3）停车事故　干线路窄而随意停车多，尤其在夜间，一旦停车不开尾灯，或车周边未安置警示物，过往车辆则易与停车相撞而导致事故。

（三）交通事故的伤亡类型

交通事故伤亡分为轻微事故、一般事故、重大事故和特大事故。

（1）轻微事故　这是指一次造成轻伤1~2人，或者财产损失机动车事故不足1000元，非机动车事故不足200元的事故。

（2）一般事故　这是指一次造成重伤1~2人，或者轻伤3人以上，或者财产损失不足3万元的事故。

（3）重大事故　这是指一次造成死亡1~2人，或者重伤3人以上10人以下，或者财产损失3万元以上不足6万元的事故。

（4）特大事故　这是指一次造成死亡3人以上，或者重伤11人以上，或者死亡1人同时重伤8人以上，或者死亡2人同时重伤5人以上，或者财产损失6万元以上的事故。

三、交通事故鉴定的基础知识

（一）视觉

安全行车与躲避危险所必需的信息，大部分是通过视觉摄取的，通过视觉驾驶人可以获得80%的行车信息。视觉问题包括可视距离、视野、识别、光照适应与炫目等。

1. 可视距离

对于驾驶人来说，"能看多远"对行车安全起着至关重要的作用，直接影响能否正确识别所看到的对象物。"能看多远"具体来说可分为可视距离和视野。可视距离基本上受亮度制约。夜间行车，前照灯的亮度直接决定着可视距离。车速也会间接影响到可视距离。

对象物的反射率直接影响着可视距离。在夜间，汽车行驶在狭窄的道路上，对穿着黑色衣服的行人只有非常接近时才会发现。车辆行驶速度的高低会使可视距离产生较大的偏差。因此，行人和自行车的反射率对交通安全有特别重要的意义。

人与视物的关系可分为：人与视物都静止的称为静止视力；人在移动的物体上，看静止的视物称为移动视力；移动的人看移动的视物，人和物都在移动，称为移动体视力。与静止视力相比，移动视力约下降5%，移动体视力约下降10%。汽车安全技术条件中对灯光的安全照射距离都有详细的规定。

2. 视野

视野即生理性视觉的极限角度，左、右两眼分别为160°。中间重叠的视野为左、右各60°，确认色彩的视野为正前方左、右35°。一般说来，人的最佳视野为：水平±45°，垂

直 $\pm 30°$。夜间视野主要受前照灯光的定向性所制约。间接视野由驾驶人的眼位和后视镜的特性决定。

3. 识别

驾驶人在行车过程中要有短暂的时间中断注视前方，用眼的余光去识别交通信号、交通标志、仪表、警报器等。所以这些装置应易于识别，一看就懂。

识别的要素主要有：颜色、形状、尺寸、表示方法、设置场地、与其他景物的相对关系等。

色彩鲜艳的颜色易于识别，所以交通信号、车辆的灯光、仪表、警报装置都采用了红、黄、绿等颜色。行驶着的车辆的尾灯与在路旁紧急停车的尾灯都是红色。

各种信息形状的图形越简单、边角越少，越容易识别。

设置场所与其他景物的相对关系对识别效果有较大的影响。信号或标志的设置高度应与驾驶人眼睛的位置相适应，应在眼睛的有效视野范围之内。

4. 光照适应与炫目

人眼对光的适应有两种情况，即"暗适应"与"亮适应"。行驶在明亮处的车辆，一旦进入较暗的隧道，驾驶人视力会暂时性的极度下降。相反，当从黑暗的隧道行驶到较明亮的外部时，会有因外部太明亮，眼睛不适应而看不见东西，这就是光适应问题。眼睛"暗适应"需要较长的时间，一般5min可恢复40%，10min能够恢复65%。眼睛"亮适应"恢复较迅速，一般1~2s就可恢复。

相向行驶车辆的前照灯光束，映入眼睛后会使人炫目，有时还会看不清附近的行人，这就是"炫光影响"。随着炫光的照度增强，可视距离急剧下降。因此，交通法规规定，两车交会时要关闭远光灯，打开近光灯，以防止炫目。

（二）知觉与反应

行车过程中，从特殊景象进入驾驶人视野到采取相应行动的时间，即知觉反应时间。知觉反应时间包括如下4个过程：

1）发现，即把外部信息情报摄入到大脑内的时间。一般是通过视觉发现。

2）识别，是对发现的情形做出判断。

3）决定行动，识别后决定采取什么样的行动，即产生行动命令的信号。

4）反应，行动命令信号传递给手脚的肌肉组织，到开始操作的时间称为反应时间。这一反应时间通常因人而异，反应敏捷的为0.45~0.85s；反应迟钝的超过1.13s。反应时间还和驾驶人的心理状态有关（疲劳、饮酒等）。另外一个关键的问题是，驾驶人从发现到识别后，能否做出正确的判断，确认危险的存在。也就是说，驾驶人能否正确判定什么时间把脚从加速踏板上收回，什么时间踩制动踏板。在有限的时间内，行驶中的驾驶人发现、确认危险情况是一种概率现象。

（三）驾驶状态

驾驶人在行车过程中的精神状态是一种生理现象，这是造成交通事故的主要原因之一。不正常的驾驶状态有如下几种：疲劳型打瞌睡、单调型打瞌睡、酒后驾驶等。

1. 疲劳型打瞌睡

开车虽然并不是一种重体力劳动，但会使中枢神经特别是视觉神经的负担较重，长时间行车，会加重中枢神经的疲劳，导致驾驶人打瞌睡。"感觉刺激的阻断"过程是"疲劳就要休息"，这是十分自然的自卫性生理现象。

2. 单调型打瞌睡

长时间在单调的环境下，人的感觉受到刺激的新鲜感就会消失，紧张感钝化，感到厌烦，最终导致催眠状态。

如果驾驶人在夜间单独长时间驾车行驶在单一环境的直线公路上，由于缺乏变化，最终会变得单调乏味。因此，为了减少这种现象的发生，在高速公路上应适当设置一些弯道。

3. 酒后驾驶

饮酒、酗酒会给驾驶人带来生理、精神和心理上的不良影响。在生理上，会延长知觉反应时间，导致视力下降、视野变窄、多种感觉钝化、动作不协调等，综合驾驶能力下降。

醉酒会对人的心理和精神造成更大的影响，可导致与正常人完全不同的精神和心理状态，包括情绪不稳定及感情控制力下降、注意力下降、理性判断能力下降、意识范围变窄、信息处理能力下降、预测准确度下降、危机感麻痹和不自觉地夸大运动能力等。

酒精的氧化速度因人而异。一般认为，血液中乙醇浓度在 0.05% 以下时，对驾驶无影响；血液中乙醇浓度为 0.05% ~ 0.15% 时，不适合驾车；乙醇浓度超过 0.15% 时，对所有人都会有影响，不适宜驾车。

知识链接

交通事故责任划分

公安机关交通管理部门应当根据当事人的行为对发生道路交通事故所起的作用以及过错的严重程度，确定当事人的责任。

1）因一方当事人的过错导致道路交通事故的，承担全部责任。

2）因两方或者两方以上当事人的过错发生道路交通事故的，根据其行为对事故发生的作用以及过错的严重程度，分别承担主要责任、同等责任和次要责任。

3）各方均无导致道路交通事故的过错，属于交通意外事故的，各方均无责任。

4）一方当事人故意造成道路交通事故的，他方无责任。

省级公安机关可以根据有关法律、法规制定具体的道路交通事故责任确定细则或者标准。

任务实施

步骤1 拟订实施计划

步骤2 接待报案人报案

1）联系报案人，了解交通事故的情况，重点要了解事故类型、碰撞类型等。

2）根据报案人的描述，对事故的性质、严重程度做出初步判断，提醒当事人应采取的措施。

步骤3 现场调查

1）到现场后，向报案人了解出险情况。核实事故造成的人员伤害、财产损失等情况。

2）核实相关单证，核实车辆情况，核实出险当事人的情况。

步骤4　确定交通事故处理方法

根据调查情况，判断是否应当报警处理。

步骤5　认定交通事故责任

根据《道路交通法》初步认定交通事故责任，应与交通管理部门的一致。

任务评价

任务评价表见任务工单。

知识点提示

1. 交通事故处理的一般程序

交通事故处理的一般程序如图16-1所示。

2. 交通事故责任类型

交通事故责任类型如图16-2所示。

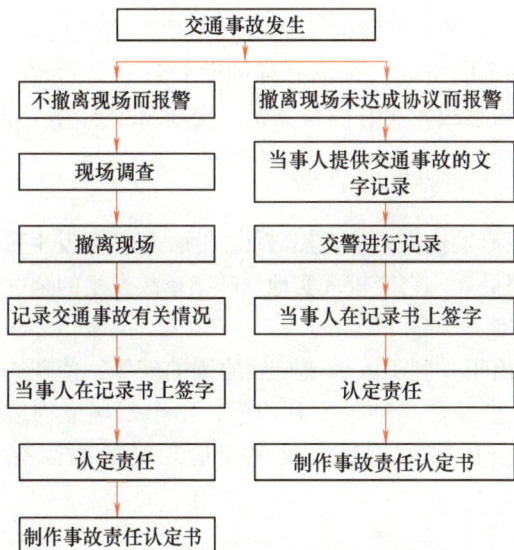

图16-1　交通事故处理的一般程序　　　图16-2　交通事故责任类型

任务17　事故现场查勘

任务目标

知识目标

1. 了解事故现场查勘的工作内容。

2. 掌握交通事故现场的查勘程序及交通事故鉴定基础知识。

能力目标

能完成简单事故现场的查勘工作。

素养目标

结合实际情景演练引导学生感受查勘准备工作的繁琐与重要性，培养学生认真仔细的品行，将查勘员职业素要求内化于心、外化与行。

学习任务

查勘员晚上8点接到任务，在大概10min前，某市区街道十字路口，发生一单交通事故，两车相撞，导致双方车辆受损，人员受伤，其他情况不明。现需对此交通事故进行处理。

知识准备

一、交通事故现场的处理

（一）事故现场

交通事故现场（以下简称现场）是指发生交通事故的车辆及其与事故有关的车、人、物遗留下的同交通事故有关的痕迹证物所占有的空间。现场必须同时具备一定的时间、地点、人、车、物5个要素，它们的相互关系与事故发生有因果关系。交通事故现场可分为原始现场和变动现场。

1. 原始现场

原始现场指发生事故后至现场查勘前，没有发生人为或自然破坏，仍然保持着发生事故后的原始状态的现场。这类现场的现场取证价值最大，它能较真实地反映出事故发生的全过程。

2. 变动现场

变动现场指发生事故后至现场查勘前，由于受到了人为或自然原因的破坏，使现场的原始状态发生了部分或全部变动。这类现场给查勘带来种种不利因素，由于现场证物遭到破坏，不能全部反映事故的全过程，给事故分析带来困难。出现变动现场的原因有如下几个：

1）为抢救伤者或排除险情而变动了现场的原始位置。

2）执行任务的消防、救护、警备、工程救险车，肇事后因任务需要驶离现场。

3）过往车辆和行人及现场围观群众。

4）自然原因（刮风、下雨、下雪、日晒等）。

5）主要交通干道或繁华地段发生的事故，需及时排除交通堵塞而移动肇事车辆及相关证物。

6）伪造和破坏现场。当事人为了逃避责任或进行保险诈骗，对现场进行破坏和伪造。这类现场事故状态不合常理，不符合客观规律。

7）恢复现场。恢复现场有两种情况：一是对上述变动现场，根据现场分析、证人指认，将变动现场恢复到原始现场状态；二是原始现场撤除后，因案情需要，根据原现场记录图、照片和查勘记录等材料重新布置恢复现场。

（二）现场询问笔录

（1）交通事故询问技巧的内容包括四部分　第一，重视现场询问；第二，正确地使用证据；第三，发现和利用矛盾；第四，适时进行说服教育。

（2）现场询问的对象　现场询问的被询问人包括3个方面：肇事车辆的驾驶人，其他当事人和证人。

（3）现场询问的任务　有两项，第一，查找被询问人，认定和查实当事人的身份，寻找证人；第二，现场询问，取得询问笔录。现场询问的内容：

1）肇事前的行驶情况，肇事车是谁驾驶的，使用档位、行驶的车道或位置，行驶的方向和速度。

2）发生事故的基本情况，事故的时间、地点、当时的交通状况。

3）事故各方在道路上各自行驶（走）的方向、位置、状况和速度。

4）发现对方的地点、距离。

5）感到危险的地点和距离，发现危险时的心理状态。采取了什么措施，采取措施的地点和相互间的距离。

6）相互接触的地点，事故形态、接触部位。

7）事故后的车辆轨迹，当事各方停止的地点和状态。

8）抢救伤员、保护现场，报警的情况，是否变动了现场，变动的原因和内容，是否做了标记，有无证人等。

二、事故现场查勘

（一）交通事故查勘模式

根据事故案件类型及报案人具体情况，保险公司可以采取以下模式开展查勘工作。

1. 现场查勘模式

事故发生后，客户现场报案，车辆仍在出险现场，查勘员前往出险现场进行查勘。该模式适用于客户要求现场查勘或公司为控制风险而要求进行现场查勘的案件。

2. 在线远程查勘（客户自助查勘）模式

客户在出险现场通过微信、APP客户端等方式进行拍照上传，线上查勘人员远程进行指导、照片审核并收集客户出险信息，在线审核案件真实性，完成查勘操作。该模式应注意复杂案件与特殊案件的风险控制和后期处理的衔接。

3. 非现场查勘模式

事故发生后，客户在事故车辆离开现场后进行报案，或者客户报案后事故车辆离开现场，不能或不必在出险现场进行查勘工作。该模式适用于交警快速处理、快处快赔等类型案件；不适用于重大案件、夜间出险及保险公司认为的其他高风险案件、可疑案件。

4. 现场复勘模式

事故发生后，事故车辆离开现场后客户向保险公司报案，或者客户报案后事故车辆未经查勘离开现场，但为核实事故真实性，需客户返回出险现场进行复勘工作。该模式适用于重大案件、夜间出险及保险公司认为的其他高风险案件、可疑案件。

（二）事故现场查勘准备

现场查勘是一项细致、烦琐又复杂的工作。因此，在查勘前必须根据现场的具体情况，确定查勘的范围、顺序和重点，拟定查勘方案，按确定的顺序和步骤展开查勘。

现场查勘范围根据事故类型而定。查勘人员到现场后，应及时向现场保护人员了解事故情况，现场有无变动及变动的原因和范围，必要时根据当事人和证明人的记忆恢复现场。

对于现场范围比较小，肇事车辆和证物痕迹比较集中的现场，以肇事车辆为中心由内向外展开查勘。

1）对于肇事车辆和证物痕迹比较分散的现场，查勘顺序要灵活掌握。以重要部位和可能遭受破坏的部位为重点进行查勘，也可以由外围向中心进行，逐步缩小查勘范围；对于面大、距离长的现场，可分片逐段进行查勘。

2）在现场查勘或对事故进行分析研究中，当对认定痕迹或事故原因有异议时，在关键问题上意见无法统一时，应通过现场实验进行科学考察。

3）查勘人员到达事故现场后，要根据现场情况，由现场指挥人员统一部署，布置现场警戒；维护交通秩序，预防现场交通堵塞；保护现场；组织救护交通事故伤员，组织现场抢险。

1. 现场查勘的意义

1）现场查勘是重大交通事故案件刑事及民事诉讼程序的重要环节。交通事故立案、调查、提起公诉和审判，是刑事诉讼活动的4项程序。现场查勘是刑事诉讼第1、2道程序中的重要环节。因此，事故发生后，必须对现场、肇事车辆、物品、人员损伤、道路痕迹等进行现场调查。

2）现场查勘是保险赔付的基础工作。对于被保险车辆，一旦发生交通事故，就涉及赔付问题。只有通过第一现场的查勘才能确定事故的真伪、事故原因及事故态势，确定赔付的基本依据和确认是否为骗保案件。

3）现场查勘是事故处理的起点和基础工作。只有通过严格细致的现场查勘，才能正确揭示事故的发生、发展过程；通过对现场各种物证痕迹等物理现象的分析研究，发现与事故有关联的逐项内在因素。也只有通过周密的现场查勘、询问当事人、访问证明人等调查活动，才能掌握第一手材料，对案情做出正确的判断。有了正确的判断，就能正确认定事故责任，追究事故责任者的法律责任，维护受害人的正当权益。

4）现场查勘是收集证据的基本措施。证据是查明事故原因和认定事故责任的基本依据。车辆交通事故是一种纯物理现象，交通事故的发生必然引起现场内客观事物的变化，在现场留下痕迹物证。因此，对现场进行细致的、反复的查勘，把现场遗留下的各种痕迹物证加以认定和提取，经过检验与核实就成为事故分析的第一证据。

5）现场查勘是侦破交通肇事逃逸案件的重要环节。现场是交通事故行为的客观反应。交通肇事逃逸的行为不可避免地引起现场各种交通要素的变化，留下痕迹和物品。通过现场查勘取得的各种痕迹、证物等证据，是分析案情、揭露逃逸人的特征、侦破逃逸案件的重要依据。

2. 现场查勘的目的

（1）确定事故的性质　通过客观、细致的现场查勘证明案件是刑事性质的交通事故，还是普通的交通事故，是否为骗保而伪造事故，对事故进行划分和提供处理依据。

（2）查明事故情节及要素　通过现场的各种痕迹物证，对事故经过进行分析调查，查明事故的主要情节和交通违法因素。

（3）确认事故原因　通过对现场周围环境、道路条件的查勘，可以了解道路、视距、视野、地形、地物对事故发生的客观影响；通过对当事人和证明人的询问和调查，可以确认当事人双方违反交通法规的主观因素。

3. 现场查勘的要求

（1）**及时迅速**　现场查勘是一项时间性很强的工作。要抓住案发不久、痕迹比较清晰、证据未遭破坏、证明人记忆犹新的特点，取得证据。反之，到案不及时，就可能由于人为和自然的原因，使现场遭到破坏，给查勘工作带来困难。所以，事故发生后查勘人员要用最快的速度赶到现场。

（2）**细致完备**　现场查勘是事故处理程序的基础工作。现场查勘一定要做到细致完备、有序，查勘过程中，不仅要注意发现那些明显的痕迹证物，而且要特别注意发现那些与案件有关的不明显的痕迹证物。切忌走马观花、粗枝大叶的工作作风，以免由于一些意想不到的过失使事故复杂化，使事故处理陷于困境。

（3）**客观全面**　在现场查勘过程中，一定要坚持客观、科学的态度，要遵守职业道德。在实际中可能出现完全相反的查勘结论，要尽力防止和避免出现错误的查勘结果。

（4）**遵守法定程序**　在现场查勘过程中，要严格遵守《道路交通事故处理程序规定》和《道路交通事故痕迹物证勘验》的规定。要爱护公私财物，尊重被讯问、访问人的权利，尊重当地群众的风俗习惯，注意社会影响。

4. 现场查勘的组织实施

现场查勘工作是一项政策性、技术性、法律性很强且烦琐细致的工作。尤其对于重大和特大交通事故，查勘工作量大，需要的时间长，涉及的部门、人员多，有些情况要现场处理。因此，现场查勘要有严密的组织和强有力的临场指挥，使查勘工作在统一领导、统一指挥下，有组织、有秩序地进行，避免杂乱无章。交通事故的现场查勘由属地公安交通管理部门统一组织，单方事故可以由保险公司独立查勘、处理。

现场查勘的组织应注意如下事项：

1）迅速赶赴现场。事故发生地的公安交通管理部门接到报案后，应立即组织警力，快速赶赴现场，按《道路交通事故处理程序规定》的要求，及时划定现场范围，实施保护，维护交通秩序，保证现场查勘工作的顺利进行。

2）全面了解和掌握现场情况。只有全面了解和掌握情况，才能对事故性质以及采取什么样的措施等一系列问题做出正确的判断与决策。否则，将会使查勘工作陷于被动。

指挥员到达现场后，首先听取先期到达有关人员的汇报，亲自巡视、查看现场状况，确定查勘重点，布置各项查勘工作。对重要痕迹物证，要亲自查验，鉴别真伪与可靠程度，掌握第一手资料。

3）兼顾统筹、全面安排。

① 合理布置查勘力量，特别是重大、特大交通事故。在分配工作任务时，要注意发挥工作人员的特长，因人制宜、新老搭配，提高查勘取证的效率和质量。

② 重点痕迹过细查勘。尽管现场查勘的工作内容很多，但对重点痕迹的查勘、对痕迹形成的认定、收集人证物证、现场查勘记录4项工作不得有误。这些工作直接影响事故因果关系、事故性质、事故责任认定。

③ 掌握进度，协调工作。现场查勘工作既有分工又有合作，痕迹查勘与摄影录像、测绘现场图之间要彼此照应，相互协调。否则就会彼此干扰，影响工作的完整性。指挥员要协调各组的工作进度，进行必要的调整，使现场查勘工作顺利进行。

④ 及时采取应急措施。在现场查勘过程中，当遇到某些紧急情况时，应当机立断，及时采取相应措施，保证查勘工作的连续性。例如，对交通肇事逃逸案，一旦掌握基本证据，即可立即采取措施，对肇事车辆进行堵截。

⑤ 组织现场汇报。查勘结束后，应召开现场工作报告会，听取各项调查汇报，查验查勘记录和现场记录图是否符合《道路交通事故痕迹物证勘验》的要求。若发现漏洞和差错，及时复查和补充。若需安排现场实验，另选时间和地点进行。

（三）现场查勘操作要求和流程

1. 对查勘人员的要求

查勘人员接到查勘通知后，应迅速携带"机动车辆保险出险报案表""机动车辆保险报案记录（代抄单）"等相关单证以及定损查勘工具赶赴事故现场。查勘定损人员到达事故现场后，应及时向接案中心报告并在48h内进行现场查勘或给予受理意见。如果被保险车辆仍处于危险中，应立即协助客户采取有效的施救、保护措施避免损失的扩大。现场查勘定损工作必须双人完成。

2. 现场查勘操作流程

现场查勘操作流程如图 17-1 所示。

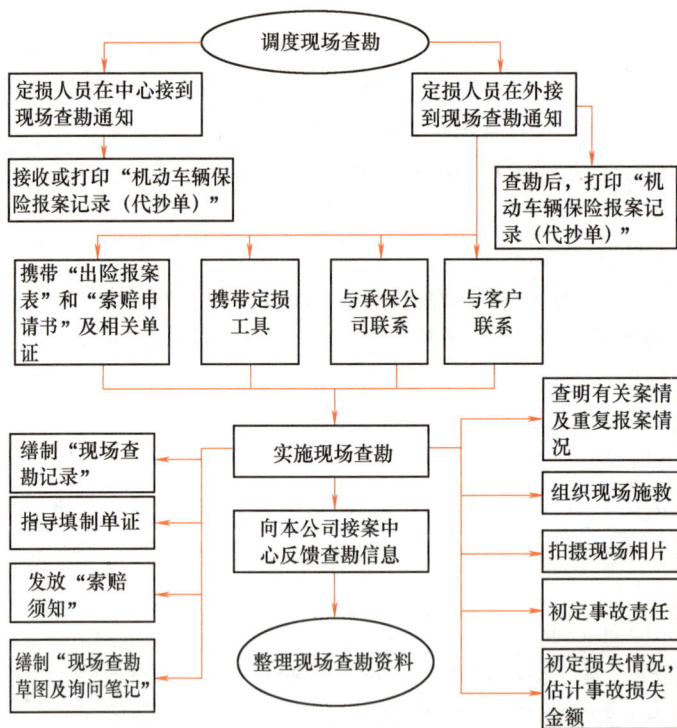

图 17-1　现场查勘操作流程

（四）查勘的主要内容

现场查勘人员必须按照"机动车辆保险事故现场查勘记录"的要求逐项查勘并认真记录。

1）进行保险情况的确认，查验客户提供的保险证或保险单。

2）查明报案人身份。

3）查明出险时间和出险地点。

4）查明出险车辆的情况　如车型、号牌号码、发动机号码、VIN/车架号码、行驶证，详细记录事故双方车辆已行驶里程、车身颜色，并与保险单、证（或批单）、行驶证核对是否相符，车辆安全设备的配置情况，适用赔案类型。

5）查实车辆的使用性质　查实被保险车辆出险时使用性质与保单载明的是否相符，以及是否运载危险品、车辆结构有无改装或加装。

6）查清驾驶人员姓名、驾驶证号码、准驾车型、初次领证日期、职业类型等。

7）查明出险原因。

8）施救和清理受损财产。

9）查明各方人员伤亡情况，估计损失金额。

10）查清事故各方所承担的责任比例。

11）对于重大赔案，应绘制"机动车辆保险车辆事故现场查勘草图"。

12）对重大复杂的或有疑问的案件，要走访有关人员进行询问记录。

13）拍摄事故现场和受损标的的照片。

14）对造成重大损失的保险事故或事故当事人、事故原因等因素存在疑点难以明确的案件，保险人或肇事驾驶人或受损害方必须对现场查勘记录内容进行确认并签字。

15）对于本公司接案中心告知需认真查实的出险时间接近的案件，必须认真检查以最终确定是否属于重复报案案件。如果属于，按拒赔案件处理。

16）认真、完整、准确地缮制"机动车辆保险事故现场查勘记录"，对事故损失金额进行认真的估计，并填写在"机动车辆保险事故现场查勘记录"中的相关项目中。

17）现场查勘结束后，查勘人员应立即将查勘情况反馈给接案中心。

（五）交通事故现场摄影

交通事故现场摄影是对交通事故现场和与之有关的道路、车辆、人体、痕迹、物品，用照相的方法客观、准确、全面、系统地固定记录下来的专门手段。

1. 现场摄影的特点

现场摄影和现场勘查笔录、现场图一样，是记录现场的方法。现场摄影的特点主要体现在3个方面：

①客观性，可以完整、真实、客观地再现出现场的本来面貌。

②迅速性，能迅速记录现场痕迹、物证等交通事故证据，将现场固定下来。

③准确、形象性，可以形象反映出现场的情况和特点，在交通事故处理中起着证据的作用。

2. 交通事故现场照片的组成

完整的交通事故现场照片应包括4个方面的基本内容：现场方位摄影、现场概貌摄影、现场重点部位摄影、现场细目摄影。

1）现场方位摄影是指以整个事故现场和周围环境为拍摄对象，反映交通事故发生的位置及其与周围事物关系的专门摄影。现场方位照片应尽可能包括一些永久性的标志物，如高大的建筑、路标、铁路、桥梁等，还要反映出现场与周围环境的关系和外部特征。

155

一般来说，应选择较高、较远的位置拍摄现场方位照片，使现场周围环境能够完整地包括在拍照范围内。在构图上，应该把现场或重点部位安排在前景或画面的主要位置上，把其他关联的景物安排在次要位置上。拍摄时，应尽量用一个镜头反映被拍景物；一个镜头难以完成时，可采用回转连续拍照法或直线连续拍照法拍摄，用一组照片显示宽广的现场及外部环境特征。

2）现场概貌摄影亦称现场概览摄影，是指以整个现场或现场中心地段为拍摄内容，反映现场全貌及现场有关车辆、伤员、物品、痕迹的位置及相互间关系的专门摄影。所反映的现场面貌，包括现场的范围、现场的整体情况和特点，能清楚地反映出现场各个车辆、人员、物品之间的相互关系和联系。拍摄时，应以现场中心物体为基点，沿现场道路走向的相对两向位或者多向位分别拍摄。各向位拍摄的概览照相，其成像中各物体间的相对位置应当基本一致。一般应选择较高的拍照角度，避免物体之间的相互遮掩、重叠。同时，要注意反映出痕迹和物体间的联系。

3）现场重点部位摄影也称现场中心摄影，是指在较近距离拍摄交通事故现场中心、重要局部或地段的状况、痕迹的位置及其与有关物体之间的联系的专门摄影。其应反映出重点地段内的具体情况，包括重点物体和中心位置的特点，痕迹和物体之间的联系；重点物体和痕迹的形状、特征等。一般情况下，交通事故现场内有多个重点部位需要拍照，有时每个重点部位需要多张照片表现。因此，在现场摄影中，重点照相所占比例最大。

现场重点部位照相与现场概貌摄影结合，可以充分表现出交通事故现场的内部状况和特征。概貌摄影反映了现场的整体状况，以及各个重点部位间的关系，但由于范围大，局部的具体状况不清晰。现场重点照片可弥补这一缺点。

4）现场细目摄影是采用近距或微距拍摄交通事故现场路面、车辆、人体或物体上的痕迹及有关物体特征的专门照相方法。它可以记录现场发现的与交通事故有关的细小局部状况和各种痕迹、物品，以反映其大小、形状、特征。现场细目的应用，一是可以为物证检验、鉴定提供条件；二是可以为侦破交通事故逃逸案件提供线索；三是可以作为证据。

细目摄影是现场摄影中意义最大、难度最大、要求最高的摄影内容，常用于比对检验，因此拍照时要求垂直拍照，加标尺，将比例尺与物体一同拍入画面；同时要求影像清晰不变形。拍摄痕迹、物证，应先拍照后提取，以防止提取过程中破坏。不能提取的痕迹、物证，可反复拍照，直到取得满意的效果为止。

3. 现场摄影应遵循的原则

交通事故现场的许多痕迹，会由于车辆、人员或气象条件的破坏而消失。要先拍易受破坏和易消失的，后拍不易破坏的；先拍原始的，后拍移动的；先易后难；先急后缓；先拍地面上的痕迹物证，后拍其他；先拍概貌，后拍中心、细目。一般情况下，具体的拍照顺序可以是：

第一，拍摄现场原始概貌。

第二，拍摄比较明显的重点部位和细目。

第三，随着现场勘查的展开，随时拍摄发现的重点和细目，有些不易拍摄的细目可以放在最后拍摄。

第四，拍摄现场方位，可以放在第二和第三步之间进行，也可以根据情况灵活掌握。

4. 现场摄影方法

（1）单向拍摄法　它以被摄物体为中心，从一个方向进行拍摄。

（2）相向拍摄法　从相对的两个方向相等的距离对被拍物进行拍摄，两张照片可以互为补充。对拍照的要求是两个拍照点到拍照中心的距离要尽量做到相等。

（3）多向拍摄法　它以被摄目标为中心，从几个不同的方向，以相等的距离对被拍物进行的拍摄，可以最全面地表现目标状况及与周围物体的关系。

（4）回转连续拍摄法　它是指固定照相机机位，水平或垂直方向转动镜头，将事故现场分段连续拍照成若干画面的拍摄方法。放制照片后，将照片连接在一起成为完整的照片。拍照要求是选择合适的拍照位置，相机保持水平，相邻画面连接点明显，曝光一致。

（5）直线连续拍摄法　它是指相机焦平面和被拍物平面平行、等距，沿着被拍物直线移动并将其分段连续拍照成若干画面的拍照方法。拍摄要求是相机改变的位置间距要尽量相等，镜头光轴方向一致；相机保持水平，相邻两画面连接点明显，曝光一致。

（6）测量拍摄法　它是指用测量摄影的方法对现场进行拍摄。应注意镜头的光学主轴应垂直于被摄物面，保证影像不变形；比例标尺放置在痕迹旁10mm以内，与痕迹处于同一平面，刻度一侧朝向痕迹。比例标尺长度一般为50cm；当痕迹长度大于50cm时，可用卷尺作为比例标尺。

绘制事故现场草图，执行中华人民共和国公共安全行业标准《道路交通事故现场图绘制》（GA 49—2014）。

任务实施

步骤1　拟订任务实施计划

拟订接受任务后的勘察工作计划。

步骤2　接受查勘工作任务

接受任务时必须做到：初步了解案情，及时与报案人取得联系。

步骤3　事故查勘前准备

在赶赴查勘现场之前，需要准备查勘工具，主要是在现场中需要用到的一些工具和需要客户填写的理赔单据（索赔申请、查勘记录、索赔须知、交通事故简易处理协议书等），详见表17-1。

表17-1　现场查勘工具

序　号	工　具	用　途	序　号	工　具	用　途
1	相机	现场拍照	5	三脚架	保护现场
2	盒尺（易拉卷尺）	测量现场	6	录音笔	现场服务录音
3	印泥	拓印	7	签字笔	填写单据
4	手电筒	阴暗处照明	8	理赔单据	现场填写

步骤4　到达现场了解事故情况

1）确认报案人、驾驶人身份。

2）确认出险车辆是否为保险单所承保的车辆。

3）向报案人或驾驶人详细地了解出险的时间、地点、原因、出险过程、出险时车上人员等情况。

步骤5　搜集现场证据

1）现场道路、地形地貌的勘察。

2）搜集现场路面上的痕迹和物证。

3）对照肇事车辆和伤亡人员身体的现场位置。

☑【导读】

什么是车辆识别代号

VIN（Vehi eidentification number）即车辆识别代号，是表明车辆身份的代码。VIN 由 17 位字符（包括英文字母和数字）组成，俗称十七位码，是制造厂为了识别而给一辆车指定的一组字符。该号码的生成有着特定的规律，一一对应于每一辆车，并能保证 50 年内在全世界范围内不重复出现。因此又有人将其称为"汽车身份证"。车辆识别代号中含有车辆的制造厂家、生产年代、车型、车身形式、发动机以及其他装备的信息。

VIN 的含义：①第 1～3 位（WMI：世界制造厂识别代码）：表示制造厂、品牌和类型，用来标识车辆制造厂的唯一性，通常占 VIN 的前 3 位。第 1 位：表示地理区域，如非洲、亚洲、欧洲、大洋洲、北美洲和南美洲。第 2 位：表示一个特定地区内的一个国家。美国汽车工程师学会（SAE）负责分配国家代码。第 3 位：表示某个特定的制造厂，由各国的授权机构负责分配。如果某制造厂的年产量少于 500 辆，其识别代码的第 3 个字码就是 9。②第 4～9 位（VDS：车辆说明部分）：说明车辆的一般特性，制造厂不用其中的一位或几位字符，就在该位置填入选定的字母或数字占位，其代号顺序由制造厂确定。轿车为种类、系列、车身类型、发动机类型及约束系统类型；MPV 为种类、系列、车身类型、发动机类型及车辆额定总重；载货车为型号或种类、系列、底盘、驾驶室类型、发动机类型、制动系统及车辆额定总质量；客车为型号或种类、系列、车身类型、发动机类型及制动系统。③第 10～17 位（VIS：车辆指示部分）：制造厂为了区别不同车辆而指定的一级字符，其最后 4 位应是数字。第 10 位为车型年份，即厂家规定的型年（Model Year），不一定是实际生产的年份，但一般与实际生产的年份之差不超过 1 年；第 11 位为装配厂；12～17 位为顺序号，一般情况下，汽车召回都是针对某一顺序号范围内的车辆，即某一批次的车辆。

车辆识别代号一般可以在汽车前风窗玻璃左下角或右下角、发动机舱与驾驶舱隔板、前排乘员座椅下、叶子板内骨架、车大梁、前减振器座等位置找到。

步骤6　进行现场摄影

现场拍照的具体步骤。现场概貌——车架号码——整车照——事故痕迹——损失项目明细——三证（驾驶证、行驶证、保险单）——事故证明（凭证，责任认定书）。

步骤7　测量现场绘制草图

量方位——定现场——量路况——量车辆位置——量制动印痕——量触部位，如碰撞物的高度、碰撞受损的面积等——量车、人、物的痕迹，并绘制成草图。

步骤8　确定保险责任
步骤9　填写相关单证
步骤10　完成查勘报告

任务评价

任务评价表见任务工单。

知识点提示

现场查勘任务实施流程见图17-2。

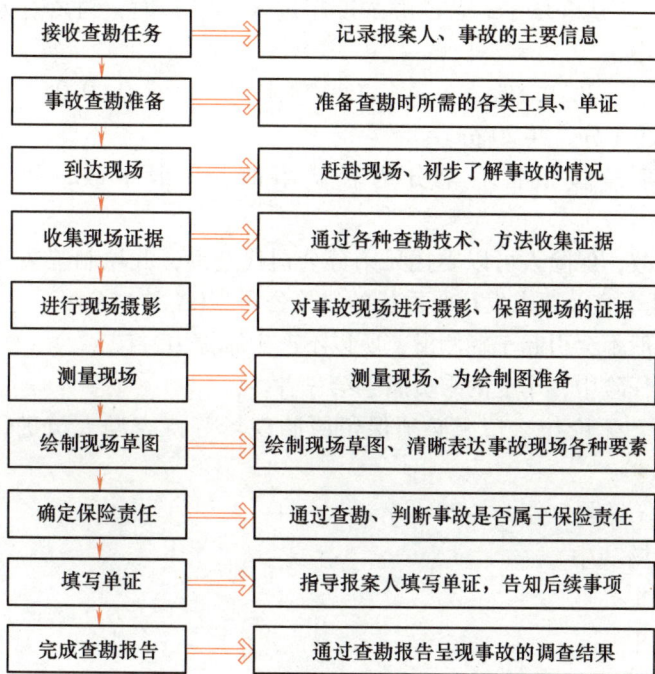

接收查勘任务	→	记录报案人、事故的主要信息
事故查勘准备	→	准备查勘时所需的各类工具、单证
到达现场	→	赶赴现场、初步了解事故的情况
收集现场证据	→	通过各种查勘技术、方法收集证据
进行现场摄影	→	对事故现场进行摄影、保留现场的证据
测量现场	→	测量现场、为绘制图准备
绘制现场草图	→	绘制现场草图、清晰表达事故现场各种要素
确定保险责任	→	通过查勘、判断事故是否属于保险责任
填写单证	→	指导报案人填写单证，告知后续事项
完成查勘报告	→	通过查勘报告呈现事故的调查结果

图 17-2　现场查勘任务实施流程

项目5检测卷

一、单选（每题5分，共25分）

1. 交通事故现场查勘后（　　）h内，必须对是否立案做出决定。（易）

A. 24　　　　　　　B. 48　　　　　　　C. 12　　　　　　　D. 36

2. 接到客户报案后，凡属可以受理的案件，理赔内勤应及时登录"机动车辆赔款案件登记簿"并编号立案，同时要求被保险人及时填写（　　），并作为被保险人索赔的正式依据。（中）

A. 机动车辆险出险通知书　　　　　　B. 报案登记表

C. 保险单副本抄件　　　　　　　　　D. 查勘记录表

3. 轻微事故是指一次造成轻伤 1～2 人，或者财产损失机动车事故不足（　　）元，非机动车事故不足（　　）元的事故。（中）

A. 1000，200　　　　B. 2000，1000　　　　C. 500，100　　　　D. 1000，100

4. 一般说来，人的最佳视野为（　　），夜间视野主要受前照灯光的定向性所制约。（难）

A. 水平 ±30°，垂直 ±45°　　　　　　B. 水平 ±45°，垂直 ±30°

C. 水平 ±30°，垂直 ±15°　　　　　　D. 水平 ±45°，垂直 ±30°

5. 一般认为，血液中乙醇浓度在 0.05% 以下时，对驾驶无影响；血液中乙醇浓度为 0.05%～0.15% 时，不适合驾车；若乙醇浓度超过（　　）时，对所有人都会有影响，不适宜驾车（难）。（中）

A. 0.15%　　　　　B. 0.1%　　　　　C. 0.08　　　　　D. 0.05

二、判断（每题 4 分，共 20 分）

1. 道路交通事故按损害后果分为轻微事故、一般事故、重大事故和特大事故。（　　）（易）

2. 对于异地事故，保险人可以委托兄弟分公司代查勘，并填制"委托代理机动车辆险赔案函"，注明委托事宜及要求发往受委托的兄弟公司。（　　）（中）

3. 正面碰撞一般不会引起车辆侧滑，所以不产生摩擦力。（　　）（中）

4. 在第三者责任险中，车上的乘员属于第三者。（　　）（易）

5. 车辆出险后，无论什么情况必须保留原始现场等待查勘人员进行查勘。（　　）（难）

三、名词解释（每题 5 分，共 20 分）

1. 交通事故现场（中）

2. 重大事故（中）

3. 原始现场（中）

4. 变动现场（难）

四、简答（每题 7 分，共 28 分）

1. 简述交通事故碰撞类型。（易）

2. 简述报案受理的工作流程。（中）

3. 简述车险现场查勘现场查勘的目的。（中）

4. 现场查勘时询问的内容。（中）

五、论述（共 7 分）

试论如何根据事故现场确定查勘范围及组织查勘现场。（中）

项目6 事故车辆定损

项目概述

本项目介绍了事故车辆定损的流程、事故车辆定损的项目、事故车辆维修费（即零件损失费、维修工时费）的计算方法及参照标准，通过本项目的学习，可以熟悉事故车定损流程，进行事故车损失确定、配件损失估算、维修工时费计算。

任务18　确定事故车辆损失

任务目标

知识目标

1. 了解事故车辆定损方式与工作流程。
2. 掌握事故车辆定损项目、事故车辆不同部位定损技巧。

能力目标

能介绍事故车辆定损工作流程熟知车辆定损项目及注意事项。

素养目标

通过引导学生认同定损员工作繁琐与重要性，内化学生认真、仔细、有条不紊工作、学习的习惯，树立正确的学习、生活观，养成定损员基本职业素养。

学习任务

查勘员接到工作任务，两辆车碰撞发生交通事故，两车均有损伤，已经过查勘员的现场查勘，现在已到修理厂，需对两辆车进行定损。将车拖至修理厂后，拆解发动机发现，3缸的活塞连杆折断、缸体损坏。根据损坏机理的分析，汽车正面的轻度碰撞，不应该导致连杆折断，更不会导致缸体损坏，原因何在呢？经对车主详细了解得知，该车曾在3天前强行涉水，导致当场熄火，车主在将积水进行简单清理并更换空气滤清器后，继续使用。

知识准备

一、事故车辆定损基础

（一）定损模式

根据案件具体情况，保险公司可以采取现场定损、集中定损、上门定损和远程定损等定损模式。

1. 现场定损

对于仅涉及小额车损、财产及人伤的案件，经现场查勘，责任清晰、损失明确且符合公司相关规定的，可进行事故现场定损处理，实现查定一体化服务。

2. 集中定损

1）对于符合当地简易快处条件的交通事故，可依据《道路交通事故处理程序规定》和当地交通管理规定引导事故当事人前往交通快速处理中心进行处理。

2）对于当地保险行业或公司规定需要统一集中定损的案件，可依据相关规定引导客户前往集中拆检定损中心进行处理。

3）对于当地维修企业相对集中的区域设立定损点，派驻定损人员，对受损车辆进行集中定损处理。

3. 上门定损

对于现场无法定损的车辆，且客户不愿意采取其他定损方式的，可根据客户意愿约定修理地点上门定损。

4. 远程定损

保险公司采取线上与客户互动，通过远程拍照、视频方式指导客户，完成事故中受损车辆的损失确定。

（二）车辆定损流程

被保险车辆出险后的定损项目包括车辆定损、人员伤亡费用的确定、施救费用的确定、其他财产的损失确定和残值处理等内容。定损流程图如图18-1所示。

（三）车辆定损原则

定损人员在车辆定损的工作中应遵循以下原则：

1）修理的范围仅限本次保险事故所造成的损失。其主要是要区别本次事故损失和非本次事故损失，正常维护损失与保险事故损失。根据保险损失补偿原则，只有本次保险事故所造成的损失才属于赔偿范围。

2）能修复的部件应坚持修理，不能随意更换。

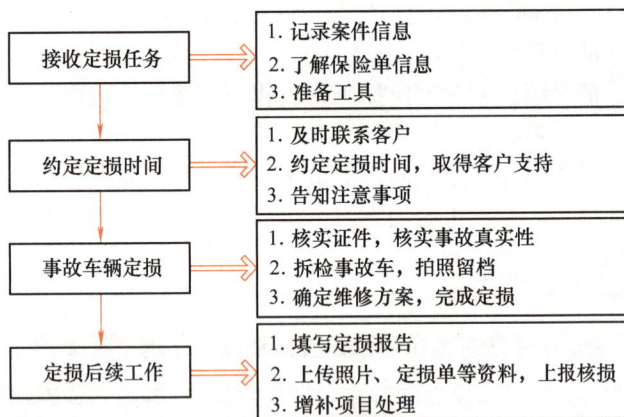

图18-1 定损流程图

3）能够进行局部修复的，不进行整体修理。

4）能换零件的不换总成件。

5）定损中应根据当地维修行业工时费用水平准确确定工时费用。

6）定损中应按照市场情况准确掌握换件价格。

7）确定车辆的维修方案时，应保证车辆维修后能达到原有的技术性能状态。

8）在定损工作过程中，应积极主动，掌握定损的主动权。超过权限时，及时报上级。

（四）车辆定损内容与要求

对出险涉及的受损车辆进行定损时，应会同被保险人和第三者车损方一起核定。在整个过程中要体现"以保险公司为主"的原则。车辆定损的基本内容、要求和程序包括：

1）根据现场查勘情况认真检查受损车辆确定受损部位、损失项目、损失程度，并进行登记，对投保新车出厂时车辆标准配置以外新增加的设备要进行区分；分别确定损失项目和金额。损失严重的应将车辆解体后确认损失项目，对估损金额超过本级处理权限的，应及时报上级公司协助定损。

2）与客户协商确定修理方案，包括换件项目、数量、修复项目、检修项目。协商双方应本着实事求是、合情合理的原则。协商时注意区分本次事故和非本次事故的损失，注意事故损失和正常维修维护的界限，对确定事故损失部位应坚持能修不换的原则，能够更换部件的，决不更换总成件。严禁"搭车"修理。车主要求扩大修理的，其超出部分应由车主自己承担。

3）根据换件项目、修理项目的有关内容，按照各保险公司的详细规定确定损失金额，并打印出"机动车辆保险车辆损失情况确认书"。

4）对损失金额较大，双方协商难以定损的或受损车辆技术要求高，难以确定损失的，可聘请专家或委托公估机构定损。

5）受损车辆原则上采取一次定损。定损完毕后，可以由被保险人自行选择修理厂修理，或应被保险人要求推荐、招标修理厂修理。保险车辆修复后，保险人可根据被保险人的委托直接与修理厂结算修理费用，明确区分由被保险人自己负担的部分费用，并在《机动车辆保险车辆损失情况确认书》上注明，由被保险人、保险人和修理厂签字认可。

6）车辆定损时应注意：经保险公司书面同意对保险事故车辆损失原因进行鉴定的费用可以负责赔偿；受损车辆未经保险公司和被保险人共同查勘定损而自行送修的，根据条款规定，保险人有权重新核定修理费用或拒绝赔偿。

二、事故车辆不同部位的定损

（一）车身的定损

车辆发生碰撞、倾翻等交通事故时，车身因直接承受撞击力会造成不同程度的损伤，最常见的损伤形式有车身变形、车身掉漆等。一般发生轻度碰撞时，车身受到的损伤较小，主要是车身漆面的损伤。在鉴定时主要是区分究竟是碰撞产生的剐蹭，还是人为用利器产生的剐蹭。当碰撞强度较大，车身变形较严重时，车身的一些附件会受到波及和诱发的影响而损坏，如前风窗玻璃、车窗玻璃、天窗玻璃、车门、门锁、保险杠等。尤其对于现代轿车，电气化程度非常高，较强的撞击会导致车身部位的电气设备，如电动天窗、电动车窗等的损坏。

在对车身损伤进行检查时，应注意详细检查车身表面的漆层有无损伤，因为漆面的损伤不易辨别，而又具有太多的道德风险因素在其中。车门及车身的变形损坏，可以直接观察到，可以采用钣金修复的方法还原。若车门严重变形或车身严重烧毁，则需要将车门或车身壳体拆下进行维修。因此，在对车身定损时，主要考虑到的修复方法是钣喷。

（二）发动机的定损

车辆发生碰撞、倾翻等交通事故时，车身因直接承受撞击力会造成不同程度的损伤，同时由于波及、诱发和惯性的作用，发动机和底盘各总成也存在着受损伤的可能。但由于结构的原因，发动机和底盘各总成的损伤往往不直观，因此，在车辆定损查勘过程中，应根据撞击力的传播趋势认真检查发动机和底盘各总成的损伤程度。

汽车的发动机，尤其是小型轿车的发动机，一般布置于车辆前部的发动机舱内，车辆发生迎面正碰撞事故时，不可避免地会造成发动机及其辅助装置的损伤。对于后置发动机的大型客车，当发生追尾事故时，也有可能造成发动机及其辅助装置的损伤。

一般发生轻度碰撞时，发动机基本上受不到损伤。当碰撞强度较大，车身前部变形较严重时，发动机的一些辅助装置及其覆盖件会受到波及和诱发的影响而损坏，如空气滤清器总成、蓄电池、进排气歧管、发动机外围各种管路、发动机支撑座及胶垫、冷却风扇、发动机罩等。尤其是现代轿车，发动机舱的布置很紧凑，碰撞还可能造成发电机、空调压缩机、转向助力泵等总成及管路和支架的损坏。更严重的碰撞事故会波及发动机内部的轴类零件，致使发动机缸体的薄弱部位破裂，甚至导致发动机报废。

在对发动机进行损伤检查时，应详细检查有关支架所处的发动机缸体部位有无损伤，因为这些部位的损伤不易发现。发动机的辅助装置和覆盖件损坏能够直接观察到，可以采用就车拆卸、更换或修复的方法。若发动机支撑、罩和基础部分损坏，则需要将发动机拆下进行维修。当怀疑发动机内部零件有损伤或缸体有破裂损伤时，需要对发动机进行解体检验和维修。必要时应进行零件隐伤探查，但应正确区分零件形成隐伤的原因。因此，在对发动机定损时，应考虑到各种修复方法及修复工艺的选用。

（三）底盘的定损

1. 悬架系统的定损

悬架是车架（或承载式车身）与车桥（或车轮）之间的一切传力装置的总称。悬架系统的作用：把路面作用于车轮上的垂直反力、纵向反力（牵引力和制动力）和侧向反力以及这些反力所形成的力矩，传递到车架（或承载式车身）上；悬架系统还承受车身载荷；悬架系统的传力机构维持车轮按一定轨迹相对于车架或车身跳动；独立悬架还直接决定了车轮的定位参数。

由于悬架直接连接着车架（或承载式车身）与车桥（或车轮），其受力情况十分复杂。在碰撞事故中，悬架系统（尤其是独立悬架系统）经常受到严重的损伤，致使前轮定位失准，影响车辆的正常行驶。

车辆遭受碰撞事故时，悬架系统由于受到车身或车架传导的撞击力，悬架弹簧、减振器、悬架上支臂、悬架下支臂、横向稳定器和纵向稳定杆等元件会受到不同程度的变形和损伤。悬架系统元件的变形和损伤往往不易直接观察到，在对其进行损伤鉴定时，应借助检测设备和仪器进行必要的测量及检验。在车辆定损时应注意，这些元器件的损伤一般不宜采用修复方法修理，应换新件。

2. 转向系统的定损

转向系统的技术状况直接影响着行车安全，而且由于转向系统的部件都布置在车身前部，通过转向传动机构将转向机与前桥连接在一起。当发生一般的碰撞事故时，撞击力不会波及转向系统元件。当发生较严重的碰撞事故时，由于波及和传导作用，会造成转向传动机构和转向机的损伤。

转向系统易受损伤的部件有转向横直拉杆、转向机、转向节等；严重的碰撞事故，会造成驾驶室内转向杆调整机构的损伤。转向系统部件的损伤不易直接观察，在车辆定损鉴定时，应配合拆检进行，必要时进行探伤检验。

3. 制动系统的定损

车辆制动性能下降会导致交通事故，造成车辆损失。车辆发生碰撞事故时，会造成制动系统部件的损坏。对于普通制动系统，在碰撞事故中，由于撞击力的波及和诱发作用，往往会造成车轮制动器的元器件及制动管路损坏。这些元器件的损伤程度需要进一步的拆解检验。对于装有ABS的车辆，在进行车辆损失鉴定时，应对有些元件进行性能检验，如ABS轮速传感器、ABS制动压力调节器。管路及连接部分的损伤可以直观检查。

4. 变速器及离合器的定损

变速器及离合器总成与发动机组装为一体，并作为发动机的一个支撑点固定于车架（或承载式车身）上，变速器及离合器的操纵机构都布置在车身底板上。因此，当车辆发生严重碰撞事故时，由于波及和诱发等原因，会造成变速器及离合器的操纵机构受损、变速器支撑部位壳体损坏、飞轮壳断裂损坏。这些损伤程度的鉴定，需要将发动机拆下进行检查鉴定。

三、人员及其他定损

（一）人员伤亡费用的确定

事故处理应遵循"以责论处，按责分担"的原则；说明承担费用的标准，应符合现行道路交通事故处理的有关规定。凡被保险人自行承诺或支付的赔偿金额，定损人员应重新核定，对不合理的部分应予剔除。

事故结案前，所有费用均由被保险人先行支付。待结案后，业务人员应及时审核被保险人提供的公安交通管理部门或法院等机构出具的事故证明、有关的法律文书和伤残证明以及各种有关费用单据。依照国家有关道路交通事故处理的法律、法规规定以及保险合同约定的可以负责赔偿的合理费用进行核定。不符合规定的费用，如精神损失补偿费、困难补助费、营养费、保户处理事故人员的生活补助、招待费、事故处理部门扣车后的停车费、各种罚款和其他超过规定的费用均不负赔偿责任。

对车上及第三者人员伤亡的有关情况要进行调查，重点调查被抚养人的情况及生活费、医疗费、伤残鉴定证明的真实性、合法性、合理性。

（二）其他财产的损失确定

第三者责任险的财产和附加车上货物责任险承运货物的损失，应会同被保险人和有关人员逐项清理，确定损失数量、损失程度和损失金额。同时，要求被保险人提供有关货物、财产的原始发票。定损人员审核后，制作"机动车辆保险财产损失确认书"，由被保险人签字认可。

对于车上货物责任险中的货物损失，在确定损失金额，进行赔偿处理时，需要被保险人提供运单、起运地货物价格证明以及第三方向被保险人索赔的函件等单证材料。

（三）施救费用的确定

当被保险车辆或其涉及的财物或人员在遭遇保险责任范围内的车祸时，被保险人可采取措施进行抢救以防止损失的扩大。其中因采取施救措施而支出的费用即为施救费用。施救费用必须是直接的、必要的、合理的，是按照国家有关政策规定为施救行为付出的费用。

施救费用的确定要严格遵照条款的规定。以下几种情况应特别注意：

1）被保险人施救被保险车辆时使用非专业消防单位的消防设备所产生的费用，应予赔偿。

2）施救被保险车辆时雇用吊车和其他车辆进行抢救的费用，以及将出险车辆拖运到修理厂的运输费用，应予赔偿。

3）因抢救而不慎或不得已对他人财产的损坏，可酌情予以赔偿。但在抢救时抢救人员个人物品的丢失，不予赔偿。

4）抢救车辆在施运受损被保险车辆途中发生意外事故造成的损失和费用支出，如果该抢救车辆是被保险人自己或他人义务派来抢救的，应予赔偿；如果该抢救车辆是有偿的则不予赔偿。

5）被保险车辆出险后，被保险人赶赴肇事现场处理所支出的费用，不予负责。

6）保险公司只对被保险车辆的救护费用负责。

7）经保险公司同意去外地修理的移送费，可予负责。但护送车辆者的工资和差旅费，不予负责。

8）当施救、保护费用与修理费用相加，已达到或超过被保险车辆的实际价值时，可推定全损予以赔偿。

9）第三者责任险的施救费用与第三者损失金额相加不得超过第三者责任险的责任限额。

10）施救费应按照规定扣减相应的免赔率。

（四）残值处理

残值应协商作价折归被保险人，如被保险人不要，参照相关内容处理。

任务实施

步骤1　拟订任务实施计划

接到定损任务后，应及时赶赴定损地点开展工作，进行车辆定损，定损工作按照流程进行。

步骤2　确认事故性质

到达定损点后，为了弄清事故详情、确认性质，定损人员需进行以下工作：确认相关人身份，确认标的车，了解事故情况，检查证件，核对碰撞痕迹，确认事故性质。

步骤3　区分定损界限

为了把握定损的范围，定损人员需区分定损的界限，主要是：

1）区分事故损失与正常机械损失。

2）区分新碰撞与已经存在的旧损失。

3）区分属于保险责任范围内的损失与除外责任损失。

步骤4　确定车辆维修方案

确定了损伤项目后，定损人员应当根据车辆损失程度、车辆配件的价格、车辆损失部件按照汽车配件换修标准确定换修方案。例如，经检验后，双方车辆换修方案如下：

1. 标的车维修方案

（1）需更换　保险杠、左前翼子板灯、左前角灯。

（2）可修复　发动机舱盖、左前翼子板、保险杠（下段）。

2. 第三者车维修方案

（1）需更换　右后视镜、左前翼子板灯。

（2）可修复　右前翼子板、左前车门。

步骤5　签订定损单

根据方案，沟通协商，正确填写定损单。

任务评价

任务评价表见任务工单。

知识点提示

1. 事故车辆定损任务实施流程

事故车辆定损任务实施流程如图18-2所示。

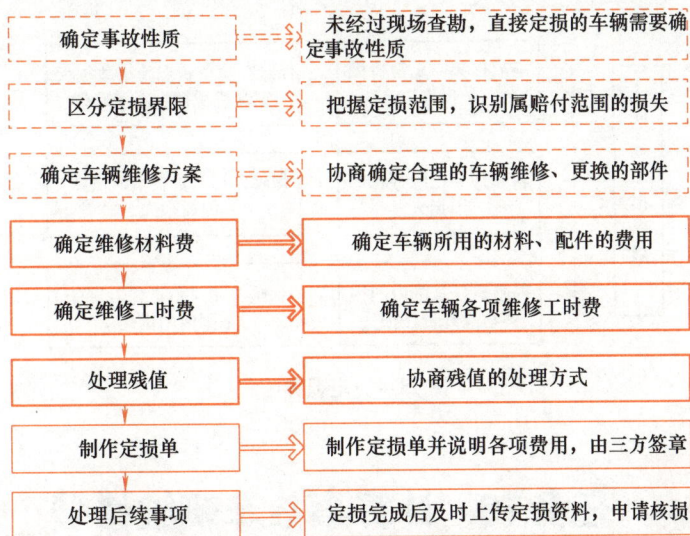

确定事故性质	---->	未经过现场查勘，直接定损的车辆需要确定事故性质
区分定损界限	---->	把握定损范围，识别属赔付范围的损失
确定车辆维修方案	---->	协商确定合理的车辆维修、更换的部件
确定维修材料费	---->	确定车辆所用的材料、配件的费用
确定维修工时费	---->	确定车辆各项维修工时费
处理残值	---->	协商残值的处理方式
制作定损单	---->	制作定损单并说明各项费用，由三方签章
处理后续事项	---->	定损完成后及时上传定损资料，申请核损

图18-2　事故车辆定损任务实施流程

2. 确定事故性质流程

确定事故性质流程如图18-3所示。

3. 定损界限

定损界限如图18-4所示。

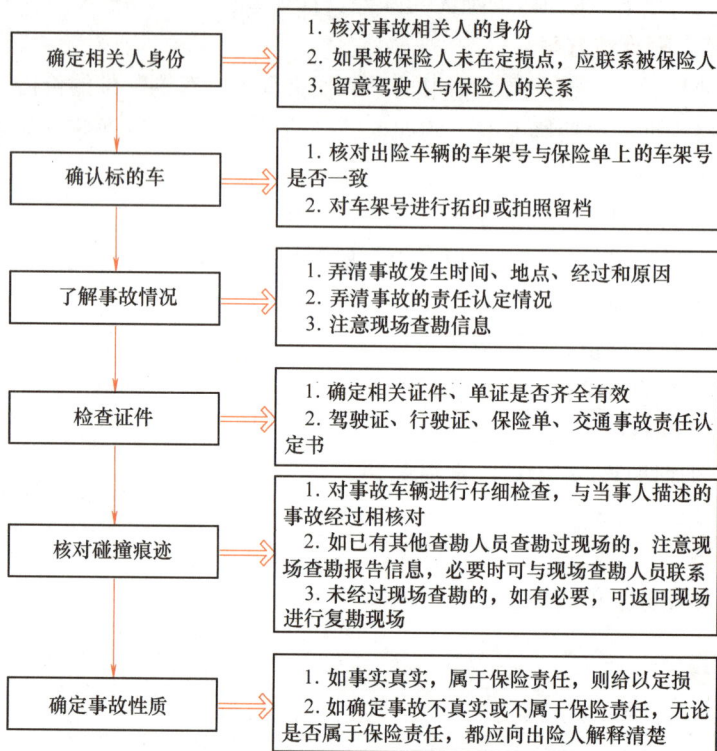

图18-3 确定事故性质流程

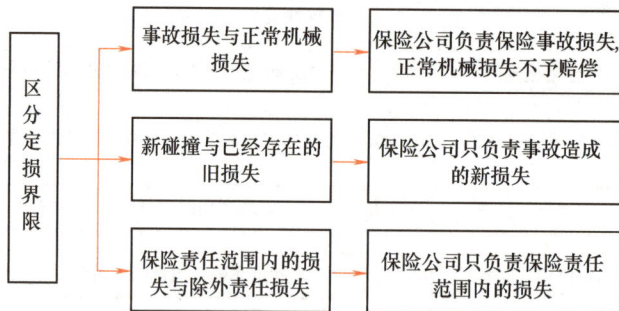

图18-4 定损界限

任务19 计算事故车辆维修费

任务目标

知识目标

1. 掌握汽车维修费用包含的内容。
2. 了解常见汽车零件维修费用。

能力目标

1. 能计算汽车零部件维修费用。

2. 能介绍汽车维修费用包含的内容。

素养目标

通过引导学生认同定损员工作的烦琐与重要性，内化学生认真、仔细、有条不紊工作、学习的习惯，引导学生树立正确的学习、生活观，初步养成定损员基本工作素养。

学习任务

查勘员接到工作任务，两辆车碰撞发生交通事故，两车均有损伤，已经过查勘员的现场查勘，现在已到修理厂，已对两辆车进行定损，计算车辆的维修费用。

知识准备

一、事故车辆的配件费用

（一）车辆配件价格

根据配件的来源，配件价格有厂家指导价、生产厂价格及市场零售价3类。其中厂家指导价是汽车生产厂家对其特约售后服务规定的配件销售价格。生产厂价格是符合国家及汽车厂家质量标准，合法生产及销售的装车配件、配套件价格。市场零售价是指当地大型配件交易市场上销售的原装配件价格。在实际定损工作中，确定汽车配件的价格时应对多家询价，确定配件的市场零售价格。厂家指导价一般要比市场价高。

（二）确定车辆更换配件费用的方法

一般根据不同的维修场所，用不同的方法确定配件费用。

1. 车辆在一般维修厂维修（以二类厂为准）

更换配件的配件费 = 配件进货价 + 配件管理费 − 受损配件残值。

配件进货价：维修厂以该配件的市场零售价为准。

配件管理费：配件在采购过程中发生的采购、装卸、运输、保管、损耗等费用以及维修企业应得利润和出具发票应缴税的综合性费用。根据汽修市场行情和汽配市场情况确定配件管理费，一、二类综合性修理厂一般为5%～10%，但最高不能超过进货价的15%；4S店、特约维修站的配件标准价格一般包含管理费，故无须另加管理费。

受损配件残值：参照当地汽修市场行情与被保险人一方共同确定。

残值原则：残值必须从维修总费用中扣除。对于更换项目中存在可变卖或可回收利用的零件时，需要扣除残值。

残值标准：残值的数额可依照更换件的剩余价值来折算。一般标准如下：车价在30万元以上（含30万元）的按更换配件材料费的2%计算。车价在30万元以下的，按更换配件材料费的3%计算。需要注意的是，对于单价超过200万元的零配件，尤其是断了固定脚的前照灯、杠体、电子元器件等，一旦确定更换，因其残值很低，但道德风险较大，必须贴好标签，回收残件。

2. 车辆在特约服务站维修

如果车辆在特约服务站维修，则更换配件的配件费 = 厂家指导价 − 受损配件残值。

（三）材料更换按"补偿原则"确定

1）一般情况下，应更换正厂配件，超过一半使用期的营运车除安全部件外以副厂件更换。

2）如损坏件本身不是正厂件，则以配套零件进行更换。

3）稀有、老旧、高档车型的配件，更换标准应从严掌握；部分老旧车型，可与客户和修理厂协商，以拆车件进行更换。

二、事故车维修费的计算

（一）维修工时费计算

维修工时费普遍的计算公式：

$$工时费 = 工时定额 \times 工时单价 + 外加工费$$

1. 工时定额

工时定额即完成维修所需时间，有以下几个时间组合构成：维修准备时间（包括业务洽谈、生产计划、调度、生产场地、工具、配件准备等工作时间）；车辆故障诊断时间（含维修前检测、诊断时间）；实际施工时间；试验、调试时间；场地清理时间。所以工时定额不仅仅是指事故检测维修的时间。

工时定额主要决定于车型构造、作业项目、工艺设备、工人技术熟练程度及管理等因素，因此不同维修企业之间会稍有差别。在确定工时定额时不是指某个特定维修企业完成维修所用的时间，而是指维修市场上普遍的维修时间。在确定工时定额时参照下面几个原则：

1）大项目的维修工时费，应注意各项目的兼容性，而不能简单地累加工时。

2）所有维修工时费均包含辅助材料、利润和税金。

3）喷漆工时费应包含喷漆所需的材料费，工时定额根据油漆材料可调整，对用珍珠油漆的，工时费可适当上浮。

4）局部喷漆范围以最小范围喷漆为原则。例如以受损部位最接近的接缝、明显棱边为该部位的喷漆范围边界。

2. 工时单价

工时单价是指维修单位工作时间的维修成本费用、税金和合理利润之和。

1）工时单价以二类维修厂的价格为基础，一类维修厂与其他资质维修厂在二类维修厂价格基础上浮动。

2）维修厂规模、档次、技术水平以及各地区物价情况对工时单价有直接影响，应考虑具体情况予以确定。

3. 外加工费

外加工费是指委托事故车辆维修厂以外的厂家或企业对车辆部分损失维修加工而发生的费用。凡是已含在维修工时定额内的外加工费，本费用中不能再列项。

（二）事故车辆各类维修费用定损原则

1. 拆装类工时费核定原则

1）一般原则：按照拆装的难易程度及工艺的复杂程度核定工时费。

2）单独拆装单个零件按单件计算人工。

3）拆装某一零件必须先拆掉其他零件，则需要考虑辅助拆装的工时费。

4）拆装机械零件和电器零件，需要适当考虑拆装后的调试或测试费用。

5）拆装覆盖件及装饰件，一般不考虑其他工时费。

6）检修 ABS，需确认维修方法，一般拆车轮 30 元/轮。

7）检修电路或电器元件另外计算拆装费。

8）拆装座椅如含侧气囊，工时费用适当增加。

9）拆装转向机，工时应按照车型调整。

10）吊装发动机的，应计算发动机吊装费。

11）当更换项目较多时，可以按 30～50 元/项统一计算总拆装费。

2. 钣金类工时费定损原则

1）一般车型：按损坏程度及损坏面积，并结合修复部位的难易程度来核定修理费。

2）特殊车型：价值较高的车型或老旧车型，当外观件、车身骨架及大梁等变形严重时可以与客户和修理厂协商，修理工时费应按配件价格的 20%～50% 核定。

3. 漆工类工时费定损原则

油漆工时费是指油漆材料费、油漆辅料费及油漆人工费之总和。

1）塑料件亚光饰件、金属漆及变色漆在工费核定时可按照 10%～20% 比例上浮。

2）大型客车按单位面积核定工费。

3）轿车及小型车按幅（每年 13 幅）核定工时费。

（三）车辆维修工时费的标准

由于不同档次车型的工时费有所不同，常把常见的车型按价格分成几个档次。表 19-1～表 19-5 中的数值是参考二类地区二类维修厂的工时参考值。

1. 拆装工时费标准

常见拆装工时费标准见表 19-1。

表 19-1　常见拆装工时费标准　　　　　　　　　　（单位：元）

项　目		档　次		
		15 万元以下	15 万～30 万元	30 万元以上
拆装前、后保险杠		50		
拆装前翼子板		50		
拆装前盖		80		
拆装车门	换总成	80	上浮 10%～30%	上浮 30%～50%
	含附件拆装	120		
拆装后翼子板		220		
拆装行李舱盖		50		
更换行李舱后围板		150		
更换车顶	小型客车	200		
	面包车、吉普车	300		
更换前纵梁		200/条		
拆装龙门架	螺钉连接	30		
	纤维	100		
	焊接	120		
座椅拆装	前座	50/张	80/张	
	后座	75	120	
全车机械座椅拆装		100		
全车内饰拆装		≤400	≤600	

2. 钣金工时费标准

价格为 15 万 ~30 万元的车辆常见钣金工时费见表 19-2。

表 19-2　钣金工时费　　　　　（单位：元）

名　称	损失程度	工时费范围	名　称	损失程度	工时费范围
前、后保险杠	轻度	50 ~ 80	元宝梁	轻度	200 ~ 300
	中度	80 ~ 150	车顶	轻度	100 ~ 150
	严重	150 ~ 200		中度	150 ~ 200
前、后保险杠内杠	轻度	80 ~ 100		严重	200 ~ 400
	中度	100 ~ 120	发动机舱盖	轻度	50 ~ 150
前翼子板	轻度	50 ~ 100		中度	150 ~ 300
	中度	100 ~ 150		严重	300 ~ 400
	严重	150 ~ 200	行李舱盖	轻度	50 ~ 150
前纵梁	轻度	300 ~ 500		中度	150 ~ 300
后翼子板	轻度	50 ~ 100		严重	300 ~ 400
	中度	100 ~ 200	车架校正	轻度	300 ~ 500
	严重	200 ~ 350		中度	500 ~ 1000
车门	轻度	50 ~ 120		严重	1000 ~ 2000
	中度	120 ~ 180	大梁校正	轻度	300 ~ 500
	严重	180 ~ 300		中度	500 ~ 1000
裙边	轻度	50 ~ 100		严重	1000 ~ 2000
	中度	100 ~ 200	前、后围	轻度	50 ~ 100
	严重	200 ~ 300		中度	100 ~ 150
				严重	150 ~ 200

3. 电工工时费标准

电工工时费标准见表 19-3。

表 19-3　电工工时费标准　　　　　（单位：元）

项　目		档　次		
		15 万元以下	15 万 ~30 万元	30 万元以上
检修冷气加制冷剂	普通	200		
	环保	250		
计算机解码		200		300 ~ 500
仪表台拆装		≤250	300 ~ 400	450 ~ 550
检修安全气囊		300		
检修 ABS		300		500

4. 机修工时费标准

机修工时费标准见表 19-4。

表 19-4　机修工时费标准　　　　　　　　　　（单位：元）

项　目		档　次			
		15 万元以下	15 万 ~ 30 万元	30 万 ~ 70 万元	70 万元以上
发动机 （换中缸）	4 缸	500	700	800	—
	6 缸	—	1000	1500	2500
	8 缸	—	—	2500	3000
	12 缸	—	—	—	4500

5. 喷漆工工时费标准

喷漆工工时费标准见表 19-5。

表 19-5　喷漆工工时费标准　　　　　　　　　　（单位：元）

部　位	车　价						
	7 万元以下	7 万 ~ 12 万元	12 万 ~ 15 万元	15 万 ~ 30 万元	30 万 ~ 50 万元	50 万 ~ 80 万元	80 万元以上
全车	1500	2300	2800	3300	4500	5500	7000
前、后保险杠	180	250	350	400	500	600	700
前翼子板	180	220	300	350	450	550	600
机盖	300	350	450	550	600	700	850
车顶	300	350	450	550	600	700	850
车门	250	350	400	450	550	650	750
后翼子板	200	250	300	330	380	550	600
后盖	250	350	400	450	550	650	750
立柱	50	100	120	100	110	130	150
反光镜	50	100	100	120	150	150	200

（四）不同地区维修厂工时费的处理

由于地区化差异、修理厂类别不同等因素影响，修理工时费很难有统一的标准，甚至有些地方差别较大。这里列出的工时费标准仅供参考。在定损时，需做到公平公正，结合当地维修市场的维修工时进行定损。

（1）汽车服务站（4S 店）维修工时费的确定　各地 4S 店的维修工时费，会因地区、经营的品牌不同有所差别，但地区之间差别不大。上面表中的数据是参考二类地区二类维修厂的维修工时费标准。其他地区可供参考，根据实际情况确定。

（2）普通维修厂维修工时费的确定　二类地区以外地区的维修工时费，在当地二类厂维修工时费的基础上浮动。

（五）总维修工时费的确定

工时费必须按照拆装、钣金、机修、电工、油漆 5 项和每项的明细项目一一列出明细，然后汇总。工时的核定应严格按照维修项目、当地工时定额、车型车系和维修企业收费类别合理确定。

任务实施

步骤1 拟订任务实施计划

拟订维修方案后，应及时赶赴定损地点开展工作，进行车辆维修费用核算。

步骤2 确定维修材料费

一般给出特约服务站维修材料费用总计和二类维修厂维修材料费用总计，累计出单项及总计价格。

步骤3 确定维修工时费

在实际定损工作中，维修费用包括以下几项，各不同工种分开计算。

1. 标的车维修工时费项目

包括拆装费用、钣金修复费、喷漆费和总费用。

2. 三者车维修工时费项目

包括拆装费用、钣金修复费、喷漆费和总费用。

步骤4 处理残值

回收旧件一定要一一回收。不回收旧件的，应按照一定比例扣除残值赔款。

步骤5 签订定损单

各项维修费用确定后，就要签订定损单。定损单中，各项费用应开列明确。一般保险公司有标准的定损单。

步骤6 定损后其他事项处理

定损后，应尽快将照片录入理赔系统，上报核价。

如有增补项目，需另外上报审批。

任务评价

任务评价表见任务工单。

知识点提示

事故车维修费用的计算，计算公式如下：

$$事故车维修费用 = 配件费 + 维修工时费$$

$$配件费 = 配件进货价 + 配件管理费 - 受损配件残值$$

$$维修工时费 = 工时定额 \times 工时单价 + 外加工费$$

项目6检测卷

一、单选（每题5分，共30分）

1. 在对车身定损时，主要考虑到的修复方法是（　　）。（易）

A. 钣喷　　　　　　　　B. 换件　　　　　　　　C. 机修

2. 在车辆定损时，悬架系统元器件的损伤一般采用的修复方法是（　　）。（易）

A. 修复　　　　　　　　B. 修理　　　　　　　　C. 换件

3. 定损过程中在计算施救费时，因抢救而不慎或不得已对他人财产的损坏（　　），在抢救时对抢救人员个人物品的丢失（　　）。（难）

A. 可酌情予以计算赔偿，不予赔偿　　　B. 不予赔偿，可酌情予以计算赔偿

C. 不予计算赔偿，不予赔偿　　　　　　D. 酌情予以计算赔偿，酌情予以计算赔偿

4. 经保险公司书面同意对保险事故车辆损失原因进行鉴定的费用（　　）。（中）

A. 负责赔偿　　　　　　B. 不负责赔偿　　　　　　C. 当事人双方协商确定

5. 货车发生事故，在进行车损险定损过程中施救费包括（　　）。（难）

A. 施救货物和车的费用　　B. 施救车的合理费用　　C. 施救货物费用

6. 以下不属于定损的内容是（　　）。（中）

A. 确定车辆损失　　　　　　　　　B. 确定人员伤亡损失

C. 确定施救费用　　　　　　　　　D. 确定保险责任

二、判断（每题 4 分，共 20 分）

1. 定损项目包括车辆定损、人员伤亡费用的确定、施救费用的确定、其他财产的损失确定和残值处理等内容。（　　）（中）

2. 对出险涉及的受损车辆进行定损时，应会同被保险人和第三者车损方一起核定。（　　）（易）

3. 车辆定损以后，在解体车辆时如发现尚有事故损失部位未定损的，经核实后可追加修理费（　　）。（中）

4. 汽车的保险杠价格便宜，只要碰撞损坏就应该换新的保险杠（　　）。（中）

5. 施救费用与修理费用相加，已达到或超过被保险车辆的实际价值时，可推定全损予以赔偿。（　　）。（难）

三、名词解释（每题 8 分，共 16 分）

1. 工时单价（中）

2. 施救费用（难）

四、简答（每题 8 分，共 16 分）

1. 机动车辆定损的原则。（中）

2. 车辆定损内容与要求。（中）

五、论述（共 18 分）

事故车辆各类维修费用定损原则。（难）

项目 7

事故车辆理赔

项目概述

本项目介绍了事故车辆理赔的流程、资料准备、事故车辆赔款理算、编制赔款计算书的方法、事故车辆核赔的流程以及结案程序，通过本项目的学习，可以熟悉事故车辆理赔的程序，进行核赔、编制赔款计算书、案件结案、分析事故车并确认拒赔理由。

任务20　理算车辆赔款

任务目标

知识目标

1. 掌握事故车辆理赔工作流程、事故车辆理赔需要的相关资料。
2. 掌握主要车险赔款理算方法。

能力目标

能完成事故车辆赔款理算工作。

素养目标

通过引导学生认同车险理赔专员工作的烦琐与重要性，内化学生认真、仔细、有条不紊工作、学习的习惯，培养理算员基本职业素养。

学习任务

甲厂和乙厂的车辆在行驶中相撞。甲厂的车辆损失 5000 元，车上货物损失 10000 元，乙厂的车辆损失 4000 元，车上货物损失 5000 元。经公安机关认定，甲厂车辆负主要责任，承担经济损失的 70%；乙厂车辆负次要责任，承担经济损失的 30%；甲、乙厂的车都投保了车损险和第三者责任险，试计算双方应获得的保险公司赔款。

知识准备

一、事故车辆索赔

（一）事故车辆索赔流程

被保险车辆出险后，被保险人应及时向保险公司报案索赔。事故车索赔流程如图 20-1

所示。

（1）出险报案　《保险法》规定"投保人、被保险人或者受益人知道保险事故发生后，应当及时通知保险人"，因此，发生事故后，被保险人应当及时通知保险公司，否则造成损失，无法确定或扩大损失部分，保险公司不予赔偿。

1）报案期限。在事故发生后48h内报案。现在一般事故后直接电告保险公司报案。故意或因重大过失未及时通知，致使保险事故的性质、原因、损失程度等难以确定的，保险公司对无法确定的部分，不承担赔偿责任。

2）外地出险报案。在外地出险的，可向保险公司在当地的分支机构报案，并在48h内通知保险公司。在当地的公司查勘后，回到投保的所在地向承保公司申请索赔。

（2）配合查勘　发生保险事故后，被保险人应当提供事故发生的有关情况，积极协助保险人进行现场查勘。保证保险公司及时、准确地查明事故原因，核定损失的程度和损失的大致金额。

（3）车辆修理　在确定事故损失后，保险人可以进行车辆的修理，修理前被保险人应当会同保险人检验，协商确定修理项目、方式和费用，否则，保险人有权重新核定。无法重新核定的，保险人有权拒绝赔偿。

（4）搜集资料　被保险人索赔时，应当向保险人提供与确认保险事故的性质、原因、损失程度等有关证明材料。

（5）递交索赔资料　被保险人索赔时，向保险公司递交有关索赔资料，保险公司应当对索赔资料迅速进行审查、核定，并将核定结果及时通知被保险人。

（6）保险公司理赔　保险公司接受索赔申请后，应当迅速进行理赔处理。

（7）领取赔款　当保险公司确定了赔偿金额后，应通知被保险人领取赔款。对于属于保险责任的，保险人应当在与被保险人达成协议后10日内支付赔款；对于不属于保险责任的，保险人应当从做出核定之日起，3日内向被保险人发出拒绝赔偿通知书并说明理由。

（二）事故车辆索赔资料

被保险人索赔时，需要提供与保险事故有关的资料，一般分为标的证明、事故证明、损失证明、索赔申请4类。根据案件的不同，具体所提供的资料各类案件有所不同。

1. 基本索赔资料

基本索赔资料是常规的车险各类事故中通用的资料，见表20-1。

出险报案

配合查勘

人伤治疗、车辆修理

搜集资料

递交索赔资料

保险公司理赔

领取赔款

图20-1　事故车索赔流程

表20-1　基本索赔资料

序　　号	基本索赔资料	备　　注
1	机动车保险索赔申请书	通用
2	保险单正本复印件	通用
3	机动车行驶证正、副本复印件	通用
4	机动车驾驶证正、副本复印件	通用
5	营运证、特种车操作证	营运证、特种车辆出险时
6	交警责任认定书	经过交警处理的交通事故

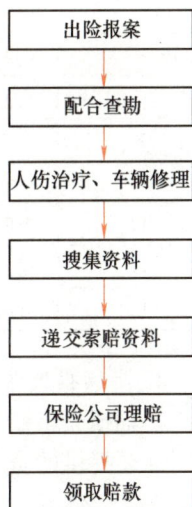

（续）

序　号	基本索赔资料	备　注
7	交警赔偿调解书（或第三方调解书）	经交警调解的交通事故
8	法院民事判决书（民事调解书）	经法院判决、调解书的事故
9	仲裁委员会仲裁书	经仲裁的事故
10	当事人自行协商赔偿协议	当事人自行协商的交通事故
11	火灾证明	因火灾造成的损失
12	自然灾害证明	因自然灾害造成的损失

2. 车辆损失索赔资料

车辆损失索赔资料是发生事故导致车辆（包括标的车和第三者的车辆）遭受损失，索赔时需要提供的资料见表20-2。

表20-2　车辆损失索赔资料

序　号	车辆损失索赔资料	备　注
1	机动车保险事故损失项目确认书	通用
2	汽车修理发票	通用
3	机动车保险一次性定损自行修车协议	当采用一次定损确定损失时
4	修复车辆验收通知单	当所维修的车辆需要验收时
5	第三者财产损失证明及赔偿凭证	第三者的车辆发生损失的事故
6	货物运单及价格、数量凭证	需要赔偿货物损失的事故
7	事故车辆施救费赔偿凭证	事故车辆需要施救的事故

3. 人员伤亡索赔资料

人员伤亡索赔资料是指交通事故中出现人员伤亡的情况。这部分的损失需要保险公司赔偿，索赔时需提供的资料见表20-3。

表20-3　人员伤亡索赔资料

序　号	人员伤亡索赔资料	备　注
1	医院诊断证明	人员在门诊治疗时
2	医疗费凭证	通用
3	病历	通用
4	诊疗及药品清单	通用
5	伤亡人员单位误工证明	索赔误工费时（单位开具）
6	伤亡人员医院误工证明	索赔误工费时（医院开具）
7	护理证明	伤员需要护理时
8	护理人员误工及收入证明	索赔护理人员的误工费时
9	后续医疗证明	受伤人员需要后续治疗时
10	住院伙食补助费凭证	索赔住院伙食补助费时
11	营养费凭证	索赔营养费时

（续）

序　号	人员伤亡索赔资料	备　注
12	交通费凭证	索赔交通费时
13	住宿费凭证	索赔住宿费时
14	交通事故伤残鉴定	发生伤残，进行鉴定的事故
15	残疾辅助器具证明	索赔残疾辅助器费用时
16	死者户籍注销证明	发生死亡的事故
17	丧葬费凭证	索赔丧葬费时
18	被扶养人户籍关系证明	索赔抚养费时
19	被扶养人丧失劳动能力证明	索赔抚养费时

4. 财务损失索赔资料

财务损失索赔资料是指发生车辆之外的财务损失，索赔时须提供的资料见表20-4。

表20-4　财务损失索赔资料

序　号	财务损失索赔资料	备　注
1	机动车保险第三者财产保险损失证明	需要赔偿第三者财产损失时
2	机动车保险第三者财产保险赔偿证明	需要赔偿第三者财产损失时
3	货物运单及价格、数量凭证	索赔货物损失时
4	损失物资回收单	有损失的物资需要回收时
5	第三者财务施救费赔偿凭证	索赔第三者财务施救费时

5. 车辆被盗抢的索赔资料

车辆被盗抢的索赔资料是指被保险车辆被盗抢后索赔时所需要提供的资料，见表20-5。

表20-5　车辆被盗抢索赔资料

序　号	车辆被盗抢索赔资料	备　注	序　号	车辆被盗抢索赔资料	备　注
1	被保险车辆盗抢案件立（破）案证明	通用	6	登载车辆被盗抢声明的报纸	通用
2	报警回执	通用	7	权益转让书	通用
3	车辆报停或注销证明	通用	8	机动车登记证原件	通用
4	车辆来历证明或购车发票原件	通用	9	被保险人身份证或营业执照复印件	通用
5	购置附加税凭证	通用			

（三）事故车赔案缮制流程

缮制是理赔内勤依据被保险人在出险过程中承担的责任，按照投保条款的保险责任计算理赔金额的过程。在确认保险事故的损失后，被保险人向保险公司提供相关资料，对损失进行索赔。保险公司接受被保险人的索赔申请后，应对被保险人递交的索赔资料进行审核和赔案缮制。赔案缮制流程如图20-2所示。

（1）搜集被保险人索赔单证　在接受被保险人的索赔资料时，保险理赔人员应仔细审核，资料不齐全的应告知被保险人补全。

（2）审核保险责任　理赔人员对于被保险人的索赔要求，依据保险合同进行审核，明确被保险人的索赔要求是否属于保险责任的赔付范围。对于不属于保险责任范围的，明确告知被保险人原因，解释清楚。

（3）分险别计算赔款　保险公司理赔人员对属于保险责任的损失，应区分属于何种险种的赔付责任，计算每个险种的赔款，并与被保险人沟通。

```
搜集被保险人索赔单证  →  与被保险人沟通
        ↓                    ↓
   审核保险责任      →   缮制赔款计算书
        ↓                    ↓
   分险别计算赔款    →     申请核赔
```

图 20-2　赔案缮制流程

（4）与被保险人沟通　保险赔款计算最终完成后，应告知被保险人并与其沟通，对其有疑问的地方进行解释。

（5）缮制赔款计算书　各险种赔款计算完成，进行审查无误后，应缮制赔款计算书，出具缮制意见并签章。

（6）申请核赔　赔案缮制完成后，需要及时提交赔案，申请索赔。

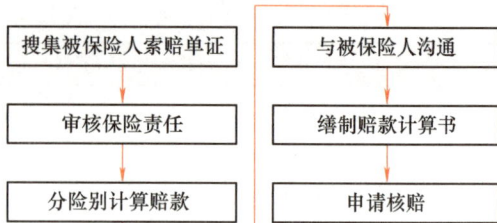

二、事故车赔款理算

（一）事故车赔款理算流程

赔款理算是理算人员根据保险人提供的经审核无误的有关费用单证，根据保险条款、事故证明等确定保险责任及赔偿比例，计算汽车保险赔款、缮制赔款计算书。赔款理算的流程如图 20-3 所示。

（1）接受赔案　在接受待理算的赔案时，应对赔案资料进行清点，并核对签名、签章是否齐全有效。主要审核下列单证：抄单、批单；车损、物损损失确认书；伤亡人员费用核损结果；查勘记录、事故证明；事故现场照片，车损、物损照片；客户签名确认的书面索赔申请、报案记录；其他相关证明、票据等。如果索赔资料完整无误，应在"索赔资料回执单"上进行登记，由双方签字确认；对资料不完整者，应及时要求补全。

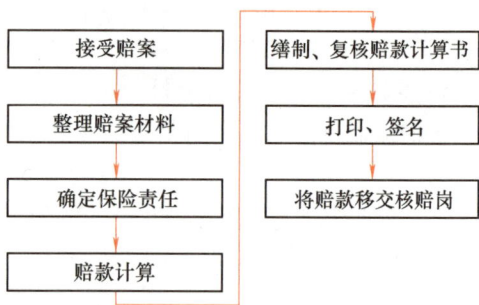

```
   接受赔案      →  缮制、复核赔款计算书
      ↓                    ↓
 整理赔案材料    →     打印、签名
      ↓                    ↓
 确定保险责任    →   将赔款移交核赔岗
      ↓
   赔款计算
```

图 20-3　赔款理算的流程

（2）整理赔案资料　理算员对接收的资料完成审核后，指导上交人员对赔案材料按规范要求进行粘贴整理。

（3）确定保险责任　审阅事故责任证明、现场查勘记录、报案记录等，了解出险原因及经过，根据投保情况对照保险条款确定保险责任。

（4）确定事故责任比例、赔偿比例　根据保险条款及相关法规、保险事故责任证明，确定事故责任比例；核实是否足额投保，不足额的按比例分摊；核实施救费用是否涉及比例分摊；确定免赔率或免赔额度。

（5）赔款计算　根据各项损失确认书确定的损失金额、事故责任比例等计算赔款。

（6）缮制、复核赔款计算书　对赔款计算复核无误后，缮制赔款计算书。

（7）将赔款移交核赔岗　理算工作完成后，重新整理赔案资料，填写赔案流转表，将赔案资料移交核赔岗核赔。

（二）事故车辆赔款理算

在进行赔款理算时，由于保险费率的放开，各家保险公司的理算结果会有所不同，但都要严格按照相关保险条款和保险单的合同要求进行。下面以中国保险行业协会发布的《商业车险示范产品理赔实务要点（2020试行版）》（中保协发〔2020〕49号）进行说明。

1. 交强险赔款计算

交强险实施后，赔偿的原则是由交强险先进行赔付，不足的部分由第三者责任险来补充。因此，交强险的赔款计算将影响到商业机动车保险的赔款计算。

交强险将被保险人在事故中承担的责任分为有责和无责两级。如果有责，不管责任大小，其赔款在死亡伤残、医疗费用、财产损失的限额内进行计算赔偿；如果无责任，赔款在无责任的伤亡伤残、无责任医疗费用、无责任财产损失的赔偿限额内进行计算赔偿（表20-6）。

表20-6　交强险赔款限额

项　　目	赔偿限额/元	
	被保险人有责	被保险人无责
死亡伤残	180000	18000
医疗费用	18000	1800
财产损失	2000	100

1）基本计算公式：

总赔款＝∑各分项损失赔款＝死亡伤残赔款＋医疗费用赔款＋财产损失赔款

各分项承担损失赔款＝各分项核定损失承担金额，即

死亡伤残费用赔款＝死亡伤残费用核定承担金额

医疗费用赔款＝医疗费用核定承担金额

财产损失赔款＝财产损失核定承担金额

各分项核定损失承担金额超过交强险各分项赔偿限额的，各分项损失赔款等于交强险各分项赔偿限额。

2）当保险事故涉及多个受害人时，基本公式为

各分项损失赔款＝∑各受害人各分项核定损失承担金额

当各受害人各分项核定损失承担金额之和超过被保险车辆交强险相应分项赔偿限额的，各分项损失赔款等于交强险各分项赔偿限额。

被保险车辆交强险对某一受害人各分项损失的赔偿金额为

赔偿金额＝各分项赔偿限额×分项核定损失承担金额/∑各受害人分项核定损失承担金额

3）当保险事故涉及多辆肇事车辆时　各被保险车辆的保险人分别在各自的交强险各分项赔偿限额内，对受害人的分项损失计算赔偿。

各方被保险车辆按其适用的交强险分项赔偿限额占总分项赔偿限额的比例，对受害人的各分项损失进行分摊。

注意：肇事车辆中的无责任车辆，不参与对其他无责车辆和车外财产损失的赔偿计算，仅参与对有责方车辆损失或车外人员伤亡损失的赔偿计算。无责方车辆对有责方车辆损失应承担的赔偿金额，由有责方在本方交强险无责任财产损失赔偿限额项下代赔。

初次计算后，如果有致害方交强险限额未赔足，同时有受害方损失没有得到充分补偿，则对受害方的损失在交强险剩余限额内再次进行分配，在交强险限额内补足。对于待分配的各项损失合计没有超过剩余赔偿限额的，按分配结果赔付各方；超过剩余赔偿限额的，则按每项分配金额占各项分配金额总和的比例乘以剩余赔偿限额分摊；直至受损各方均得到足额赔偿或应赔付方交强险无剩余限额。

4）受害人财产损失需施救的，财产损失赔款与施救费累计不超过财产损失赔偿限额。

5）主车和挂车在连接使用时发生交通事故，则主车与挂车的交强险保险人分别在各自的责任限额内承担赔偿责任。若交通管理部门未确定主车、挂车应承担的赔偿责任，主车、挂车的保险人对各受害人的各分项损失平均分摊，并在对应的分项赔偿限额内计算赔偿。主车与挂车由不同被保险人投保的，在连接使用时发生交通事故，按互为第三者的原则处理。

6）对被保险人依照法院判决或者调解承担的精神损害抚慰金，原则上在其他赔偿项目足额赔偿后，在死亡伤残赔偿限额内赔偿。

📝【案例20-1】

A、B两机动车发生交通事故，两车均有责任。A、B两车车损分别为4000元和5000元，B车车上人员医疗费用9000元，死亡伤残费用8万元，另造成路产损失1000元。设两车适用的有责交强险财产损失赔偿限额为2000元，医疗费用赔偿限额为1.8万元，死亡伤残赔偿限额为18万元，试计算A、B两车可获得的交强险赔款各为多少。

解：

A车交强险赔偿计算：

A车交强险赔偿金额 = ∑受害人各分项损失赔款 = B车车上人员死亡伤残费用核定承担金额 + B车车上人员医疗费用核定承担金额 + 财产损失核定承担金额，其中：

（1）B车车上人员死亡伤残费用核定承担金额 = 80000元 < 死亡伤残赔偿限额（18万元）。

（2）B车车上人员医疗费用核定承担金额 = 9000元 < 医疗费用赔偿限额（1.8万元）。

（3）财产损失核定承担金额 = 路产损失核定承担金额 + B车损核定承担金额 = 1000/2元 + 5000元 = 5500元 > 财产损失赔偿限额（2000元）。超出限额按限额计，本项赔款2000元。

其中，A车交强险对B车损的赔款 = 财产损失赔偿限额 × B车损核定承担金额/（路产损失核定承担金额 + B车损核定承担金额） = 2000 × [5000/(500 + 5000)]元 ≈ 1818.18元。

A车交强险对路产损失的赔款 = 财产损失赔偿限额 × 路产损失核定承担金额/（路产损失核定承担金额 + B车损核定承担金额） = 2000 × [500/(500 + 5000)]元 ≈ 181.82元。

A车交强险赔偿金额 = (80000 + 9000 + 2000)元 = 91000元。

B车交强险赔偿计算：

B 车交强险赔偿金额＝财产损失核定承担金额＝路产损失核定承担金额＋A 车损核定承担金额＝1000/2＋4000 元＝4500 元＞财产损失赔偿限额(2000 元)。

所以，B 车交强险赔偿金额＝2000 元。

2. 车损险赔款计算

商业保险赔款计算时，按照条款要求应先扣除事故当事方保险公司赔付的交强险赔款，然后在商业险项下进行赔偿。

(1) 全损赔款计算　被保险车辆发生全部损失时，赔款计算如下。

1) 如果被保险人申请采用常规索赔方式(即非代位求偿方式)，按以下公式计算：

机动车损失保险总赔款＝(车损赔款＋施救费赔款－绝对免赔额)×(1－绝对免赔率)(机动车损失保险总赔款简称车损险总赔款，下同)

车损赔款＝(保险金额－交强险应赔付本车损失金额)×被保险车辆事故责任比例

施救费赔款＝(核定施救费－本车施救费金额)×被保险车辆事故责任比例

即，车损险总赔款＝[(保险金额＋核定施救费－交强险应赔付金额)×被保险车辆事故责任比例－绝对免赔额]×(1－绝对免赔率)。

"绝对免赔率"是指投保人与保险人在投保附加绝对免赔率特约条款时约定的免赔率。

"绝对免赔额"是指投保人与保险人在投保车损险时确定的每次事故绝对免赔金额。

"核定施救费"指施救的财产中，含有保险合同之外的财产，按保险合同保险财产的实际价值占总施救财产的实际价值比例分摊而得到的施救费用，最高不超过车损险的保险金额。

核定施救费＝合理的施救费用×本保险合同保险财产的实际价值/总施救财产的实际价值

2) 如果被保险人申请车损险代位求偿索赔方式，按以下公式计算：

车损险总赔款＝(车损赔款＋施救费赔款－绝对免赔额)×(1－绝对免赔率)

车损赔款＝保险金额－被保险人已从第三方获得的车损赔偿金额

施救费赔款＝核定施救费－被保险人已从第三方获得的施救费赔偿金额

即车损险总赔款＝(保险金额＋核定施救费－被保险人已从第三方获得的施救费赔偿金额－绝对免赔额)×(1－绝对免赔率)

(2) 部分损失赔款计算　被保险车辆发生部分损失，保险人按实际修复费用在保险金额内计算赔偿。

1) 如果被保险人申请采用常规索赔方式(即非代位求偿方式)，按以下公式计算：

车损险总赔款＝(车损赔款＋施救费用赔款－绝对免赔额)×(1－绝对免赔率)

车损赔款＝(实际修复费用－交强险应赔付本车损失金额)×被保险车辆事故责任比例

施救费赔款＝(核定施救费－交强险应赔付本车施救费金额)×被保险车辆事故责任比例

即车损险总赔款＝[(实际修复费用＋核定施救费－交强险应赔付金额)×被保险车辆事故责任比例－绝对免赔额]×(1－绝对免赔率)

2) 如果被保险人申请采用车损险代位求偿索赔方式，按以下公式计算：

车损险总赔款＝(车损赔款＋施救费用赔款－绝对免赔额)×(1－绝对免赔率)

车损赔款＝实际修复费用－被保险人已从第三方获得的车损赔偿金额

$$施救费赔款 = 核定施救费 - 被保险人已从第三方获得的施救费赔偿金额$$

即车损险总赔款 = （实际修复费用 + 核定施救费 - 被保险人已从第三方获得的赔偿金额 - 绝对免赔额） × （1 - 绝对免赔率）

【案例20-2】

一辆价值为 150000 元的货车投保了车损险，发生翻车单方肇事事故，导致车损修车费为 15000 元，施救货物和车的费用共 10000 元，货物价值 10 万元。车辆未投保附加绝对免赔额和附加免赔率特约条款。

该事故中车辆为部分损失，运用部分损失计算公式：

$$车损赔款 = [（实际修复费用 + 核定施救费 - 交强险应赔付金额） ×$$
$$被保险车辆事故责任比例 - 绝对免赔额] × （1 - 绝对免赔率）$$

核定施救费为施救车辆费用，当施救费用是货物和车一起的费用时，则各个单独被施救对象费用为按对象实际价值分摊，即车辆施救费用 = 货物和车的总施救费 × [汽车价值/（汽车价值 + 货物价值）]

本案中汽车施救费 = 10000 × [15/（15 + 10）] 元 = 6000 元，单方肇事事故责任比例为 100%，则该案车损险赔款为车辆损失 + 施救费 = 15000 元 + 6000 元 = 21000 元

被保险车辆发生本保险事故，导致全部损失，或一次赔款金额与免赔金额之和（不含施救费）达到保险金额，保险人按保险合同约定支付赔款后，保险责任终止，保险人不退还车损险及其附加险的保险费。

3. 第三者责任险赔款计算

（1）赔款计算

1）当（依合同约定核定的第三者损失金额 - 交强险的分项赔偿限额） × 事故责任比例等于或高于每次事故责任限额时：

$$赔款 = 每次事故责任限额 × （1 - 绝对免赔率）$$

2）当（依合同约定核定的第三者损失金额 - 交强险的分项赔偿限额） × 事故责任比例低于每次事故责任限额时：

$$赔款 = \left(\begin{array}{c}依合同约定核定的\\第三者损失金额\end{array} - \begin{array}{c}交强险的分项\\赔偿限额\end{array}\right) × 事故责任比例 × （1 - 绝对免赔率）$$

绝对免赔率是指投保人与保险人在投保附加绝对免赔率特约条款时约定的免赔率，未投该附加险时该项为 0。

保险人按照《道路交通事故受伤人员临床诊疗指南》和国家基本医疗保险的同类医疗费用标准核定医疗费用的赔偿金额。未经保险人书面同意，被保险人自行承诺或支付的赔偿金额，保险人有权重新核定。不属于保险人赔偿范围或超出保险人应赔偿金额的，保险人不承担赔偿责任。

被保险车辆未投保交强险或交强险合同已经失效的，视同其投保了交强险进行计算。

主车和挂车连接使用时视为一体，发生保险事故时，由主车保险人和挂车保险人按照保险单上载明的第三者责任险责任限额的比例，在各自的责任限额内承担赔偿责任。总赔款限额以主车与挂车第三者责任险责任限额之和为限。挂车未投保商业险的，不参与分摊在第三者责任险项下应承担的赔偿金额。

【案例20-3】

　　一辆投保交强险和第三者责任险的车辆发生交通事故，在事故中负主要责任，承担70%的损失，第三者责任险责任限额为10万元。此次事故中，第三方损失为30万元，其中财产损失8万元，医疗费用2万元，死亡伤残费20万元。试计算第三者责任险的赔款。

　　解：第三者责任险中被保险人按事故责任比例应承担的赔偿金额=（事故第三方损失30万元－交强险赔款20万元）×事故责任比例（70%）=7万元（责任限额10万元）。

　　所以，第三者责任险赔款为7万元。

　　事故责任比例：一般按照交警部门判定的事故责任比例判定。如果经过核赔人员认真审核，认为某种赔偿比例更符合实际情况，更为合理，此处的事故责任比例可以用该赔偿比例代替（表20-7）。

表20-7　事故责任比例

交通事故责任类型	事故责任比例（%）	交通事故责任类型	事故责任比例（%）
被保险机动车方负全部责任	100	被保险机动车方负次要责任	30
被保险机动车方负主要责任	70	被保险机动车方无责任	0
被保险机动车方负同等责任	50		

　　（2）车损险、第三者责任险赔款计算注意事项

　　1）赔款计算依据交通管理部门出具的《道路交通事故责任认定书》以及据此做出的《道路交通事故损害赔偿调解书》。

　　2）当调解结果与责任认定书不一致时，对于调解结果中认定的超出被保险人责任范围内的金额，保险人不予赔偿；对于被保险人承担的赔偿金额低于其应按责赔偿的金额的，保险人只对被保险人实际赔偿的金额在限额内赔偿。

　　3）对于不属于保险合同中规定的赔偿项目但被保险人已自行承诺或支付的费用，保险人不予承担。

　　4）法院判决被保险人应赔偿第三者的金额，如精神损失赔偿费等，保险人不予承担。

　　5）保险人对第三者责任事故赔偿后，对受害第三者的任何赔偿费用的增加不再负责。

　　6）车辆损失的残值确定，应以车辆损失部分的零部件残值计算。

　　7）诉讼仲裁费用标准应按照最高人民法院下发的有关标准执行。车损险诉讼仲裁费用计入车损险施救费，第三者责任险诉讼仲裁费用必须经保险人事先书面同意，在第三者责任险责任限额的30%以内计算赔偿。

　　4. 车上人员责任险赔款计算

　　每次事故每座受害人的赔款分别计算，最高不超过每次事故每座受害人的赔偿限额。绝对免赔率是指投保人与保险人在投保附加绝对免赔率特约条款时约定的免赔率，未投该附加险时该项为0。

　　赔款计算公式：

　　1）对每座的受害人，当（依合同约定核定的每座车上人员人身伤亡损失金额－应由交强险赔偿的金额）×事故责任比例高于或等于每次事故每座责任限额时：

赔款=每次事故每座责任限额×（1－绝对免赔率）

2）对每座的受害人，当（依合同约定核定的每座车上人员人身伤亡损失金额－应由交强险赔偿的金额）×事故责任比例低于每次事故每座责任限额时：

$$赔款 = \left(\begin{array}{c}依合同约定核定的\\每座车上人员人身伤亡损失金额\end{array} - \begin{array}{c}应由交强险\\赔偿的金额\end{array}\right) × 事故责任比例$$

3）车上人员责任险总的赔款

$$赔款 = \sum 每人赔款$$

赔款人数以投保座位数为限。

5. 附加险赔款计算

（1）绝对免赔率特约条款赔款计算　本特约条款下不单独计算赔款。

若投保时选择了本特约条款，对应主险赔款计算中的"绝对免赔率"根据本条款的约定进行计算。

（2）车轮单独损失险

1）当（依合同约定核定的车轮损失金额－应由交强险赔偿的金额）×事故责任比例的计算结果不小于本附加险保险金额时：

$$赔款 = 保险金额$$

2）当（依合同约定核定的车轮损失金额－应由交强险赔偿的金额）×事故责任比例的计算结果小于本附加险保险金额时：

$$赔款 = （合同约定核定的车轮损失金额 - 应由交强险赔偿的金额）× 事故责任比例$$

3）赔偿后，批减本附加险保险合同中协商确定的保险金额。车轮单独损失险的保险金额为累计计算，定损、理算赔付时以保单剩余的保险金额为限。

说明：

① 在保险期间内，累计赔款金额达到保险金额时，附加险保险责任终止。

② 关注前期已赔偿的车轮损失险赔款有无批减。

③ 当涉及代位求偿方式的情形时，参照车损赔款计算方法计算赔偿金额及追偿金额。

（3）新增加设备损失险赔款计算　本附加险每次赔偿的免赔约定以机动车损失保险条款约定为准。

1）当新增加设备"实际修复费用"等于或高于新增加设备损失险保险金额时：

$$赔款 = 保险金额 - 被保险人已从第三方获得的赔偿金额$$

2）当新增加设备"实际修复费用"小于新增加设备损失险保险金额时：

$$赔款 = 实际修复费用 - 被保险人已从第三方获得的赔偿金额$$

说明：新增加设备"实际修复费用"是指保险人与被保险人共同协商确定新增加设备的修复费用。当涉及代位求偿方式的情形时，参照车损赔款计算方法计算赔偿金额及追偿金额。

（4）车身划痕损失险赔款计算

1）在保险金额内按实际修复费用计算赔偿。

当"实际修复费用"不小于车身划痕损失险的保险金额时：

$$赔款 = 保险金额$$

当"实际修复费用"小于车身划痕损失险的保险金额时：

$$赔款 = 实际修复费用$$

2）赔偿后，批减本附加险保险合同中协商确定的保险金额。车身划痕损失险的保险金额为累计计算，定损、理算赔付时以保单剩余的保险金额为限。

说明：

① 在保险期间内，累计赔款金额达到保险金额时，附加险保险责任终止。

② 关注前期已赔偿的车身划痕损失险赔款有无批减。

③ "实际修复费用"为保险人与被保险人共同协商确定的修理金额。

（5）修理期间费用补偿险赔款计算

1）车辆全部损失时的计算。

$$赔款 = 日补偿金额 \times 保险合同中约定的最高补偿天数$$

2）车辆部分损失时的计算。

在计算补偿天数时，首先比较约定修理天数和从送修之日起至修复之日止的实际修理天数，两者以短者为准。

① 补偿天数超过保险合同中约定的最高赔偿天数时，

$$赔款 = 日补偿金额 \times 保险合同中约定的最高补偿天数$$

② 补偿天数未超过保险合同中约定的最高赔偿天数时，

$$赔款 = 日补偿金额 \times 补偿天数$$

3）赔付后，批减附加险保险合同中约定的最高补偿天数。

说明：

① 在保险期间内，累计赔款金额达到保险单载明的保险金额时，附加险保险责任终止。

② 关注前期已补偿的修理期间费用补偿险赔款有无批减。

③ 保险期间内发生保险事故时，约定赔偿天数超出保险合同终止期限部分，仍应赔偿。

（6）发动机进水损坏除外特约条款　本特约条款下不单独计算赔款。

若投保时选择了本特约条款，当出现发动机进水后导致的发动机直接损毁的情况时，车损险在核定修复费用时不包含发动机部分。

（7）车上货物责任险赔款计算

1）当"（依合同约定核定的车上货物损失金额 - 交强险对车上货物赔款）× 事故责任比例"不小于责任限额时：

$$赔款 = 责任限额$$

2）当"（依合同约定核定的车上货物损失金额 - 交强险对车上货物赔款）× 事故责任比例"小于责任限额时：

$$赔款 =（依合同约定核定的车上货物损失金额 - 交强险对车上货物赔款）\times 事故责任比例$$

说明：

① 交强险对车上货物赔款 = Σ（除本车外其他肇事车辆交强险财产损失赔偿限额项下对被保险车辆车上货物的赔款）。

② 意外事故不包含因自然灾害导致的车上货物损失。

（8）精神损害抚慰金责任险赔款计算　本附加险赔偿金额依据人民法院的判决及保险合同约定在保险单载明的赔偿限额内计算赔偿。

1）法院生效判决及保险合同约定的应由被保险人或其允许的驾驶人承担的精神损害赔偿责任，在扣除交强险对精神损害的赔款后，未超过责任限额时：

$$赔款=应由被保险人承担的精神损害赔偿责任-交强险对精神损失的赔款$$

2）法院生效判决及保险合同约定的应由被保险人或其允许的驾驶人承担的精神损害赔偿责任，在扣除交强险对精神损害的赔款后，超过约定的每次事故责任限额或每次事故每人责任限额时：

$$赔款=责任限额$$

（9）法定节假日限额翻倍险　投保了第三者责任险的家庭自用汽车，可投保本附加险。投保了本附加险的车辆，当保险事故出险日期属于全国性法定节假日，且第三者责任险赔款达到或超过主险限额时，本附加险单独计算赔款。

1）当（依事故核定的第三者损失金额-交强险的分项赔偿限额）×事故责任比例的赔款计算结果不小于2倍每次事故主险赔偿限额时：

$$赔款=每次事故主险赔偿限额$$

2）当（依合同约定核定的第三者损失金额-交强险的分项赔偿限额）×事故责任比例的赔款计算结果小于2倍每次事故主险赔偿限额且不小于主险每次事故赔偿限额时：

$$赔款=（依事故核定的第三者损失金额-交强险的分项赔偿限额）×$$
$$事故责任比例-每次事故主险赔偿限额$$

3）当（依合同约定核定的第三者损失金额-交强险的分项赔偿限额）×事故责任比例小于每次主险事故赔偿限额时：

$$赔款=0$$

说明：

① 每次事故主险赔偿限额指第三者责任险投保时约定的责任限额。

②"绝对免赔率"是指投保人与保险人在投保附加绝对免赔率特约条款时约定的免赔率。

（10）医保外医疗费用责任险　投保时选择本附加险，分别对应第三者责任险、机动车车上人员责任保险的附加险赔偿限额。

对于主险医疗费中超出医保范围的费用，在本附加险计算赔付时，最高不超过附加险的赔偿限额。

核定的医保外医疗费用×事故责任比例超过附加险限额时：

$$赔款=附加险赔偿限额$$

核定的医保外医疗费用×事故责任比例在附加险限额内时：

$$赔款=核定的医保外医疗费用×事故责任比例$$

说明：

"核定的医保外医疗费用"是指与本次保险事故相关的合理的但不属于《道路交通事故受伤人员临床诊疗指南》和国家基本医疗保险同类医疗费用标准范围内的医疗费用金额。

（11）机动车增值服务特约条款　赔款为与增值服务供应商结算的实际服务费用。

三、缮制赔款计算书

在赔款计算核对无误后，可缮制保险赔款计算书。计算书必须有理算人、核赔人签章。

缮制人员对赔款的理算可以直接在理赔系统中缮制平台处理，缮制人员根据案件的损失情况直接在平台上录入损失金额、责任比例、各种免赔信息等相关因素，系统将自动计算，生成赔款计算书，然后得出赔款金额。

任务实施

步骤1 拟订任务实施计划

保险理赔人员按照缮制赔案流程开展工作。

步骤2 接受索赔资料

保险理赔人员应当热情接受咨询，接待客户，接受车险索赔资料，并审核索赔资料，保证车险理赔案件资料的正确流转。

1）理赔人员接受客户索赔资料时，要逐一审核，仔细查看每一张单证、每一页数字、每一个印章。单证要求齐全、有效。

2）客户提交索赔的单证不完整的，暂不受理，详细告知补充资料，一次完成。

3）填写机动车辆索赔材料交接单，一一核定。

4）简单计算赔付金额并告知客户，必要时让被保险人签署确认书。向被保险人说明理算基础，解释保险单时条例清楚。

5）不予以赔付的项目应及时告知客户，应简洁明了、条例清楚，或书面告知，不要延迟。

步骤3 审核保险责任

1）被保险人将索赔单证交齐后，应仔细审核，确认属于保险责任，对于客户要求赔偿的损失，判断是否在其投保的险种保障范围内。如果不属于，及时通知被保险人。

2）对照事故的损失类型，判断各损失属于何种险种的保险责任，应当在哪个险种赔偿。

3）核对损失金额，对于超出相应险种的赔付限额内的损失，应明确说明保险公司赔付金额以赔付限额为限。超出部分由被保险人自己承担。核对无误，正确录入信息。

4）核对保险单承保范围主要有：免赔率、免赔额扣除、责任限额、折旧、重复比例分摊等。

步骤4 进行赔款计算

1）各项损失项目的损失金额。

2）保险金额。

3）事故责任比例。

4）绝对免赔额和绝对免赔率。

步骤5 核对理算项目

1）理算单价。

2）费用估算。

3）折旧，依照条款约定的折旧率表执行。

4）对于拖车费、停车费、吊装费及损坏路面、草坪、苗木等的赔偿标准，按照财政局、物价局的规定执行。

5）追偿款及追偿费用的处理。在系统结案前，追偿款收入及追偿费支出可以在该赔偿案项下缮制保险赔款计算书直接做抵销处理。

步骤6 缮制赔款计算书

在赔款核对无误后,可缮制保险赔款计算书。

任务评价

任务评价表见任务工单。

知识点提示

1. 赔案缮制任务实施流程

赔案缮制任务实施流程如图20-4所示。

2. 赔款计算公式(见上述)。

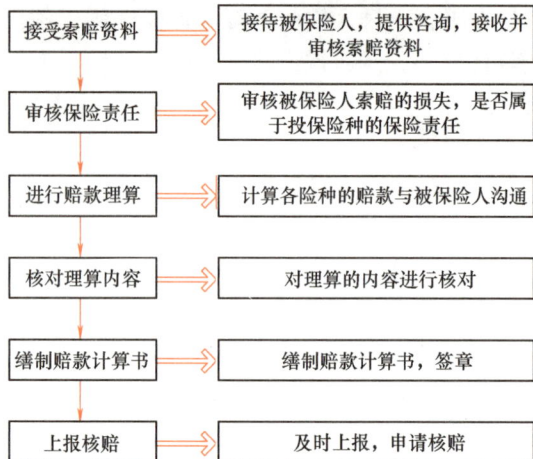

接受索赔资料	接待被保险人,提供咨询,接收并审核索赔资料
审核保险责任	审核被保险人索赔的损失,是否属于投保险种的保险责任
进行赔款理算	计算各险种的赔款与被保险人沟通
核对理算内容	对理算的内容进行核对
缮制赔款计算书	缮制赔款计算书,签章
上报核赔	及时上报,申请核赔

图20-4 赔案缮制任务实施流程

任务21 事故车辆核赔与结案

任务目标

知识目标

1. 了解汽车保险核赔的流程、赔付结案工作内容及拒赔案件工作内容。

2. 掌握核赔的主要工作内容。

能力目标

能完成车险核赔及拒赔案件的工作。

素养目标

通过引导学生体会车险理赔专员工作的繁琐与重要性,内化学生认真、仔细、有条不紊工作、学习的习惯,培养车险理赔工作人员基本职业素养。

学习任务

赵某有一辆货车从事货运经营,并向保险公司投保了保额为20万元的第三者责任险和2万元的机动车车上人员责任保险。保险期内,赵某聘请的驾驶人驾车,自己随车前往广州送货,途中发现车上货物被盗,赵某急忙让驾驶人将车停下,下车查看。由于车未停稳,赵某跳下车后摔倒,被该车后轮压过身亡。

1)第三者责任险条款中的责任免除:被保险人及其家庭成员伤亡、所有或代管的财产损失;被保险机动车本车上其他人员的人身伤亡或财产损失。

2)机动车车上人员责任保险条款中的责任免除:车上人员在被保险机动车车下时遭受的人身伤亡。

知识准备

一、事故车辆核赔

(一)汽车保险核赔流程

在经过赔款理算之后,要根据有关单证缮制赔款计算书。首先由相关工作人员制作

"机动车辆保险赔款计算书"和"机动车辆保险结案报告书"。"机动车辆保险赔款计算书"各栏要详细录入，项目要齐全，数字要正确。损失计算要分险种、分项目计算并列明计算公式，应注意免赔率要分险种计算。"机动车辆保险赔款计算书"一式两份，经办人员要盖章、注明缮制日期。业务负责人审核无误后，在"机动车辆保险赔款计算书"上签注意见和日期，送核赔人。

核赔是在授权范围内独立负责理赔质量的人员，按照保险条款及保险公司内部有关规章制度对赔案进行审核的工作。核赔的操作流程如图21-1所示。

核赔的主要工作内容包括审核单证、核定保险责任、审核赔款计算、核定车辆损失及赔款、核定人员伤亡及赔款、核定其他财产损失及赔款、核定施救费用等。核赔是对整个赔案处理过程进行控制。核赔对理赔质量的控制体现在核赔师对赔案的处理过程：一是及时了解保险标的出险原因、损失情况，对重大案件，应参与现场查勘；二是审核、确定保险责任；三是核定损失；四是审核赔款计算。

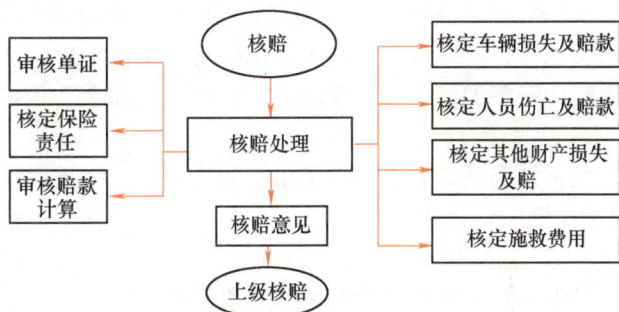

图 21-1　核赔的操作流程

（二）汽车保险核赔内容

（1）审核单证　审核被保险人按规定提供的单证、经办人员填写赔案的有关单证是否齐全、准确、规范和全面。

（2）核定保险责任　包括被保险人与索赔人是否相符；驾驶人是否为保险合同约定的驾驶人；出险车辆的厂牌型号、牌照号码、发动机号、车架号与保险单证是否相符；出险原因是否属保险责任；出险时间是否在保险期限内；事故责任划分是否准确合理；赔偿责任是否与承保险别相符等。

（3）核定车辆损失及赔款　包括车辆定损项目、损失程度是否准确、合理；更换零部件是否按规定进行了查询报价，定损项目与报价项目是否一致；换件部分拟赔款金额是否与报价金额相符；残值确定是否合理等。

（4）核定人员伤亡及赔款　根据查勘记录、调查证明和被保险人提供的"事故责任认定书""事故调解书"和伤残证明，依照国家有关道路交通事故处理的法律、法规规定和其他有关规定进行审核；核定伤亡人员数、伤残程度是否与调查情况和证明相符；核定人员伤亡费用是否合理；被抚养人口、年龄是否真实，生活费计算是否合理、准确等。

（5）核定其他财产损失及赔款　根据照片和被保险人提供的有关货物、财产的原始发票等有关单证，核定财产损失、损余物资处理等有关项目和赔款。

（6）核定施救费用　根据案情和施救费用的有关规定，核定施救费用有效单证和金额。

（7）审核赔付计算　包括残值是否扣除，免赔率使用是否正确，赔款计算是否准确等。

如果是上级公司对下一级进行核赔，应侧重审核：普通赔案的责任认定和赔款计算的准确性；有争议赔案的旁证材料是否齐全有效；诉讼赔案的证明材料是否有效，保险公司的理由是否成立、充分；拒赔案件是否有充分证据和理由等。

结案时，"机动车辆保险赔款计算书"上赔款的金额必须是最终审批金额。在完善各种核赔和审批手续后，方可签发"机动车辆保险领取赔款通知书"通知被保险人。

二、事故车辆结案

（一）汽车保险赔付结案

1. 支付赔款

在赔案经过分级审批通过之后，业务人员应制作"机动车辆保险领取赔款通知书"并通知被保险人，同时通知会计部门支付赔款。保户领取赔款后，业务人员按赔案编号输录"机动车辆保险已决赔案登记簿"，同时在"机动车辆保险报案、立案登记簿"备注栏中注明赔案编号、赔案日期，作为续保时是否给付无赔款优待的依据。被保险人领取赔款后，业务人员按赔案编号录入"保险车辆保险已决赔案登记信息"。

2. 单据清分

赔付结案后，应进行赔案单据的清分。一联赔款收据交被保险人，一联赔款收据、一联"机动车辆保险赔款计算书"或"机动车保险赔款审批表"交财务部门作为赔付的凭证。

3. 归档管理

结案后，应将赔案的各种理赔单证做好归档管理。归档包括电子理赔单证归档和纸质理赔单证归档。

（1）电子理赔单证归档　除客户提供的重要纸质证明材料需保留纸质材料外，其他理赔单证包括保险公司理赔系统自有单证、在查勘定损或资料收集环节采用拍照扫描等方式收集的单证，可将电子单证上传到车险理赔系统归档保存，可不再另行留存纸质材料归档。

（2）纸质理赔单证归档　未进行电子化上传车险理赔系统或已上传车险理赔系统但按规定需要存档的纸质理赔单证资料，按照档案管理规定进行归档；可以不集中归档，可在收集地归档、备查。

4. 注销案件

未决赔案是指截止到规定的统计时间，已经完成估损、立案、尚未结案的赔款案件或被保险人尚未领取赔款的案件。其处理原则：定期进行案件跟踪，对可以结案的案件，必须敦促被保险人尽快交齐索赔材料，赔偿结案；对尚不能结案的案件，应认真核对、调整估损金额；对超过时限、被保险人不提供手续或找不到被保险人的未决赔案，按照"注销案件"处理。

（二）汽车保险拒赔处理

1. 拒赔案件的拒赔原则

1）拒赔案件要严格按照《保险法》《机动车辆保险条款》有关规定处理。拒赔要有确凿的证据和充分的理由，慎重决定。

2）拒赔前应向被保险人明确说明原因，认真听取意见并向被保险人做好解释工作。

2. 拒赔案件处理流程

拒赔案件应遵守审慎处理、集中审批的原则，按照权限和规定流程对拒赔案件进行集中审批。

1）对于确认不属于保险责任的案件，应按拒赔处理的案件流程，经调查人员取得相关证据，按照权限和规定流程对拒赔案件进行审批。

2）理赔处理人员应自做出核定之日起3日内向被保险人发出拒赔通知书，送达记录必须保留。

3）拒赔案件所有材料必须妥善保管，积极做好应对诉讼、仲裁的准备工作。

（三）汽车保险追偿

在案件支付后，对需要进行追偿的案件，应进行追偿处理。保险追偿是指本身应当由第三者承担赔偿费用，而由保险公司支付赔偿的，保险公司保留向第三者责任方追偿回赔付款的权利，保险公司进行对本应第三者承担的赔付追偿即为保险追偿。代位追偿案件的实施原则是：

1）代位追偿必须是发生在保险责任范围内的事故。

2）代位追偿是《保险法》和《机动车辆保险条款》规定的保险人的权利，根据权利义务对等的原则，代位追偿的金额应在保险金额范围内根据实际情况接受全部或部分权益转让。

3）代位追偿工作必须注意诉讼时效。

代位追偿案件的工作程序：被保险人向第三者提出书面索赔申请——被保险人向保险人提出书面索赔申请——签署"权益转让书"——业务处理中心将赔案资料转业务管理部门——业务管理部门组织进行代位求偿——业务处理中心整理赔案、归档——财务中心登记、入账。

任务实施

步骤1　拟订任务实施计划

在赔案缮制完成后，缮制人员将赔案资料交由核赔人员审核，并在系统内报申请核赔，待核赔的案件将会派工给核赔人员，核赔人员需及时进行审核，保证理赔服务的质量，赔案核赔同意后，即可以支付结案工作。

步骤2　接受待核赔案件

现代保险赔案的核赔都是使用网上理赔系统，经派工待核赔案件在保险公司的理赔系统中可以直接查看，选择核赔案件之后，就可以进行核赔处理。接受任务时，应认真审核相关案件信息，即保险责任、事故责任、损失信息、赔款理算及缮制意见。核赔人在核赔时，应不惜赔、不滥赔，遵守法律，依照条款规定规范操作。

步骤3　全面审核赔案

开始核赔工作后，对赔案信息进行全面审核，赔案审核的信息如下：

1）查看报案信息。

2）查看保险单信息。

3）查看图片信息。

4）查看查勘信息与复勘信息。

5）查看损失录入信息。

6）查看缮制录入及理算。

7）查看支付信息。

8）查看缮制意见。

9）核赔中对保险责任的审核。

步骤4　出具核赔意见

对案件进行全面审核后，赔款人应当出具核赔意见。

1）核赔同意通过的，案件将自动转入赔付结案环节。

2）核赔中发现有信息不完整、不规范、有异议的案件，应注明原因，退回相应环节处理。

3）对于经审核不属于保险责任的案件，做拒赔处理。

4）怀疑有欺诈可能案件的处理：应进行深入调查，并在案卷中做详细的调查说明和结论；对已核查属实的欺诈案件做拒赔处理；如无法取证核查，也应使疑似欺诈案件的赔付损失降到最低程度。

步骤5 赔付结案

核赔同意的案件可以进行结案支付，工作步骤：

1）核赔内勤填写"机动车保险赔款领取通知书"，通知保险人领取赔款，并告知客户领款所需单证。现在一般由银行直接转账支付。

2）收取客户支付单证，将案卷转给财务部门。

3）财务部门接受和审核支付单证。

4）审核无误后，在网上车险理赔系统中录入支付信息并上传相关单证。

5）被保险人领取赔款后，进行结案登记。

6）进行单据清分。

7）进行卷宗管理。

任务评价

任务评价表见任务工单。

知识点提示

1. 核赔与结案任务实施流程

核赔与结案任务实施流程如图21-2所示。

2. 赔案审核信息点

赔案审核信息点如图21-3所示。

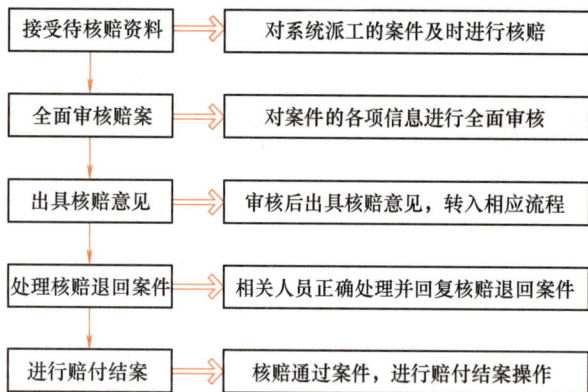

图 21-2 核赔与结案任务实施流程

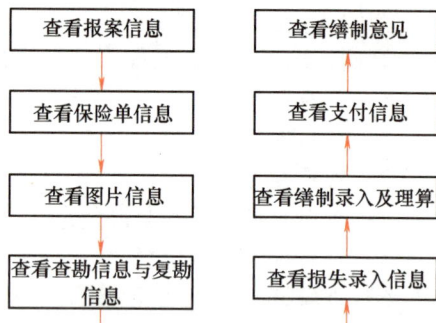

图 21-3 赔案审核信息点

项目7检测卷

一、单选（每题5分，共25分）

1. 计算交强险赔款时，实行免赔率为（　　）。（易）

A. 20%　　　B. 10%　　　C. 0　　　D. 15%

2. 下列属于车损险理赔范围的是（　　）。（难）

A. 车辆行车中由于天气热爆胎引起的轮胎单独破损

B. 车辆因在高速行驶后，自燃导致车身部分损毁

C. 保险责任事故发生后，为降低车辆损失而进行抢救的必要的施救费用

D. 在事故中，车上人员随身携带的物品的损失

3. 下列选项中，属于第三者责任险理赔范围的是（　　　）。（难）

A. 被保险车辆对被保险人所有或代管的财产造成的损失

B. 被保险车辆行驶时发生意外事故致使本车所载乘员伤亡

C. 被保险人在使用被保险车辆时不慎将路边行人撞伤

D. 被保险车辆行驶时发生意外事故致使拖带的未保险车辆倾覆

4. 以下不属于交强险理赔范围的是（　　　）。（难）

A. 事故造成的自己车上的人员伤亡

B. 事故造成的对方的车辆损失

C. 事故造成的车下的人伤及其财产损失

D. 对受害人进行的必要的施救费

5. 被保险人在车险事故发生后应在（　　　）h内向保险人报案。（易）

A. 24　　　　　　　　B. 48　　　　　　　　C. 12　　　　　　　　D. 36

二、判断（每题4分，共20分）

1. 交强险在计算赔款时，在分项限额内进行理赔，无免赔率。（　　　）（易）

2. 对同一损失，交强险赔付后商业保险再进行的赔偿。（　　　）（难）

3. 被保险车辆肇事逃逸是所有商业保险条款的责任免除。（　　　）（难）

4. 本车上其他人员的人身伤亡是第三者责任险的保险责任范围。（　　　）（中）

5. 交强险中无责车辆对有责车辆的财产损失部分由有责车辆保险公司代赔。（　　　）（中）

三、名词解释（每题6分，共24分）

1. 赔款理算（中）

2. 核赔（中）

3. 保险追偿（中）

4. 未决赔案（中）

四、简答（每题8分，共16分）

1. 简述事故车赔款理算流程。（中）

2. 简述汽车保险核赔内容。（中）

五、赔款理算（共15分）

已知：孙某有一辆宝来家用轿车：投保了交强险，并按实际价值以10万元投保车损险，以责任限额为30万元投保了第三者责任险和机动车车上人员责任保险（投保驾驶座限额为10万元）。王某有一辆帕萨特家用轿车：投保了交强险，并按实际价值以20万元投保车损险，以责任限额为20万元投保了第三者责任险和机动车车上人员责任保险（投保驾驶座限额为20万元）。

案情：在一次事故中两车相撞（王某负主要责任，孙某负次要责任），造成王某车损5000元，车上人王某受重伤，医疗费为6万元；李某车损3000元，路上一名骑自行车人受伤，医疗费为3000元。计算王某、李某所投汽车保险各险种的赔款。

注：事故中商业保险免赔率按全责20%、主要责任15%、同等责任10%、次要责任5%进行计算，残值不计。（难）

附录

汽车保险案例分析

【案例1　行人受伤案近因的判定】

　　黄某牵着自家的牛走在非机动车道上，旁边就是机动车道。一辆油罐车鸣笛驶过时，牛受惊，突然四蹄腾空跃起，狠狠踢向黄某。黄某被踢飞，撞到轮胎倒地，久久爬不起来。油罐车驾驶员赵某当时未发现异样，驾车离去。经鉴定，此次事故造成黄某一处八级伤残、一处九级伤残、一处十级伤残。交警大队经调查，无法判断事故成因。因无法划分事故责任，黄某与赵某及保险公司多次协商赔偿事宜未果。2021年9月，黄某向法院提起诉讼，要求赵某和保险公司赔偿各项损失共计60余万元。

　　思考：

　　1. 行人黄某的受伤该谁担责，黄某受伤的近因是什么？

　　2. 近因原则在保险理赔中有什么作用？

　　3. 结合第三者责任险条款，讨论黄某的受伤是否要由保险公司负责赔偿。

　　案例分析：

　　1. 行人黄某受伤的近因是什么？

　　黄某受伤的近因是油罐车驾驶员赵某鸣笛。

　　依据：由损失的近因逆推法追溯，即黄某受伤——因为撞到车轮——因为牛踢黄某——因为牛受惊——因为驾驶员鸣笛。由结果推原因，即黄某受伤的近因是驾驶员鸣笛。

　　2. 近因原则在保险理赔中有什么作用？

　　近因原则是指造成保险标的损失的最直接、最关键、起决定作用的原因。近因属于保险责任的，保险人负责赔偿；近因不属于保险责任的，保险人不负责赔偿。在保险业务中，近因原则是认定保险责任的重要原则，对判定是否属于保险责任范围具有重要意义，所以任何一起事故的理赔都必须坚持近因原则。

　　3. 结合第三者责任险条款，讨论黄某的受伤是否要由保险公司负责赔偿。

　　第三者责任险责任是对由于意外导致的第三者损失负责赔偿。黄某属于驾驶员赵某驾车过程中意外导致的损失，应在交强险赔偿后对剩余损失按照责任比例进行赔付。

　　事发时，黄某牵着牛紧靠机动车道行走，没有按照交通规则靠路边行走；赵某在驾车临近牛时突然鸣笛，可能造成牛受到惊吓。法官分析双方当事人均存在过错，最终促使两人握手言和，达成一致调解意见：由保险公司赔偿黄某事故损失33万余元。

【案例2　关于代位追偿案例的分析】

　　2020年8月17日，王某给自己的汽车购买了车损险、第三者责任险、机动车车上人员责任保险，保险期限为 1 年。10 月 7 日，王某在开车回老家的路上被李某的车追尾。经交警认定，李某负事故的全部责任。王某修车花费 5000 元，并从保险公司索要了赔款，同时将向李某追偿的权利转移给保险公司。保险公司在代替王某向李某索要事故损失赔偿时，李某认为事故原因是由于自己驾驶技术不熟练，责任在自己，心中也感觉十分愧疚，于是马上拿出了 6000 元，给了保险公司人员赵某。赵某将 6000 元全部交回了保险公司。一段时间后，王某听说了此事，向保险公司要多余的 1000 元钱，保险公司坚决不给。

2021 年 5 月 3 日，王某的汽车被偷，王某马上向公安部门和保险公司报案，3 个月后，车辆仍未找回，保险公司给予了老王全部赔款 10 万元。又一个月后，车辆被找回，王某不愿再要车，将车辆的权利转让给保险公司。保险公司对车辆进行拍卖时，拍出 15 万元的价格。王某听说了此事后，又向保险公司索要多出的 5 万元钱，保险公司还是坚决不给。

思考：

1. 对第一种情况，若给双方调解，应如何处理？
2. 对第二种情况，若再给双方调解，应如何处理？

案例分析：

1. 对第一种情况，若给双方调解，应如何处理？

对第一种情况，保险公司应该将多于保险赔偿的 1000 元给予老王。

首先，保险公司的代位追偿是以保险赔偿额度为限，超出部分，保险公司就没有代位追偿权了。

（代位追偿：如果保险事故是由第三者的过失或非法行为引起的，第三者对被保险人的损失必须负赔偿责任。保险人可按保险合同的约定或法律的规定，先行赔付被保险人。然后，被保险人应当将追偿权转让给保险人，并协助保险人向第三者责任方追偿。）

其次，多出的 1000 元，是属于肇事者李某对受害者王某的补偿，这不属于保险赔偿，不违背保险补偿原则。

第三，如果李某给予保险公司的钱数低于保险赔偿额度，那么保险公司就差额部分继续享有代位追偿权。

第四，如果保险公司赔偿王某的赔款数不足以补偿王某的所有损失，王某可以就自己的不足部分继续向李某索赔。

2. 对第二种情况，若再给双方调解，应如何处理？

对第二种情况，保险公司不应给王某 5 万元。

因为物上代位是一种所有权的转移，所以王某对标的车已经没有了任何权利，车辆的所有权已经属于保险公司，所以保险公司处理车辆的收入完全属于保险公司，与王某无关。

（物上代位：又称所有权代位，是指保险标的因遭受保险事故而发生全损或推定全损，保险人在全额支付保险赔偿金之后，即拥有对该保险标的的物的所有权，即代位取得对受损保险标的的权利和义务。）

【案例 3　两车相撞后伤人逃逸案例】

张某驾驶两轮摩托车在某公路由西往东行驶时，与由王某驾驶的往西行驶的大型货车相撞，张某倒地受重伤，被送医院急救，由于张某昏迷不醒，一直在重症监护室救治，并随时有生命危险。大型货车驾驶人王某在肇事后逃逸。伤者张某的家人为挽回张某的生命，先后用去了抢救费10多万元，但由于家境贫寒，还是欠下医院5万元的医疗费，医院多次向张某家人催交未果，想停止抢救。后经了解，事故发生前王某的车辆在某保险公司投保了交强险。

思考：

1. 王某车辆的交强险能否为张某垫付抢救费用？

2.《道路交通安全法》对此是如何规定的？

3. 如果王某的车辆没有买保险，那么张某的抢救费用应如何处理？

案例分析：

1. 王某车辆的交强险能否为张某垫付抢救费用？

王某车辆的交强险不能为张某垫付抢救费用。

"垫付"在交强险中只规定了4种情形，具体为：当驾驶人未取得驾驶资格、驾驶人醉酒的、车被盗抢期间肇事的、被保险人故意制造道路交通事故的，保险公司在交强险责任限额范围内垫付抢救费用，并有权向致害人追偿。其他情形不予垫付。

2.《道路交通安全法》对此是如何规定的？

《道路交通安全法》第十七条规定："国家实行机动车第三者责任强制保险制度，设立道路交通事故社会救助基金。具体办法由国务院规定。"

根据《道路交通安全法》《保险法》制定的《机动车交通事故责任强制保险条例》第二十四条规定："国家设立道路交通事故社会救助基金（以下简称救助基金）。有下列情形之一时，道路交通事故中受害人人身伤亡的丧葬费用、部分或者全部抢救费用，由救助基金先行垫付，救助基金管理机构有权向道路交通事故责任人追偿。

（一）抢救费用超过机动车交通事故责任强制保险责任限额的；

（二）肇事机动车未参加机动车交通事故责任强制保险的；

（三）机动车肇事后逃逸的。"

3. 如果王某的车辆没有买保险，那么张某的抢救费用应如何处理？

根据《机动车交通事故责任强制保险条例》第二十四条规定："肇事机动车未参加机动车交通事故责任强制保险的，道路交通事故中受害人人身伤亡的抢救费用，由救助基金先行垫付，救助基金管理机构有权向道路交通事故责任人追偿。"

【案例4 事故车辆伤人案例】

某公司承保的大型货车在行驶途中右前轮脱落，将路边等公交车的李某砸死。事后，当地车管所对事故车辆进行鉴定，结论为：标的车辆制动力和驻车制动力达不到标准，灯光装置不合规定。

思考：

1. 车辆车轮脱落致路边人死亡，能否构成第三者责任险的保险责任？

2. 鉴定结论中的车辆部分技术状况不符合标准是否可认定被保险人违反《保险法》规定的投保人和被保险人义务？保险公司可以以此为由拒绝赔偿吗？

3. 判决此案按照人身损害赔偿标准进行赔付。保险人若赔偿此案，应赔偿受害人哪些费用，依据法规是什么？

案例分析：

1. 车辆车轮脱落致路边人死亡，能否构成第三者责任险的保险责任？

第三者责任险的责任免除条款中，一般规定：发生保险事故时被保险机动车无公安机关交通管理部门核发的行驶证或号牌，或未按规定检验或检验不合格，造成第三者的损失，属于免责范围。所以，车辆车轮脱落致路边人死亡不能构成第三者责任险的保险责任。

2. 鉴定结论中的车辆部分技术状况不符合标准是否可认定被保险人违反《保险法》规定的投保人和被保险人义务？保险公司可以以此为由拒绝赔偿吗？

《保险法》第五十一条规定："被保险人应当遵守国家有关消防、安全、生产操作、劳动保护等方面的规定，维护保险标的的安全。保险人可以按照合同约定对保险标的的安全状况进行检查，及时向投保人、被保险人提出消除不安全因素和隐患的书面建议。投保人、被保险人未按照约定履行其对保险标的的安全应尽的责任的，保险人有权要求增加保险费或者解除合同。保险人为维护保险标的的安全，经被保险人同意，可以采取安全预防措施。"所以，鉴定结论中的车辆部分技术状况不符合标准可认定被保险人违反了《保险法》规定的投保人和被保险人义务，保险公司可以以此为由拒绝赔偿。

3. 判决此案按照人身损害赔偿标准进行赔付。保险人若赔偿此案，应赔偿受害人哪些费用，依据法规是什么？

依据《最高人民法院关于审理人身损害赔偿案件适用法律若干问题的解释》，受害人遭受人身损害后可获得的赔偿项目包括4个方面：一是因就医治疗支出的各项费用以及因误工减少的收入；二是因伤致残的，其因增加生活上需要所支出的必要费用以及因丧失劳动能力导致的收入损失；三是受害人死亡的；四是精神损害抚慰金。具体到本案应该赔偿因就医抢救治疗支出的各项费用、受害人死亡的费用以及死者家属的精神损害抚慰金。

1）因就医治疗支出的各项费用：主要为医疗费。

2）受害人死亡的费用：包括丧葬费、被抚养人生活费、死亡补偿费以及受害人亲属办理丧葬事宜支出的交通费、住宿费和误工损失等其他合理费用。

3）精神损害抚慰金：受害人或者死者近亲属遭受精神损害，赔偿权利人向人民法院请求赔偿精神损害抚慰金的，适用《最高人民法院关于确定民事侵权精神损害赔偿责任若干问题的解释》予以确定。

【案例5　交通事故伤人后赔款计算】

甲车投保交强险及第三者责任险20万元，发生交通事故后撞了一位骑自行车的人，造成自行车上乙、丙两人受伤，财物受损。其中乙的医疗费为7000元，死亡伤残费为50000元，财物损失为2500元；丙的医疗费为8000元，死亡伤残费为35000元，财物损失为2000元，经事故处理部门认定甲车负事故70%的责任。

思考：

甲车从交强险中能获得多少赔款？

案例分析：

交强险分3项限额，分别计算：

医疗费用：7000元＋8000元＜限额18000元，所以按实际损失赔偿15000元。

死亡伤残：50000 元 + 35000 元 < 限额 180000 元，所以按实际赔偿 85000 元。

财产损失：2500 元 + 2000 元 > 限额 2000 元，所以按限额赔偿 2000 元。

所以，甲车从交强险中能获得 102000 元赔款。

【案例6 施救事故车辆伤人赔款计算】

某物流公司驾驶人李某驾驶解放牌货车在山路上行驶，忽遇路面滑坡，车辆顺势滑至坡下 30 余米处，所幸李某没有受伤。李某小心翼翼地下车，发现货车还有可能继续下滑，就从工具箱中取出千斤顶，想把车的前部顶起以防继续下滑。就在李某操作千斤顶时，车辆忽然下滑，李某躲闪不及，被车辆压住，导致腰椎骨折。

事故发生后，物流公司迅速向保险公司报案，并提出索赔请求。保险公司核赔时发现该车只投保了车损险，遂告知物流公司对于李某的伤残费用不负赔偿责任。物流公司认为，李某是在对车辆施救过程中受的伤，其伤残费用应属于"施救费"，应属车损险赔付范围，并申请在车辆修复金额之外单独计算予以赔偿。保险公司拒绝了物流公司的请求，物流公司遂向法院起诉。

思考：

1. 法院的判决结论如何？依据是什么？
2. 对事故损失施救时，应注意什么？

案例分析：

1. 法院的判决结论如何？依据是什么？

法院的判决结论：李某的伤残费用不属于"施救费用"，保险公司可以拒赔，判决物流公司败诉。

依据：施救费用是指保险事故发生时，被保险人为抢救财产或者防止灾害蔓延或者为施救、保护、整理保险标的所支出的合理费用。保险人对施救费用的赔付，关注点是施救费用必须是必要的、合理的。本案中车辆驾驶人李某的伤残虽然是在施救过程中发生，但其伤残与防止或减少保险标的的损失没有必然联系，属于施救过程中发生的另一起意外事故。另外，李某的人身伤残不属于施救被保险车辆所应付出的必要的、合理的代价。因此，驾驶人李某的伤残费用不属于"施救费用"，保险人拒绝赔偿是正确的。

2. 对事故损失施救时，应注意什么？

对事故损失施救时，应注意施救费用必须是必要的、合理的，且对抢救受损财产或者防止灾害蔓延或者对施救、保护、整理保险标的有直接效果。

【案例7 盗车索赔案例】

李女士刚买了一辆新车，同时买了比较齐全的保险，只是车辆还没有上牌。因为小区没有停车场，她把车停在自家楼下。当天晚上她的车被偷走了。

思考：

1. 她去保险公司索赔能否成功？为什么？
2. 针对上述情况，为保障车辆的安全，李女士的应对方法有哪些？

案例分析：

1. 她去保险公司索赔能否成功？为什么？

车损险条款的责任免除部分一般规定：发生保险事故时被保险机动车无公安机关交通管理部门核发的行驶证或号牌，或未按规定检验或检验不合格的，导致的车辆损失保险公司不予赔偿。由于周女士的车辆没有上牌，没有车辆行驶证，对于李女士车辆的丢失，保险公司一般拒赔。

2. 针对上述情况，为保障车辆的安全，李女士应对方法有哪些？

针对上述情况，为保障车辆的安全，李女士应自己妥善保管车辆，如放入有人看管的停车场里面，或加装比较好的防盗装置。

【案例8　事故车辆查勘案例】

客户报案称：中秋节晚20点50分左右，自己驾驶一辆奔驰轿车行驶在乡间公路，在转弯时由于车速过快，方向没有把握好，车掉入路边沟中，并被大树挡住。

思考：

1. 作为查勘人员，现场查勘过程中应具体做哪些工作？
2. 该案查勘的重点是什么？

案例分析：

1. 作为查勘人员，现场查勘过程中应具体做哪些工作？

1）接到报案后打印抄件，查明承保项目。

2）及时与客户联系，让保户通知公安部门；若受伤，可到附近的医院就诊。

3）迅速到达现场先安抚客户，并通知协作维修站前来施救。

4）向客户查明驾驶证、行驶证并查明号牌、号码、厂牌型号、发动机号和VIN是否与承保车辆相符。

5）按照拍摄照片的要求拍摄照片，并绘制草图，做好询问笔录。

6）缮制查勘报告，告诉客户索赔应提供的单证资料。

2. 该案查勘的重点是什么？

该案查勘的重点是查明事故原因是由于视线不好、驾驶疏忽等导致，还是由于酒后驾驶导致。

【案例9　事故车辆责任认定】

王某虽然家中已经有了一辆花冠牌的私家车，又给有了驾照的妻子单独购买了一辆POLO轿车，并亲自为妻子的POLO轿车办完了包括购买保险在内的全部手续。为了以后交费方便，他将两辆车的车主、投保人、被保险人均写成了自己，并且购买了同一家保险公司的保险产品。期间，两人各自驾车外出郊游。由于妻子驾驶技能不够熟练，来到一个路口时，追尾撞上了正在等绿灯的王某的车，使得花冠轿车尾部及POLO轿车前部均受损。

思考：

1. 本起事故中，责任方在谁？
2. POLO轿车前部的受损，是否可以从其自身的车损险获得赔付？

3. 花冠轿车尾部的受损，是否可以从其自身的车损险获得赔付？

4. 花冠轿车尾部的受损，是否可以从POLO轿车的第三者责任险中获得赔付？

案例分析：

1. 本起事故中，责任方在谁？

本起事故中，责任方属于驾驶POLO轿车的王某妻子，由于她追尾撞了王某驾驶的花冠轿车，应该承担事故的全部责任。

2. POLO轿车前部的受损，是否可以从其自身的车损险获得赔付？

由于王某妻子不是故意驾车撞击王某的花冠轿车，因此，POLO前部的受损，完全可以从其自身的车损险获得赔付。

3. 花冠轿车尾部的受损，是否可以从其自身的车辆损失险获得赔付？

花冠尾部的受损，不属于其自身车损险的赔偿范围，因而，不能从自身的车损险获得赔付，应该由肇事方承担赔偿责任。

4. 花冠轿车尾部的受损，是否可以从POLO轿车的第三者责任险中获得赔付？

假如驾驶POLO轿车的人与驾驶花冠轿车的人素不相识，两辆车也不属于同一个被保险人，那么，在本次事故中花冠轿车尾部所遭受的损失，完全可以由POLO轿车的第三者责任险承担赔付。但是，由于POLO轿车与花冠轿车属于同一个被保险人，驾驶两车的人属于夫妻关系，假如由POLO轿车的第三者责任险赔付花冠轿车的损失，那么，保险公司的赔款实际上就落到了肇事方的家人（即她的老公）手里了，这不符合保险赔偿的原则。因而，花冠轿车尾部的受损，无法从POLO轿车的第三者责任险中获得赔付。

【案例10　事故车辆责任认定】

一客户报案称其投保的捷达轿车行驶时不慎与路面上的石头相撞，造成发动机油底壳破裂，润滑油泄漏，车辆就在事故现场的路边，请求保险公司速来查勘。

查勘定损人员及时赶到现场，发现道路中间有几块夜间拉石料的车辆散落的石头，其中一块被润滑油侵蚀，石头周围也有一片油污。经仔细检查，轿车的发动机油底壳有一孔洞，洞口向内凹，润滑油已漏尽，经与碰撞的石头比对，形状相吻合，汽车的停车位置距离所碰撞的石头不足50m。

事故车辆拖到维修厂以后，维修人员将其用举升机举起，对发动机进行全面检查。搬动曲轴带轮时，曲轴运转自如，拆检之后，发现机油泵集滤器、机油泵均无损坏。分别揭下曲轴轴瓦和连杆轴瓦检查，没有发现烧蚀、磨损现象。此次事故只造成了发动机油底壳的变形与断裂，没有引起其他机件的损坏。

思考：

1. 该起事故是否属于保险责任？

2. 针对该起事故，应该如何制订维修方案？

3. 该起事故涉及哪些拆装、检查工时？

4. 该起事故需要更换哪些零部件？

案例分析：

1. 该起事故是否属于保险责任？

由于捷达轿车是在正常使用过程中不慎与路面上的石头相撞，驾驶人没有故意行为。从现场特征看，由于"道路中间有几块夜间拉石料的车辆散落的石头，其中一块被润滑油侵蚀，石头周围也有一片油污；轿车的发动机油底壳有一孔洞，洞口向内凹，润滑油已漏尽，经与碰撞的石头比对，形状相吻合，汽车的停车位置距离所碰撞的石头不足50m。"这些特征均符合汽车拖底碰撞的特征，属于车损险条款中规定的"碰撞、倾覆、坠落"，属于保险责任。

2. 针对该起事故，应该如何制订维修方案？

该起事故并不复杂，从外观看，发动机油底壳已经损坏，需要更换，润滑油已经泄漏，需要添加，其他部位进行适当检查即可。

3. 该起事故涉及哪些拆装、检查工时？

涉及的拆装、检查工时有发动机油底壳、添加润滑油、检查油底壳内的机油泵工作性能。

4. 该起事故需要更换哪些零部件？

需要更换的零部件有发动机油底壳及添加润滑油。

【案例11　三车追尾车辆理赔案例】

一驾驶人驾驶宝来轿车行驶于高速公路上，因观察不够仔细而追尾撞了一辆正常行驶的大货车，导致保险杠撞断、发动机盖折起、前风窗玻璃破碎、驾驶人受轻伤。事故发生后，前车停车查看案情，轿车驾驶人试图打开车门出来。但是，就在此时，后方高速驶来另外一辆大货车，推动宝来轿车"塞"入了前车下面，导致轿车受损程度明显加剧，轿车驾驶人当场死亡。

思考：

1. 在该起事故中，被追尾撞击的大货车是否负有相关责任？
2. 宝来轿车应该承担什么责任？
3. 后方驶来的大货车，应该承担什么责任？

案例分析：

1. 在该起事故中，被追尾撞击的大货车是否负有相关责任？

因前面的大货车属于正常行驶，被宝来轿车追击碰撞的事实发生，与大货车没有任何关系。假如事故到此为止，那么，大货车尾部的所有损失应该由宝来轿车的交强险以及第三者责任险予以赔付；宝来轿车的"保险杠撞断、发动机盖折起、前风窗玻璃破碎"应该由大货车的交强险先行赔付无责赔款的100元限额，其余部分由宝来轿车自身的车损险赔付；"驾驶人受轻伤"应该由大货车的交强险先行在无责赔款的10000元限额内赔付，若不够，再从宝来轿车自身的机动车车上人员责任保险中限额赔付欠额部分。

2. 宝来轿车应该承担什么责任？

在宝来轿车与前方大货车的追尾撞击事故中，宝来轿车负有全部责任，应该由其交强险、第三者责任险承担前车的全部损失。

3. 后方驶来的大货车，应该承担什么责任？

本案中，后方高速驶来的另外一辆大货车，推动宝来轿车"塞"入了前车下面，导致轿车受损程度明显加剧，轿车驾驶人当场死亡。很明显，宝来轿车被后面来的大货车追尾碰撞是"轿车受损程度明显加剧，轿车驾驶人当场死亡"的直接原因。后方驶来的大货车应该对此承担全部责任。不仅如此，假如有证据证明前面的大货车因为宝来轿车与后面的大货车再次碰撞而导致损失程度加大，那么它的损失加大部分，也应该由后面的大货车承担责任。

【案例12 车辆自燃事故案例】

一辆装有柴油发动机的东风牌自卸汽车，在行驶途中发现发动机冒烟，停车查看时起火，将整个驾驶室、变速器、转向机等铝合金制成的部件全部烧毁。车主拨打119火警电话求救，大火被消防警察扑灭。

查勘得知，该车有九成新，白天起火，驾驶人首先拨打119求救。由于是新车，电路老化问题可以基本排除，排查重点放在油路方面。询问车主在行车途中有无发动机动力不足的现象，得到了"不存在"的明确答案。据此，排除了供油管漏油的可能，重点在回油管查找。进一步检查发现，回油管有一处不明原因的折痕，且位置恰好对准发动机的排气管，估计是该处发生的漏油漏在了排气管上，引起车辆自燃（柴油自燃温度为335℃，而排气管温度高达700～800℃）。该处起火后，引燃了电缆，将火引入了驾驶室，烧掉了整个驾驶室。

思考：

1. 该车是否符合自燃特征？
2. 为什么变速器、转向机等铝合金制成的部件会被烧毁？

案例分析：

1. 该车是否符合自燃特征？

由于该车是新车，白天起火，起火后驾驶人首先拨打119求救，因而驾驶人故意纵火焚车的可能性不大。

根据检查发现的原因，该起事故完全符合汽车自燃的特征（因被保险机动车电器、电路、供油系统、供气系统发生故障或所载货物自身原因起火燃烧造成本车的损失），同时，不属于车损险免责条款内容，现行的车损险应该予以赔偿。

2. 为什么变速器、转向机等铝合金制成的部件会被烧毁？

汽车上所采用的几种主要金属材料的熔点见附表-1。

附表-1

材料名称	铝	铜	钢	纯铁
熔点/℃	680	1180	1400～1500	1534

由于铝的熔点明显低于其他金属材料，因而，在汽车燃烧后，凡属于用铝制成的零部件，肯定会被首先烧毁。

【案例13 车辆行驶时自燃案例】

某车主报案称：其红旗轿车于3月31日0点30分左右在一条县乡公路行驶时自行起火燃烧。查勘发现：驾驶室过火严重，仪表台总成、座椅、内饰等全部烧损，全车玻璃因过火而全部烧光，蓄电池烧损，但奇怪的是驾驶室内没有发现转向盘骨架残留物（不可能烧得无影无踪）。发动机机舱内过火较轻，仅相关电缆线、塑料等烧损，发动机润滑油未参加燃烧，但润滑油量约为1.5L，冷却水（并非冷却液）约有2L。消声器有约

30mm×30mm 的陈旧性孔洞，消声芯已脱离。左半轴球笼没有防尘罩，左前制动片报警线脱落且拧在一起。

思考：

1. 为什么该车的消声器会有约 30mm×30mm 的陈旧性孔洞？为什么制动片报警线脱落且拧在一起？为什么车上没有发现过火后的转向盘钢骨架？

2. 该车是否具备正常的行驶条件？

案例分析：

1. 为什么该车的消声器会有约 30mm×30mm 的陈旧性孔洞？为什么制动片报警线脱落且拧在一起？为什么车上没有发现过火后的转向盘钢骨架？

汽车上的消声器可以减少废气排放过程中的噪声，假如其上有约 30mm×30mm 的陈旧性孔洞，那么工作时必定会发出让人无法忍受的噪声；制动片的报警线可以及时传递制动器工作状态的信息，现在它脱落了而且拧在一起，说明在事故发生前已经不起作用了；转向盘的骨架属于钢结构，就汽车驾驶室内的燃烧状况来看，不可能被烧化了，现在在烧完之后的车内没有发现转向盘骨架的遗留物，只能说明原本车内就已经没有了该物件。

2. 该车是否具备正常的行驶条件？

根据上述分析，该车不具备正常行驶的基本条件，即该车处于无法起动的状态。

既然该车处于无法起动的状态，当然就无法开到县乡道路上去，其起火自然不会是车辆自身原因引起的。

【案例 14　进水车辆保险理赔案例】

一辆轿车在行驶过程中，因发生轻度的正面碰撞而向保险公司报案，要求查勘。将车拖至修理厂，拆解发动机后发现，3 缸的活塞连杆折断、缸体损坏。

根据损坏机理的分析，汽车正面的轻度碰撞，不应该导致连杆折断，更不会导致缸体损坏，原因何在呢？经向车主详细了解得知，该车曾在 3 天前强行涉水，导致当场熄火，车主在将积水进行简单清理并更换空气滤清器后，继续使用。

思考：

1. 为什么该车的正面碰撞会引起连杆的折断？

2. 车主涉水、更换空气滤清器后继续使用，是否影响进水损失赔付？

3. 本案例是否应该赔付损失？赔付哪些损失？

案例分析：

1. 为什么该车的正面碰撞会引起连杆的折断？

正常情况下，汽车的正面碰撞不可能造成连杆的折断。在本案中，这属于一个巧合。正是因为 3 天前车主"强行涉水，导致当场熄火，在将积水进行简单清理并更换空气滤清器后，继续使用"的行为，导致了连杆的轻微弯曲，本次发生正面碰撞后，发动机尚未熄火，但汽车已经无法再行驶，发动机瞬间发出的巨大转矩，将连杆折断，并损坏了缸体。

2. 车主涉水、更换空气滤清器后继续使用，是否影响进水损失赔付？

由于车主在 3 天前属于强行涉水，这应该理解为故意行为，而保险公司是不会为故意行为所造成的车辆损失予以赔付的。换句话说，假如车主不是故意强行涉水，属于自己的过失导致的车辆进水，他在"将积水进行简单清理并更换空气滤清器后，继续使用"的行为，应该属于保险责任免除条款中规定的"遭受保险责任范围内的损失后，未经必要修理继续使用被保险机动车，致使损失扩大的部分"，保险公司不会继续承担保险赔偿责任。

3. 本案例是否应该赔付损失？赔付哪些损失？

在本案中，车辆造成的损失包括因发生碰撞而造成的车辆前部损失以及发动机内部的损失两部分。对于第一部分损失，属于车损险赔偿的范围；对于第二部分损失，保险公司不承担赔偿责任。

【案例 15 汽车保险与交通违法案例】

柳先生急于去看某比赛，虽然知道自己的驾驶证在本扣分周期已经被扣满了 12 分，还是冒险驾自己的私家车前往转车点赶赴赛场。没想到，因急于赶路，车辆在路途发生交通事故，并撞坏了道路护栏。交警认定驾驶人柳先生承担全责，他为此赔偿了路政部门 10000 余元，自己修车花费了 3000 多元。事后，他去保险公司索赔，并未提及自己驾驶证被扣满 12 分的事实，顺利获得了相关赔款。

思考：

1. 柳先生的驾驶证已经在本扣分周期被扣满了 12 分，他是否还具有驾驶资质？
2. 柳先生在本次事故造成的损失，是否应该由保险公司赔偿？

案例分析：

1. 柳先生的驾驶证已经在本扣分周期被扣满了 12 分，他是否还具有驾驶资质？

根据《中华人民共和国道路交通安全法实施条例》第二十三条的规定："公安机关交通管理部门对机动车驾驶人的道路交通安全违法行为除给予行政处罚外，实行道路交通安全违法行为累积记分制度，记分周期为 12 个月。对在一个记分周期内记分达到 12 分的，由公安机关交通管理部门扣留其机动车驾驶证，该机动车驾驶人应当按照规定参加道路交通安全法律、法规的学习并接受考试。考试合格的，记分予以清除，发还机动车驾驶证；考试不合格的，继续参加学习和考试。"

由此可见，在一个记分周期内记分达到 12 分的，公安机关交通管理部门应该扣留其机动车驾驶证，当事人自动失去了驾驶资格。

2. 柳先生在本次事故造成的损失，是否应该由保险公司赔偿？

既然柳先生已经失去了驾驶资格，那么他的驾驶行为应该视为无证驾车，而保险条款明确规定，无证驾车发生事故造成的损失，无论车损险还是第三者责任险，均不负责赔偿。

【案例 16 车辆过户未批改保险单保险公司可拒赔】

某麻纺厂将其东风牌货车投保了第三者责任险。保险期限自 2020 年 10 月 8 日至 2021年 10 月 7 日。2021 年 3 月，麻纺厂将车卖给个体户何某从事运输业务。何某另交人民币500 元后，麻纺厂将保险单也交给了何某。但何某没有到保险公司办理批改手续。2021 年 9

月，何某运输途中发生撞车事故，根据法院判决，何某应赔偿第三者损失人民币 9500 元。何某向保险公司索赔，而保险公司则拒赔。

思考：

1. 被保险车辆转让后，车险合同是否继续有效，有效的条件是什么？
2. 驾驶人造成的损失是否可以得到保险公司赔偿？
3. 被保险车辆发生买卖转让后应该如何做，才能在发生事故后得到保险人的赔偿？

案例分析：

1. 被保险车辆转让后，车险合同是否继续有效，有效的条件是什么？

被保险车辆转让后，其车险合同可以继续有效，条件是"危险程度未增加"。根据《中华人民共和国财产保险合同条例》的规定："保险标的转让的，被保险人或者受让人应当及时通知保险人，但货物运输保险合同和另有约定的合同除外。因保险标的的转让导致危险程度显著增加的，保险人自收到前款规定的通知之日起三十日内，可以按照合同约定增加保险费或者解除合同。保险人解除合同的，应当将已收取的保险费，按照合同约定扣除自保险责任开始之日起至合同解除之日止应收的部分后，退还投保人。被保险人、受让人未履行本条规定的通知义务的，因转让导致保险标的的危险程度显著增加而发生的保险事故，保险人不承担赔偿保险金的责任。"本案中未通知保险人，车辆用途改变合同无效。

2. 驾驶人造成的损失是否可以得到保险公司赔偿？

虽然事故造成的损失属于第三者责任险保险责任，但本案中得不到保险公司的理赔。被保险车辆出售后，经营性质发生了根本变化。原来麻纺厂使用该车为本厂生产服务，属自用性质；而何某购车从事专业运输属于营业性质、运输时间加长、任务加重，危险程度随之增加。按规定何某购车得到保险单后，应到保险公司办理批改手续，应按规定增加由自用到营业性质的保险费。所以本案的损失应该由保险公司给付交强险限额内的赔款，而商业车险不赔付。

3. 被保险车辆发生买卖转让后应该如何做，才能在发生事故后得到保险人的赔偿？

车险保户遇到这种情况应做如下处理：

1）标的出售后，立即到保险公司办理退保手续，保险公司按规定退给原投保方未到期责任的保险费。本案何某购车后，可凭有关证明，到保险公司另行办理保险手续。

2）麻纺厂可与何某一起持原保险合同到保险公司办理批改手续，经过保险公司必要的审查，保险公司根据标的经营性质和危险程度加收一定数额的保险费，合同继续有效，至保险期满时为止。

【案例 17　重复投保的案例处理】

一辆车同时在两家保险公司投保。

思考：

出交通事故后，两家都报案，是不是两家保险公司都赔偿？

案例分析：

财产保险不能重复投保。如果在两家公司的投保价值是一样的，在出险后同时找两家公司索赔，两家公司会各赔50%，并不能通过保险多拿到一份保险赔偿。因为保险是以补偿为原则，而不是赢利。而且像这种情况操作起来也有问题，保险公司都需要交管部门出具的责任认定书，修车的单据也只有1份，车主不可能提供两份一样的原件。按损失补偿原则中的分摊原则：两家保险公司可按投保比例进行损失赔偿。

【案例18　利用近因原则分析案例】

2008年9月，李先生为自己的汽车向某保险公司投保车损险。某天傍晚开始下大雨，道路积水较多。李先生开车回家，车辆受水淹后熄火，再点火起动，发动机发出起动声后死火，尔后无法再起动。经检查发现，当天晚上下了大雨，使该车被雨水浸泡，进气管空气隔进水，当水退至车身底台以下，驾驶人起动汽车时，未先检查汽车进气管空气隔有无进水，使空气隔余水吸进发动机气缸，造成连杆折断，缸体破损。

保险公司认为：造成被保险车辆发动机缸体损坏的原因是进气管空气隔有余水，起动发动机时，气缸吸入了水，导致连杆折断，从而使缸体破损；而进气管空气隔有余水，是由暴雨所造成；暴雨和起动发动机这两个危险事故先后出现，根据近因原则，起动发动机是直接导致被保险车辆发动机缸体损坏的原因，暴雨不是发动机缸体损坏的近因；起动发动机属除外责任，保险人不负赔偿责任。

思考：

1. 近因原则是什么，有何作用，如何追溯？

2. 该案发动机的损失车损险保险人负责赔偿吗，按现行车险条款，发动机进水损失是否属于车损险保险责任？

案例分析：

1. 近因原则是什么，有何作用，如何追溯？

近因是指造成保险标的的损失的最直接、最有效、起决定作用的原因，而不是指在时间上最接近损失的原因。近因原则是指保险人承担赔偿或给付保险金的条件是造成保险标的损失的近因必须属于保险责任。即只有当保险事故的发生与损失的形成有直接因果关系时，才构成保险人赔付的条件。近因原则是保险理赔过程中必须遵循的重要原则。

本案近因追溯用逆推法：发动机缸体损坏←李先生起动车辆（车辆受浸部位低于车身底盘的情况下开车的正常操作）←进气管空气隔进水←暴雨，即本案发动机损失的近因是暴雨，属于车损险保险责任，因而保险公司应向李先生赔偿车辆的实际损失。

2. 该案发动机的损失车损险保险人负责赔偿吗，按现行车险条款，发动机进水损失是否属于车损险保险责任？

当时，保险公司认为，造成被保险车辆发动机缸体损坏的原因是进气管空气隔有余水，起动发动机时，气缸吸入了水导致连杆折断，从而使缸体破损；而进气管空气隔有余水，则是由暴雨所造成。暴雨和起动发动机这两个危险事故先后出现，根据近因原则，起动发动机是直接导致被保险车辆发动机缸体损坏的原因，暴雨不是发动机缸体损坏的近因，起动发动机属除外责任，保险人不负赔偿责任。2020 款车损险保险责任包含发动机进水损失，现行车损险中即使近因是发动机进水也能得到保险人的赔偿。

【案例 19 运用损失补偿原则分析案例】

2008 年 6 月 15 日，个体运输户王某为自己载质量为 5t 的东风牌汽车投保车损险和第三者责任险，保险期限为 1 年。当年 7 月 20 日，王某运货时在高速公路上被一辆强行超车的大货车撞击，车损，王某受伤且货物被浸损。货车驾驶人开车逃走。交通部门认定，此起交通事故由货车驾驶人负全责。事后王某向保险公司报案并请求赔偿。经鉴定车损为 15 万元，保险公司依损失额 80% 赔付 12 万元，同时保险公司给付王某第三者责任保险金 2400 元及施救费 1500 元，扣除损余（损余指保险标的遭受保险事故后，尚存的具有经济价值的部分或可以使用的受损财产）200 元，实际赔付 12.37 万元。后来肇事驾驶人被交通部门抓获，交通部门通知王某。王某与肇事驾驶人会面达成协议，约定对方只需支付王某货物损失7000 元及施救费 1500 元。保险公司得知后，要求王某退回重赔保险金，王某拒绝，双方遂引起争议。

思考：

1. 什么是损失补偿原则，在保险理赔中的作用是什么？
2. 王某是否该退回重赔部分？

案例分析：

1. 什么是损失补偿原则，在保险理赔中的作用是什么？

损失补偿原则是指在补偿性的保险合同中，当保险事故发生造成保险标的或被保险人损失时，保险人给予被保险人的赔偿数额不能超过被保险人所遭受的经济损失。在财产险种遵循该原则，能防止以保险事故获益、骗保等道德风险的发生。

2. 王某是否该退回重赔部分？

按照补偿原则的相关规定，为了避免王某行使两种请求权而获得双重利益，王某不能就已获赔款范围向肇事司机行使原有的赔偿请求权，故王某从肇事司机处获得的 1500 元施救费为重赔保险金，其应归属保险公司。

【案例 20 中介卡壳普通剐蹭 40 多天不能理赔】

2020 年 10 月 15 日，经朋友介绍，家住顺义区的赵先生在某汽车代理公司为自己的爱车一汽佳宝购买了某财产保险公司的第三者责任险、车损险两项主要险种。

由于是朋友介绍，赵先生拿到保险单后没仔细核对。2 月中旬，赵先生的车发生了剐蹭。经过定损，此次事故赵先生应该得到 270 元保险赔偿。

赵先生拿着保险单、身份证复印件等十几件材料，来到了投保的汽车代理公司。可一直过了 40 多天，赵先生跑了四五趟，电话打了十几个，这家中介代理公司还是没把赔款交给赵先生。

思考：

车主投保应该注意些什么问题？

案例分析：

赵先生仔细看了一下保险单，感觉奇怪的是，明明他在顺义区投的保，保单上却是盖的西城区的章。再问中介代理机构，谁也不回答赵先生的问题。

更严重的是，这家中介代理机构既不能给赵先生赔款，也不肯把保险单交还赵先生。赵先生一直担心，如果这期间车辆再出了问题，能找谁呢？因为他这时连唯一的凭据——保险单都没有了！

后来，赵先生托人直接和投保的保险公司取得联系，直到这时他才知道这家汽车代理公司根本没有向保险公司报赔，保险公司拒赔。虽然几经周折，赵先生终于拿回了这270元赔款，他却下定了决心，下次上车险再麻烦也一定亲到保险公司的网点办理。

保险提示：如果条件许可，投保时直接到保险公司的营业网点；出险后，直接找保险公司。虽然交给代理人或经销商做这些事情省时省力，但在目前的市场环境中，不排除有些代理机构和个人做出损害投保人利益的事情。为了以防万一，最好在手边留一份保险单的复印件，尤其是在把保险单交给中介办理相关理赔时。

【案例21　车辆爆胎的理赔】

一辆投保了车损险的车辆，在夏天行车中由于天热爆胎导致车体失控，撞到路边护栏和其他车辆。

思考：

保险公司将如何理赔？汽车遭遇单独爆胎，保险公司理赔吗？

案例分析：

汽车单独爆胎是车损险的免赔条款之一，对于由于爆胎而引起的交通事故，无论汽车撞上路边或其他车辆，保险公司都会依据第三者责任险或车损险的理赔条款，给予理赔。

结论：

通常汽车爆胎而撞到其他车辆，属于肇事车主的事故全责，保险公司会扣除20%免赔率，但车主购买不计免赔率特约条款，就能得到全额理赔。如果汽车由于爆胎而撞到路边护栏，他务必在报案后耐心等待定损员查勘现场，毕竟保险公司对于单车事故的定损查勘非常严格，车主擅自驾车驶离现场，有些保险公司难以客观查勘事故发生过程，就会按照找不到第三方事故的理赔条款计算理赔额，有30%免赔率，且不计免赔率特约条款难以将这类免赔率转嫁给保险公司。

【案例22　玻璃单独破碎的理赔】

某车辆在行驶过程中，路边的飞石将玻璃撞坏。

思考：

如何理赔？现行车损险包含玻璃单独破碎的保险责任吗？

玻璃单独破破损原来是车损险的免赔条款之一，现行 2020 款车损险保险责任包含原来玻璃单独破损险的保险责任，可以得到赔付。现行的车损险保险责任扩大并涵盖了以前的盗抢险和玻璃单独破碎险、自燃、发动机涉水、不计免赔特约条款、无法找到第三方的免赔率等的保险责任的扩大，大大扩大了投保人的受益范围。真正把车主的权益放在了第一位。

【案例 23　开车误撞家人索赔第三者责任险遭拒案例】

林先生在将车从车库倒出时，没留意到先行下车的妻子正好从车后面穿过，林先生制动不及将自己的妻子撞倒。林先生之前已向保险公司投保了保额为 10 万元的第三者责任险，在将妻子送往医院后，就向保险公司报了案。没想到，林先生的索赔申请却遭到了保险公司的拒绝，理由是林先生开车误撞的是自己的家人，不在第三者险责任范围内。

思考：

第三者责任险的"第三者"如何界定？家人属于"第三者"吗？

案例分析：

2020 年 9 月 19 日前的第三者责任险的保险责任范围并不包括车主的家人，开车误撞家人，得不到保险公司第三者责任险的理赔。保险公司这样规定的目的是防止受害人和致害人一起骗取保险金的道德风险事故发生，但对于非故意行为、无骗保意图的投保人来说不公平。

车险综合改革后，现行第三者责任险中的"第三者"是指因被保险车辆发生意外事故遭受人身伤亡或者财产损失的人，但不包括被保险机动车本车车上人员、被保险人。所以车险受伤的家人也属于"第三者"，能得到保险人的赔偿。

【案例 24　上午刚过户下午车辆就出事能不能索赔】

宋先生的汽车转让给刘先生，上午办好过户手续 1h 后，刘先生驾车就被一辆货车撞了。于是宋先生先向保险公司索赔，保险公司称，该车已经转让却没有通知保险公司，因此保险公司有权拒赔宋先生，而刘先生无权要求索赔。

思考：

1. 保险公司主张合理吗？车辆转让后车险合同还有效吗？

2. 如果宋先生上午重新投保车险，下午发生事故，保险公司理赔吗？

案例分析：

1. 保险公司主张合理吗？车辆转让后车险合同还有效吗？

《中华人民共和国财产保险合同条例》和车险的保险利益原则均有规定：保险标的发生转移以后，保险标的的危险程度没有增加则车险合同继续有效。本案例中，保险公司主张不合理。但"危险程度未增加"是有争议的陈述，所以被保险车辆发生转移后，应该及时到保险公司进行变更投保人。

2. 如果宋先生上午重新投保车险，下午发生事故，保险公司理赔吗？

我国汽车保险合同规定，车险合同订立后双方签章、缴纳保险费后即成立，并于次日 0 时生效。所以上午办理的车险合同成立了，但当日下午还未生效，保险公司不理赔。为防此情况发生，现行车险投保时投保人可以要求合同成立即生效。交强险可以在备注中写上"及时生效"字样，商业保险保险人往往要求车主另备注一份正式合同。

【案例 25　紧急避险问题而引发的案件能否理赔】

湖北省某市个体驾驶人刘某（系车损险及第三者责任险被保险人）驾驶小客车在行驶途中，因天冷路滑，在急弯道内侧（占道）处与相对而行的个体驾驶人张某驾驶的三轮车交会。为避免相撞，三轮车急转弯，倾覆于公路边沟内。三轮车受损、两名乘员及驾驶人受伤。

该市交警大队调解后认定：刘某负此次事故的全部责任，应赔偿张某损失 6000 余元。事故处理结案后，刘某向保险公司索赔，而保险公司在审理此案时则以"两车未发生碰撞"及"紧急避险超过必要限度"为由予以拒赔。双方遂引起纠纷。

思考：

两车未发生相撞，就不算车险的意外事故吗？保险公司主张合理吗？

案例分析：

这实际上是一起因紧急避险问题而引发的案件。根据有关法律规定，"紧急避险"是指为了国家、公民利益、本人或他人的人身财产和其他权利免受正在发生的危险不得已采取的突发性行为。本案中，三轮车驾驶人张某的行为属紧急避险行为。

张某因紧急避险所造成的车倾人伤损失应由引起险情的被保险人刘某承担责任。另外，在这次事故中，张某应视为第三方。根据《机动车辆险条款》有关规定："被保险人在使用被保险车辆过程中发生意外事故，致使第三者遭受人身伤亡或财产直接损毁，依法应由被保险人支付的赔偿金额，保险人应依照保险合同给予赔偿。"

【案例 26　汽车自燃的施救费用理算】

假如汽车自燃时，车主立刻去买了一箱矿泉水灭火，可火苗没有完全扑灭，最终汽车自燃烧毁，保险公司是否承担这箱矿泉水的费用呢？

思考：

"施救费用"如何界定？

案例分析：

现行车损险条款规定：在发生汽车意外事故后，为减少被保险车辆损失所支出的必要合理的施救费用，保险人在被保险人投保车损险中所载明的保险金额内，按被保险车辆的实际损失进行赔付。当汽车自燃时，被保险人进行合理必要的施救措施，其施救费用保险公司都会相应承担，不会由于施救失败而拒赔。

即使车主借来一瓶灭火器，只要定损员证实这灭火器是用于扑灭火苗的，保险公司会给予更换灭火器的所需费用。本案例中这箱矿泉水是用于灭火的，保险公司会将这笔费用列入理赔清单。

【案例27　车辆被盗抢丢失车钥匙的理算】

某车主外出时丢失了车钥匙，结果车被盗走，其车购买了车损险，保险公司会如何处理？

思考：

丢失了车钥匙，保险公司会少赔吗？

案例分析：

原盗抢险中规定，被保险人丢失行驶证、购车原始发票、车辆购置附加费凭证，每一项增加0.5%的绝对免赔（就是保险公司绝对不会赔付的部分），丢失车钥匙增加5%的绝对免赔。

车险综合改革后现行车损险包含原盗抢险保险责任，但没有免赔率。现在车主车辆被盗，无法提供车钥匙的不会增加免赔率。车损险按全损理赔。

【案例28　车在收费停车场被盗不赔】

王先生在酒店吃饭将车停在停车场被盗。

思考：

保险公司理赔吗？

案例分析：

收费停车场或营业性修理厂对车辆有保管的责任，车损险附加险相关条款规定在保管期间，因保管人保管不善造成车辆损毁、丢失的，保管人应承担责任，保险公司不负责赔偿。

【案例29　债务人开走你的车保险公司不赔】

王某欠李某10万元钱，多次催要未果，李某将王某的一辆帕萨特轿车强行抢走，王某能得到保险公司理赔吗？

思考：

按车辆被盗申请赔付，保险人赔偿吗？

案例分析：

因为保险条例条款明确规定："被保险人因与他人的民事、经济纠纷而致车辆被抢、被盗为责任免除。"所以王某得不到保险公司的理赔。

【案例30　事故车辆第三者责任险赔款计算案例】

车主张先生为了省钱，投保时购买了车损险和第三者责任险（责任限额为30万元）。某日，张先生一家外出游玩，在返程途中，因疲劳驾驶、车速过快将一名横穿马路的骑摩托车男子撞死。

责任判定：张先生负主要责任，骑摩托车的男子负次要责任。交强险中以张先生为全责进行判定和赔偿，被撞男子无责。

估损金额：车辆损失4000元，摩托车损失2200元，医疗抢救费用1.3万元，死亡赔偿金24.38万元，总损失超过26万元。

1. 车险赔款遵循的原则是什么？交强险和商业保险赔款理算哪个优先计算？
2. 第三者责任险如何计算赔款？

案例分析：

1. 车险赔款遵循的原则是什么？交强险和商业险赔款理算哪个优先计算？

车险赔款理算遵循："交强险先行，商业保险补充；不重赔、不多赔"的原则。为此先计算交强险赔款，后计算商业保险赔款。

2. 第三者责任险如何计算赔款？

赔偿计算：张先生投保的保险公司赔付对方交强险损失，剩余损失由张先生与死者一方按照7：3比例分别赔偿。交强险死亡赔偿金限额为18万元、医疗费限额为1.8万元、车辆损失限额为2000元，共20万元。按照新条款，张先生交强险赔款为18万元＋1.3万元＋0.2万元＝19.5万元。

现行第三者责任险赔款计算公式为：

1）当（依合同约定核定的第三者损失金额－交强险的分项赔偿限额）×事故责任比例等于或高于每次事故责任限额时，

$$赔款 = 每次事故责任限额$$

2）当（依合同约定核定的第三者损失金额－交强险的分项赔偿限额）×事故责任比例低于每次事故责任限额时，

$$赔款 = (依合同约定核定的第三者损失金额 - 交强险的分项赔偿限额) \times 事故责任比例$$

本案适用公式2），第三者责任险赔款＝(0.22＋1.3＋24.38－19.5)×0.7万元＝4.48万元，死者一方能得到张先生投保的保险公司赔付的19.5万元的交强险赔款和4.48万元的第三者责任险赔款，张先生能得到保险公司对车损险的理赔为4000元。

【案例31 简单碰撞事故车辆查勘案例】

某日凌晨，刘某驾驶自有红色夏利出租车在载客后回家的路上因躲避骑车人，采取措施不当撞于路边水泥墙上，造成车辆损失的单方事故，第一现场仍然保留。

如何进行现场查勘？

案例分析：

现场查勘情况如附图-1所示。

损失情况：左右前照灯、前保险杠及雾灯、散热器框架、散热器、冷凝器、机盖、风扇及风扇电动机、继电器、前风窗及风窗框等受损，估损6000元。

现场撞击接触点吻合，有大量残片，地面有防冻液泄漏痕迹，经与附近居民了解确实在凌晨听到碰撞声音。但经过仔细查验，发现了疑点：

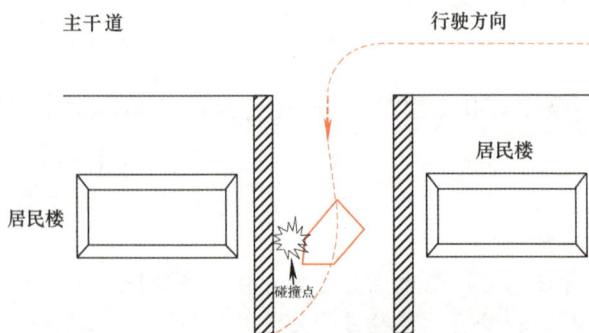

附图-1 现场查勘情况

疑点一：前风窗玻璃破损，据刘某称是自己头部撞击所致，但结胶玻璃及风窗框向内凹陷，风窗框有蓝色漆痕，风窗玻璃呈粉碎性破损，并无蛛网状扩散。

疑点二：打开机盖后发现落水槽内有残留煤渣。

疑点三：驾驶人刘某家不在附近，且方向相反。

经了解，原来刘某在主干道与一运煤货车追尾，因货车违章停放且夜间停车未开应急灯，刘某要请交警处理，但货车驾驶人怕被交警扣车，故赔偿给刘某500元了事。刘某在拿到赔偿金后，在附近故意制造了撞墙事故。刘某伪造现场，扩大损失的动机是：春节过后出租车生意冷清收入减少；车辆老旧，通过简单维修可从保险赔偿中获利。因此，此案保险公司做了拒赔处理。

【案例32　事故责任认定案例】

事故现场如附图-2所示。

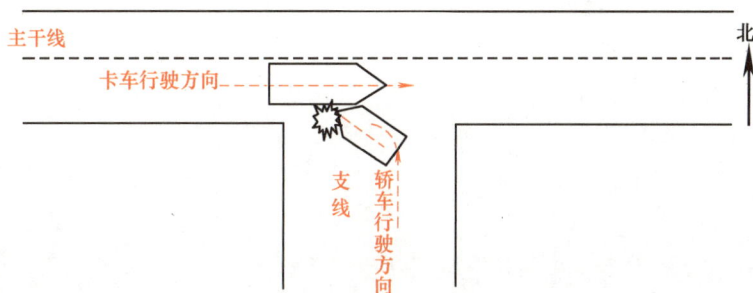

附图-2

货车在主干线由西向东行驶，轿车在支线由南向西左转弯，两车在交叉口相撞，货车右侧车身受损，轿车前部受损，无人员伤亡，两车总损失9万元。交警使用简易程序责任认定货车驾驶人负全部责任。

思考：

该事故现场如何认定责任？

案例分析：

货车在通过没有交通信号或标志控制的路口时，未减速行驶，违反了"在确认安全后，方可通行"和道路限速的有关规定，应负一定责任，但不应负全部责任。轿车违反了"支路让干路车先行"和"相对方向同类车相遇，左转弯车让直行或右转弯的车先行"的规定，在事故中违章行为明显较货车严重，应负主要责任，且车损严重，不适用简易程序处理。

参 考 文 献

［1］ 祁翠琴. 汽车保险与理赔［M］. 2 版. 北京：机械工业出版社，2010.

［2］ 周延礼. 机动车辆保险理论与实务［M］. 北京：中国金融出版社，2001.

［3］ 孙祁祥. 保险学［M］. 5 版. 北京：北京大学出版社，2013.

［4］ 王绪瑾. 保险学［M］. 5 版. 北京：高等教育出版社，2011.

［5］ 孟辉. 财产保险［M］. 上海：上海财经大学出版社，2013.